直线基线规则研究

成案实践与法理

马得懿◎著

上海远东出版社

图书在版编目(CIP)数据

直线基线规则研究:成案实践与法理 / 马得懿著.
—上海:上海远东出版社,2021
ISBN 978-7-5476-1766-3

Ⅰ.①直… Ⅱ.①马… Ⅲ.①海洋—划界—研究
Ⅳ.①D993.5

中国版本图书馆 CIP 数据核字(2021)第 237620 号

责任编辑 李 敏 陈 娟

封面设计 梁家洁

直线基线规则研究:成案实践与法理

马得懿 著

出 版 上海远东出版社
      (201101 上海市闵行区号景路 159 弄 C 座)
发 行 上海人民出版社发行中心
印 刷 上海信老印刷厂
开 本 635×965 1/16
印 张 19.25
字 数 217,000
版 次 2021 年 12 月第 1 版
印 次 2021 年 12 月第 1 次印刷
ISBN 978-7-5476-1766-3/D•36
定 价 98.00 元

"受上海市高水平地方高校（学科）建设项目资助、华东政法大学建校70周年纪念文丛"

2016年度司法部国家法治与法学理论研究项目重点课题"半闭海视角下海洋划界'特殊情况'研究"（16SFB1007）成果 & 国家社科基金重大项目"军民融合战略下海上通道安全法治保障研究"（18ZDA155）阶段性成果

目　　录

1

绪　　论

　　21世纪初,海洋争端风起云涌,其中,海洋权利争端构成了海洋争端的根本性形态。海洋权利问题,作为一个融合地理学、国际法学、政治学乃至经济学于一体的复杂性综合问题。对该问题任一角度展开学术研究,都具有相当的理论意义和现实价值。2016年年初,笔者开始有侧重地关注有关海洋权利的国际法问题。2016年10月,笔者申请的题为"半闭海视角下海洋划界特殊情况研究"(项目编号16SFB1007),获得了2016年度司法部国家法治与法学理论研究项目重点项目的立项资助。与此同时,该项目被纳入上海市"一带一路建设的法律保障研究创新团队"的建设项目。

在本人牵头下，研究团队展开了富有成效的研究并取得了一系列科研成果。不仅如此，该项目还培育了笔者所指导研究生的研究能力，提升了学术素养。课题团队的核心成员李远航、夏雨以及秦圣强承担了前期的重要准备工作。课题组成员张瑞珍、贺灵、丁玥、邓代婷以及司丽薇（泰国籍）等翻译和整理了大量的海洋划界判例的英文资料，并进行了一一校对。令人欣喜的是，李远航、夏雨和秦圣强分别以海洋权利问题为基础或选题，撰写学位论文。与此同时，笔者与秦圣强合作，公开发表了海洋划界中"灰区"法律问题的学术论文。

海洋权利问题被学界称为"世界级难题"。本书精心撷取若干经典海洋权利问题的成案，特别考察了晚近若干典型半闭海划界协议和司法实践，力图探索海洋权利问题中有关"特殊情况"的内涵、法律基础、法律地位、发展规律以及对国际海洋法的影响。本书认为海洋权利问题中有关"特殊情况"的学术史具有以下特点（阶段）。

其一，在海洋法公约框架下探究国际海洋划界原理和划界方法，同时评介等距离线/特殊情况规则的适用情况。此阶段相关文献对于海洋权利问题中有关"特殊情况"的评价比较宏观，从事海洋法研究的学者，诸如刘楠来（1986年）、魏敏（1987年）、傅崐成（1992年）、黄异（1992年）、赵理海（1996年）以及陈德恭（2009年）等人，在专著或教材中阐释了海洋划界原则和方法，同时也有选择著名海洋划界案例进行的评析，论及了海洋权利问题中有关"特殊情况"的内涵和适用。一般认为，海洋权利问题中有关"特殊情况"是对等距离线规则（方法）的修正，由于海洋划界实践采用等距离线规则（方法）日益受到重视，因此，学者也日渐关注海洋权利问题中有关"特殊情况"如何修正等距离线划界规则的问题。

其二,海洋权利问题中有关"特殊情况"的理论与实践趋向稳定和成熟。此阶段的研究成果充分挖掘世界范围内的海洋划界协议,同时重点考察若干国际法院的海洋划界判例,系统阐释了海洋划界的发展趋向——等距离线规则在海洋划界中的重要地位,同时研究海洋权利问题中有关"特殊情况"的产生、适用、划界程序以及特殊情况规则与习惯法的关系等基本问题。此阶段的研究以海洋划界专著居多。诸如傅崐成的《国际海洋法:衡平划界论》(三民书局 1992 年),[韩国]朴椿浩的《国际海洋边界——太平洋中部和东亚》(法律出版社 1994 年),袁古洁的《国际海洋划界的理论与实践》(法律出版社 2001 年),黄异的《海洋秩序与国际法》(学林文化公司 2004 年),高健军的《国际海洋划界论——有关等距离/特殊情况规则研究》(北京大学出版社 2005 年)等。上述研究成果不仅考察了海洋划界中的政治、历史、法律制度、社会、经济、沿岸地形、岛礁以及划界方法等诸多因素,而且阐释了海洋权利问题中有关"特殊情况"的理论和规则,比较系统地评价了海洋划界的衡平理论。此阶段对海洋权利问题中有关"特殊情况""相关情况"、公平原则等内涵进行了细化研究,并分析其不同的法律内涵和适用规则。其中朴春浩(1994 年)和高健军(2005 年)重点研究了有关海洋划界协议中"特殊情况"和"有关情况"对海洋权利的影响问题。

其三,以特定海洋权利为研究对象,梳理了基于特定海域"特殊情况"的划界实践。此类研究主要将地中海、波罗的海、东海以及南海等作为研究对象,并总括海洋问题展开研究,其中也涉及海洋权利问题中有关"特殊情况"的基本原理和制度发展。高之国、贾宇、张海文以及吴继陆(2013 年)在《南海的合作与发展问题》（英文版）一文中探讨了南海海域航行自由、海洋环境与海洋划界的关联性问题。金永明（2008年）在《东海问题解决路径研究》中系统阐释了国际社会关于海域划界的实践，并重点研究了东海大陆架划界及其"特殊情况"的问题，认为"等距离线/特殊情况"并没有发展成为一般规则，提出了应对东海大陆架划界问题的相关对策。张新军（2011年）在《权利对抗构造中的争端——东海大陆架法律问题研究》一书探讨东海大陆架划界"特殊情况"对东海大陆架划界的影响。贾宇（2012年）重点分析了南海九段线所依据的法理及其权利属性，充分论证了南海权利问题中"特殊情况"的关键性地位和作用（《中国法学》2012年）。此外，也有学者以南海周边国家划界协议为研究对象，分析南海若干"特殊情况"对划界协议的影响，并展望南海划界的发展趋势（廖海霞，2015年）。当然，有学者在系统研究单一海洋权利的法律问题的同时，也探究了海洋权利问题中有关"特殊情况"规则的适用情况（黄伟，2011年）。

其四，重在探索和挖掘海洋划界实践的新发展，同时，研究"特殊情况"对等距离线规则的修正问题，洞察习惯法规则与条约法规则的冲突与协调问题。此类研究具有很强的针对性，通常以国际法院或国际海洋法法庭审理的某一具有较大影响的判例为案例展开研究。史久镛先生（2011年）以"卡塔尔诉巴林案"为例，对海洋权利问题中有关"特殊情况"的新发展予以梳理，并分别阐释了岛屿、地质地貌以及海岸等"特殊情况"在海洋划界中的效力问题。近期比较典型的研究，如黄瑶、廖雪霞（2014年）认为"秘鲁诉智利案"突破了以往国际司法实践所树立的证明默示协议的高门槛标准，反映了国际法庭坚持采用三步划界法以确保海洋划界的确定性和可预期性。"孟加拉湾划界案"表明国际海洋法法庭对海洋划界案管辖权实现了历史性突破。该案的审判风格和划界实践，特别是针对岛礁作为"特殊情况"在海洋划界中的效力问题的探讨，有力推动了海洋划界"特殊情况"适用的发展。而戴宗翰、范建得（2014 年）认为圣马丁岛作为"特殊情况"在海洋划界中效力的新发展，以及"特殊情况"规则适用于 200 海里大陆架划界的新发展，对南海岛礁划界具有重要启示（《比较法研究》2014 年 4 月）。

此外，亦有相当文献从海洋地缘政治的角度研究海洋划界"特殊情况"的实践和理论。影响比较大的如维克托·普雷斯科特、克莱夫·斯科菲尔德在《世界海洋政治边界》(The Maritime Political Boundaries of the World)第 2 版中描绘了国际海洋划界的难题和解决之策，并评介了"特殊情况"在"两步海洋划界法"中的重要地位和作用。刘中民在《世界海洋政治与中国海洋发展战略》（时事出版社 2009 年）中亦从海洋政治学视角探析了我国东海和南海海域"特殊情况"的复杂性问题。

国外学者较早关注海洋划界"特殊情况"的理论与实践。就海洋划界"特殊情况"的法律地位与适用而言，有学者研究地质地貌与海洋划界之间的关系，并论证了海洋划界"特殊情况"作为国际习惯法的可能性问题，如 Alexg Ouder Lferink 的 The Law of Maritime Boundary Delimitation: A Case Study of the Russian Federation 。此外，由 Seoung-Yong 和 Jon M. Van Dyke 共同编辑的 Maritime Boundary Disputes , Settlement Process , and the Law of the Sea ，亦以相当笔墨分析了海洋划界"特殊情况"的困境和棘手问题。此外，有学者专门以海洋资源作为海洋划界中的"特殊情况"，研究了海洋资源对于划界的影响，比如 Dorinda G. Dallmeger , Louis De Vorsey JR 等人的 Rights to Oceanic Resources: Deciding and Drawing Maritime Boundaries (Martinus Nijhoff Publisher，1989)，以及 P.Well 的 The Law of the Maritime Delimitation-Reflections（Grotius Publisher，1989）。岛屿作为海洋划界的"特殊情况"，历来具有重要的地位。西文文献不仅研究成果丰富，而且在专门研究岛屿在海洋中的权利和地位的文献中，着重论述了岛礁作为海洋划界"特殊情况"的发展趋势，比如 Clive R. Symmons 的 The Maritime Zone of Islands in the International Law，以及 Sophia Kopela 的 Dependent Archipelagos in the Law of the Sea。不仅如此，西文文献在关于航道与海洋划界之间的关系和海洋环境保护与海洋划界之间的关系的领域，亦有所涉猎，如 Niulfer Oral 的 Regional Co-operation and Protection of the Marine Environment under International Law（Martinus Nijhoff Publishers，2013）；Shicun，Keyuan Zou 的 Securing the Safety of Navigation in East Asia，Legal and Political Dimensions（Chandos Publishing，2013）。当然，西文文献很早就从海洋政治视角来关注海洋划界问题，其中相当多的文献论证了海洋划界"特殊情况"助推海洋划界公平原则成为习惯法进程中的重要作用。比如 J.R.V. Prescott 的 Political Frontiers and Boundaries（Unwin Hyman，2015），以及 Harry N. Scheiber and Jin-Hyun Paik 的 Regions，Institutions，and Law of the Sea（Martinus Nijhoff Publisher，2013）。

另外，西文文献善于在探讨海洋地图的国际法效力中阐释海洋划界"特殊情况"的法律效力问题。拉雪华斯（D. Rushworth）在《边界和安全简报》（Boundary and Security Bulletin）上发表过相关文章，侧重从地图制图技术的视角切入，并结合相关国际判例,分别就地图在边界划界仲裁中的作用和应当注意的问题提出自己的见解,同时也涉及海洋划界"特殊情况"的认定标准和适用原则。Hyung K. Lee 认为,随着制图技术的发展、地图的精确性和可靠性的提升,近年来国际司法中地图证据的作用有加强的趋势。在此基础上,他认为海洋划界"特殊情况"的"地图证据特征"日益明显,进而导致海岸和地形、岛屿以及其他地理因素在海洋划界中成为主导要素。

早期研究文献的重点在于将海洋划界"特殊情况"聚焦于岛礁、地质地貌等因素。然而,海洋划界不仅与上述"特殊情况"有关,而且与地缘政治因素、社会经济因素、陆上划界因素、安全因素、资源开发因素以及历史性权利相关。此外,晚近文献基本上是在重点评介等距离线划界规则(方法)的过程中研究海洋划界"特殊情况"规则。为了追求海洋权利的确定性和可预期性,国际司法和仲裁判例强化了等距离线在海洋划界中的适用,从而对海洋划界"特殊情况"的认定和适用提出新要求。

本书所关注的海洋权利中的"特殊情况"具有很强的学术价值和应用价值。在国际法规则基础上,本书选择了司法实践中的经典案例作为实证分析的对象,力求在以下几点形成亮点或者特色。其一,尽量在大时空范围内选择海洋权利中有关"特殊情况"的划界协议和判例为实证分析对象,力求专门地、系统地挖掘和总结海洋权利中有关"特殊情况"的发展规律。其二,探索 1982年《联合国海洋法公约》(以下称《公约》)所蕴含的半闭海制度的价值,在半闭海视角下研究海洋权利中有关"特殊情况"的适用情境。1982 年《公约》第 9 部分仅以两个条文构建半闭海法律制度,但实际上半闭海问题的复杂性远超《公约》条文所设计,半闭海海洋划界问题犹为复杂和棘手。半闭海的地理、历史以及政治因素导致半闭海海域划界处于更加复杂的局面。其三，全方位总结和归纳海洋权利中有关"特殊情况"的新发展。早期的研究重点是将岛礁、沿岸地形以及地质作为海洋权利中有关"特殊情况"进行研究，而本书则重点探究将历史性权利、海洋航行自由（航道），以及资源开发等作为海洋权利中有关"特殊情况"与海洋划界制度之间的张力及契合问题。

中国的黄海、东海以及南海基本上属于半闭海，中国与周边国家存在复杂的海洋权利纠纷。目前中国与韩国已启动了海洋划界谈判。备受瞩目的中菲南海仲裁案，菲律宾通过"包装"诉求以主张海洋权利，其实质仍然属于海洋划界问题。本书力求在半闭海视角下深入研究海洋权利中有关"特殊情况"的问题，系统认知有关"特殊情况"的司法实践，为中国海洋的权利维护提供国际法理论支持。同时本书也注意聚焦半闭海视角下的海洋权利中有关"特殊情况"的理论与实践及发展趋向。海洋权利中的"特殊情况"一直是海洋划界中的核心和焦点问题。在海洋划界实践中，某一情况在此案属于"特殊情况"，而在彼案则不一定属于"特殊情况"。对此，本书将重点研究历史性权利、海洋资源以及低潮高地等"特殊情况"与海洋划界的内在联系。本书在梳理了近200个相关划界协议、判例以及重要海洋划界资料的基础上，从半闭海制度的视角，系统研究海洋权利中有关"特殊情况"的产生、适用、法律地位以及发展趋向。本书有针对性地以某海域为考察对象，以高度抽象形式表述"半闭海海洋划界受制于复杂情况"的情境（图0-1）。不仅如此，本书也关注"海洋区域化"理念与海洋划界的互动。半闭海海域的地理地质情况，不仅生成了海洋权利中的"特殊情况"，而且具有突出的"海洋区域化"价值和功能，这也为半闭海的海洋划界提供了某种思路和启迪。

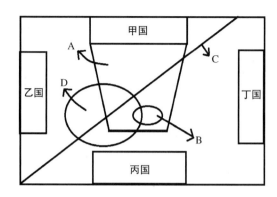

图 0-1　半闭海海洋划界"特殊情况"的复杂性情境①

晚近以来,海洋划界呈现出"海洋区域化"现象,在提倡建设"命运共同体"视角下,1982 年《公约》所鼓励的"区域性合作"在半闭海划界中具有重要的制度价值。本书将深入研究半闭海海洋特殊的地理、经济、历史以及其他特殊因素对海洋划界产生的正面和负面影响,尝试探讨海洋划界与海洋资源开发,以及历史性权利间的制度张力与契合。

海洋权利中的"特殊情况"是不断发展的,本书主要聚焦以下几点。首先,海洋权利中的"特殊情况"的适用及其发展的一般规律。本书重点研究海洋权利中的"特殊情况"的新发展及其适用,研究海洋资源、低潮高地以及历史性权利在海洋划界实践中的地位和作用。同时总结划界协议和国际司法中有关"特殊情况"的效力,探究海洋权利中有关"特殊情况"的标准和法律地位。本书

---

① 图 0-1 为某一假设半闭海海域,甲国、乙国、丙国以及丁国分别为该海域沿岸国。其中 A 表示甲国所主张的历史性权利(水域);B 表示甲国的远洋岛礁;C 表示国际航道(海洋航行自由);D 表示海洋资源(开发)。

重点选择近期的海洋划界协议和国际法院判例,梳理并阐释海洋权利中有关"特殊情况"发展的一般规律。其次,"特殊情况"与海洋划界的制度张力与契合。海洋权利中有关"特殊情况"的标准与适用相当复杂。"特殊情况"与海洋划界的制度张力与契合,是指海洋法下"特殊情况"的法律制度与海洋划界规则的对立与协调。本书将分别选择资源开发与海洋划界、低潮高地与海洋划界、"灰区"与海洋划界,以及其他复杂因素与海洋划界这几对范畴展开研究,探究海洋权利中有关"特殊情况"与海洋划界之间的制度张力和契合。最后,对半闭海视角下海洋权利中的"特殊情况"的重新审视。半闭海制度是构成 1982 年《公约》的重要制度之一,该制度的立法理念与价值在于顾及到半闭海特殊的地理、社会经济以及人文因素,强化了半闭海沿岸国的合作机制。将半闭海制度引入到海洋划界的理论与实践体系之中,系统地探索和挖掘"特殊情况"的产生、发展以及适用规律。海洋划界双边协议和国际司法实践表明,半闭海视角下关于海洋权利"特殊情况"的效力与传统的海洋权利"特殊情况"相比已有较大变化,故此,半闭海视角下海洋权利中的"特殊情况"的重塑已非常有必要。海洋划界实践孕育了丰富的习惯法规则,而海洋法领域亦存在大量的条约法规则。在海洋权利中有关"特殊情况"效力的判断中,经常出现习惯法规则与条约法规则的冲突,协调矛盾的机制不仅是国际条约法发展的一个方向和趋势,而且亦是海洋权利中有关"特殊情况"适用的重要原则。研究海洋权利中有关"特殊情况"的实证分析进程,其实质也是适用习惯法规则和条约法规则的进程。条约法框架下的有关海洋权利中的"特殊情况"的法律制度,诸如岛屿的法律地位(海洋权利)、群岛水域的航行自由以及历史性权利等,通常在海洋划界中受不同程度的制约。

本书在学术思想与学术观点上的创新点有如下三个方面。

第一，深度挖掘半闭海的制度价值和理念，为特定海域划界提供新思路和新理念。根据海洋法"陆地支配海洋"的传统原则，通常海洋权利的"特殊情况"中的沿岸地形和地质具有支配地位。然而，经过研究，本书认为，某种程度上半闭海海域划界"特殊情况"，如历史、社会经济以及航道安全等因素一度是具有支配性地位的因素，被视为半闭海海域划界的重要"特殊情况"。半闭海制度蕴含着浓厚的共同体意识，半闭海海域除了具有地理基础之外，在某程度上也是观念的构建。"海洋区域化"现象方兴未艾，半闭海的制度价值和理念必将为海洋划界提供新思路和新理念。

第二，本书关注历史性权利具有作为海洋划界功能的问题，这一点在本书结论中有所探讨。在前人相关研究的基础上，本书认为，半闭海海域存在的历史性权利，通常是对历来属于某国岛屿主权的宣示，并包括在这些岛屿及其周边海域中从事渔业、航行以及矿藏等资源勘探开发等其他海洋活动的权利。比较典型的历史性权利，如中国所主张的南海九段线。历史性权利是某种尚未达到领土主权程度的权利，具有作为未来海洋划界的剩余功能。

第三，因"特殊情况"逐渐巩固和形成的习惯法规则在海洋划界实践中的效力问题，也是本书关注的焦点。海洋划界协议和条约法在海洋划界实践中历来具有优先的地位和法律效力。然而，晚近海洋划界的判例表明，海洋划界"特殊情况"形成并巩固的习惯法规则，且与海洋划界中的条约法形成了冲突（马学婵，2013年）。当条约法规则与习惯法规则发生冲突时，并不能简单适用"特别法优于一般法"的法理，从海洋划界实践出发，可以归纳出规则竞争的协调方式。这种规则竞争协调方式，也适用于条约规则和习惯法规则之间的竞争。国际法院近半个世纪的实践表明，当权利基础是划界条约时，法院会依照划界条约来确定海洋主权的归属，而不考虑其他权利基础。然而，一种新的权利基础的产生并不会直接导致先在的权利基础失效，能够使其失效的原因只能是其不再满足自身适用所需的条件，即导致规则失效的原因只能是来自规则内部，而不是规则外部。历史性权利作为一项先在的习惯法规则，效力上通常优先于条约法规则，其前提是不断强化行使历史性权利。

通常而言，海洋划界问题是集法理与划界方法于一体的复杂问题。针对研究对象和范畴的各自特点，本书主要采用了历史分析方法、统计分析方法、逻辑推理方法以及系统法学的方法。霍姆斯认为"一页历史抵得上一卷逻辑"。法律的内在逻辑体现在规则形成的过程中，并随着历史前进不断成熟。作为传统的法学研究手段，历史分析方法可以揭示出海洋权利中有关"特殊情况"的渊源、发展以及变迁规律，进而实现研究目的。因为海洋权利中的划界问题是一种综合考虑的过程，特别是半闭海视角下的"特殊情况"的历史考证，对于深入研究其制度内涵具有重要意义和价值。统计分析方法是从历史数据出发，通过有效的数据搜集、整理和分析，从中提炼发展规律和因果联系。本书摘取了近200例国家海洋划界协议及典型判例，按照一定标准进行分类，采取统计分析的方法，力求探究出海洋权利中有关"特殊情况"的标准、适用以及发展规律。法律的逻辑推理方法包括由一般到特殊的演绎推理、由特殊到一般的归纳推理，以及由特殊到特殊的类比推理。海洋权利中的"特殊情况"极其复杂，其法律效力亦具有差异性。故此，依据一定的逻辑推理方法，可以分析出海洋权利中有关"特殊情况"的一般规律。将海洋政治学、地质学、环境学、国土安全学与法学相结合,形成系统法学的研究方法。系统法学的方法强调以传统因素的材料加工运转,并分析这些材料使之系统化,阐述海洋权利中有关"特殊情况"的适用和发展,探讨半闭海视角下海洋权利中的"特殊情况"的制度张力,进而为半闭海海洋划界实践探寻出确定性和可预见性的规则。

第一章
海洋划界直线基线规则：演进、适用与限制

第一节　直线基线规则概要

领海基线规则历经了"无序—统一"的过程，直线基线规则是领海基线制度多样化的产物。作为正常基线在特殊沿海地理中的替代，"一般—特殊"领海基线体系中的一极，直线基线规则在海洋划界中占有至关重要的地位。直线基线规则来源于英挪渔业案，后又被《领海及毗连区公约》《公约》所承继，但适用规则中

的模糊用语亦被沿袭，因此，适用规则并不明确。由于规则边界模糊，不少沿海国又过度使用，偏离了直线基线规则和制度初衷，因此该规则的统一性受到威胁。一些学者提出的量化标准罔顾复杂的沿海自然地貌，极大地限制了直线基线的适用，亦同制度初衷相悖。

为调和直线基线规则统一性与沿海国适用规则的灵活性之间的矛盾，本章提出了一套去数字化、以判断要素为核心的解释方法，为直线基线适用规则的解释提供了一种新思路。《公约》第7条第1款规定的"海岸线极为曲折"与"紧接海岸线有一系列岛屿"是适用直线基线规则的前提条件。"海岸线极为曲折"的判断应当综合海岸线方向变化幅度、水曲数量、水曲之间紧密程度，以及水曲嵌入陆地的距离四个要素进行考量。对于"紧接海岸"与"一系列岛屿"，应当将判断要素落于近岸群岛的规模，以及其与陆地的整体性。《公约》第7条第2款"在因有三角洲和其他自然条件以致海岸线非常不稳定之处，可沿低潮线向海最远处选择各适当点，尽管以后低潮线可能发生后退现象，该直线基线在沿海国按照本《公约》加以改变以前仍然有效"是独立于第1款的直线基线适用条件。在全球气候变暖，海平面上升，海岸线后退的新环境背景下，第2款被赋予了新的内涵，但是"三角洲"与"其他自然条件"之间的叠加关系为这项规则的适用增加了障碍。《公约》第7条第3款是直线基线最主要的限制条件，尼加拉瓜诉洪都拉斯海洋划界案为如何确定海岸的一般方向提供了思路，但是判断什么是"明显偏离海岸线一般方向"的纯粹主观标准阻碍了划界案在认定这项限制条件方面的推进。

21世纪被誉为海洋的世纪，人类进入了大规模开发利用海洋的时期。海洋在国家经济发展格局和对外开放中的作用愈加重要，在维护国家主权、安全、发展利益中的地位也愈加突出，在国家生态文明建设中的角色亦更加显著，在国际政治、经济、军事、科技竞争中的战略地位也明显上升。① 在陆地资源逐渐枯竭的今天，人们把目光投向了海洋。科技进步使得海洋勘探技术与资源开采水平得到质的飞跃，海洋资源将是人类社会发展的下一个依赖，广袤的海洋蕴藏着的丰富资源使得领海主权与管辖海域逐渐成为国家利益分配和国家利益争端的新焦点。第一次海洋法会议与第三次海洋法会议创设了若干新的海洋法律规则，明确了领海、毗连区、专属经济区、大陆架等海域类型。根据《领海及毗连区公约》和《公约》，各类海域范围的测算均以领海基线为起点，因此，基线在海洋划界中的重要性也就不言而喻了。

凭借《公约》第5条"除本《公约》另有规定外，测算领海宽度的正常基线是沿海国官方承认的大比例海图所标明的沿岸低潮线"的规定，《公约》构建了一套以沿岸低潮线为主的"一般—例外"领海基线体系，直线基线规则是领海基线制度中的特殊制度。直线基线法来源于英挪渔业资源案，在该案中，国际法院认可了挪威以直线基线作为领海基线做法的合法性。《领海及毗连区公约》保留了英挪渔业案所确定的直线基线适用规则，《公约》承继并发展了《领海及毗连区公约》中的直线基线适用规则。由英挪渔业案而来，在《领海及毗邻区公约》和《公约》中确认与发展的直线基线适用规则，包括直线基线的适用前提与限制条件两部分，即沿海国在什么情况下适用直线基线规则，以及沿海国在适用直

① 刘琼：《习近平在中共中央政治局第八次集体学习时强调进一步关心海洋认识海洋经略海洋，推动海洋强国建设不断取得新成就》，载新华网 http://www.xinhuanet.com//politics/2013-07/31/c_116762285.htm，最后访问时间：2021年1月17日。

线基线规则时应当遵循的限制条件。

　　直线基线规则作为领海基线在国家实践中被大量运用，然而《领海及毗连区公约》与《公约》对直线基线适用规则的规定在用语上存在较大的模糊性。比如适用的前提条件——"海岸线极为曲折"，它既非一个精准的地理术语，又缺乏数学上的精确性。不同学者和国家对"极为曲折"的理解大相径庭，在国家实践中也迥然不同，同样的问题也存在于直线基线的其他适用规则中。

　　海洋划界中的直线基线适用规则研究课题在我国建设海洋强国的大背景下非常具有现实意义。在学理上，《公约》表达的模糊性引起学术界对直线基线适用规则的激烈争论，如何解释直线基线适用规则是海洋划界问题研究的热点。但是，在我国海洋法研究中，对直线基线规则适用问题系统的、深入的研究还较少。在国际政治舞台上，存在海洋划界争端的国家之间也常相互抨击对方的直线基线实践与《公约》不符，抨击直线基线实践甚至成为部分国家间互相指责的"法律武器"。此外，对直线基线规则相去甚远的理解与实践也成为影响国际海洋法秩序的不稳定因素。因此，对直线基线适用问题的研究具有学理价值和现实意义，即既可以充实我国学术界对海洋划界的研究，又可以为统一直线基线适用规则提供理论参考。

　　各地区和各国面临迥然不同的海洋地理环境，现实情况要求各沿海国在适用海洋法规则时能够保持灵活性。如何保持国际海洋法规的统一与沿海国自主权间的平衡是海洋法面临的难题，也是直线基线适用规则问题的根本所在。

　　《公约》中关于直线基线规则的主要条文是第 7 条，包括直线基线的适用前提条件与限制条件两部分。适用前提条件是指，沿海国在何种条件下可适用直线基线作为领海基线；限制条件是指，在适用直线基线之处，沿海国划定直线基线应当遵循相关要求。基于《公约》对直线基线规则的规定，学界对直线基线规则的论述大体可以分为两类：一是关于适用前提的论述，二是对直线基线规则适用的限制条件的论述。

一、关于直线基线规则适用条件的学术史摘要

（一）"海岸线非常不稳定"是否独立构成适用直线基线规则的条件讨论

对于适用直线基线规则的条件，学术界存在"二元论"与"三元论"的分野。有学者认为只有符合《公约》第 7 条第 1 款所规定的"海岸线极为曲折"或者"紧接海岸有一系列岛屿"时沿海国才能适用直线基线规则，而持对立观点的学者认为《公约》第 7 条第 2 款所称的"因三角洲和其他自然条件以致海岸线非常不稳定"是与第 1 款所列的两种情形并列的第三种允许沿海国适用直线基线规则的自然地理条件。

前国际海底管理局秘书长萨切雅·南丹对直线基线规则的适用条件持"二元论"的观点，他认为，《公约》第 7 条第 2 款，即在"因三角洲和其他自然条件以致海岸线非常不稳定"的情况下沿海国可以适用直线基线条件的规定，是第 1 款的特定应用。[①] 1989 年，一个由 20 位专家组成的专家组也持这一观点。专家组在为联合国海洋事务与海洋法办公室撰写的基线报告中认为，"需要注意的是，第 2 款所称的情形附属于第 1 款，而不与第 1 款

---

① ［斐济］萨特雅·南丹、［以］沙卜泰·罗森：《1982 年联合国海洋法公约评注》（第 2 卷），吕文正、毛彬译，海洋出版社，2014 年，第 72 页。

平行适用。也就是说，根据第 2 款适用直线基线规则的三角洲海岸线必须满足第 1 款所列的情形。"我国学者认为适用直线基线规则须符合下列地理标准之一：①因海岸线极为曲折而适用直线基线规则；②因紧邻海岸线存在一系列岛屿而适用直线基线规则。①

国际法协会（ILA）下设的基线委员会则持"三元论"观点。国际法协会最新审议通过的 2018 年基线委员会报告第 11 段明确地将"因三角洲和其他自然条件导致海岸线非常不稳定"与"海岸线极为曲折""海岸线附近有一系列岛屿"并列为直线基线规则的适用情形②。丘吉尔和罗威尽管认为第 2 款独立成为沿海国适用直线基线规则的根据具有不确定性，但同时认为第 2 款独立于第 1 款的可能性更大。这一条款拟定的内容并不严密，它产生于孟加拉国的一项提案。在极为曲折的海岸线和紧邻岛屿的海岸之外，是否存在第三种类型的海岸线可能被认定为直线基线，或者是否只适用前两种范围的海岸沿岸的三角洲，对这一款的规定并不明确。③

（二）国际法文件与学者对"海岸线极为曲折"认定标准的认知

《领海及毗连区公约》第 4 条与《公约》第 7 条第 1 款将"海岸线极为曲折"和"紧邻海岸有一系列岛屿"作为沿海国适用直线基

---

① 王泽林：《北极航道法律地位研究》，上海交通大学出版社，2014 年，第 209 页。

② International Law Association. *Baselines under the International Law of Sea*. 2018，p.5.

③ Vaughan Lowe，Robin Churchill. *The Law of Sea*. Manchester University Press，1988，p. 37. 转引自 International Law Association. *Baselines under the International Law of Sea*. 2018，p.5.

线规则的自然地理条件。路易斯·B·宋恩等指出，国际法院认为挪威芬马克东海岸极为曲折，并伴有一系列岛屿，海岸线并非陆地与海洋的分界线，因此，以正常的沿岸低潮线作为挪威的海岸线是不合适的。但是对于"海岸线极为曲折"的认定标准，路易斯等人在书中并没有给出明确的观点，仅认为这是英挪渔业案的遗留问题。①

雷斯曼与韦斯特曼认为"深深凹入"（deeplyintended）与"切入"（cutinto）的含义有所不同，这一措辞强调了"海岸线极为曲折"必须满足海岸线有若干个深深凹入处的自然地理条件。② 普雷斯科特和斯科菲尔德也注意到了这两个词语的区别，在《世界海洋政治边界》中写道："初看之下，这两个词语好像有些无谓的重复，但是应当认为，对于全面理解这一款的含义，两个词都发挥了作用。"普雷斯科特和斯科菲尔德有见解地提出"深深凹入"可能指对陆地横向的凹入，而"切入"则指纵向的切入。③ 罗威和丘吉尔对"海岸线极为曲折"提出了极为严苛的观点，并提出了量化标准。他们认为，"海岸线极为曲折"必须满足三个标准：①海岸线必须至少存在三个深凹陷；②深凹陷之间必须紧邻；③深凹陷缩进陆地的长度必须达到这段直线基线长度的 1/2。④

---

① Louis B. Sohn, John E. Noyes, eds. *Cases and Materials on the Law of the Sea Second Edition*. Brill Nijhoff Press, 2014, p.89.

② W. Michael Reisman, Gayle S. Westerman. *Straight Baselines in International Maritime Boundary Delimitation*. Macmillan Press, 1992, p.75.

③ 普雷斯科特、斯科菲尔德：《世界海洋政治边界》，吴继陆、张海文译，海洋出版社，2014 年，第 97 页。

④ J. Ashley Roach, Robert W. Smith. *Excessive Maritime Claims*. Martinus Nijhoff Press, 2012, p.61.

（三）"紧邻海岸有一系列岛屿"的认定标准及其学术分歧

"紧邻海岸有一系列岛屿"是《公约》第 7 条第 1 款规定的另一适用直线基线规则的条件，路易斯·B·森等人认为，"紧邻海岸有一系列岛屿"同样也是英挪渔业案的历史遗留问题。[①] 南丹认为仅仅存在少数孤立岛屿，不能构成足够连续的边缘。联合国海洋事务和海洋法办公室在 1989 年的报告中指出第 1 款所指的岛屿一般属于其中的一类：似乎与大陆形成一个统一体的群岛，或在距海岸一定距离形成一个屏障，从海上看去遮掩了部分海岸的一些岛屿。迄今为止，对是否构成紧接海岸有一系列岛屿并不存在一个一致认可的、客观的评判标准。但是，各国应当以第 7 条的精神为指导。[②]

普雷斯科特和斯科菲尔德发表意见称"紧接海岸的一系列岛屿"必须被解释为是陆向的边缘，虽然"紧接"（immediatevicinity）的含义足够清晰，但是《公约》第 7 条却没能够创设出一个清晰的、客观的标准，用以判断特定的岛屿是否足够接近陆地以至达到紧接海岸的标准。雷斯曼和韦斯特曼的观点指出《公约》第 7 条第 1 款中暗含了以下三个标准：①数量上和空间上的标准，即有数个在空间上相互联系的小岛形成一个"边缘"（fringe）；②岛屿与大陆之间的空间标准，即这些岛屿必须"沿着"大陆海岸线分

---

① Louis B. Sohn, John E. Noyes, eds. *Cases and Materials on the Law of the Sea Second Edition*. Brill Nijhoff Press，2014，p.89.

② International Law Association. *Baselines under the International Law of Sea*. 2018，p.5.

布；③陆地海岸线与岛屿之间的关联程度①。

罗威和丘吉尔同样在书中表达了相关看法，对"紧邻海岸线有一系列岛屿"提出了严苛的量化标准。他们提出，只有符合了以下三个标准才符合"紧接海岸有一系列岛屿"的标准：①每个岛屿朝向大陆的海岸线的绝大多数坐落在距离大陆海岸线 24 海里的范围之内；②划进直线基线的岛屿两两之间的距离不超过24 海里；③作为一个整体，这些岛屿可以遮盖住任何一个给定位置的大陆海岸线长度的 50%。同时，他们还认为这里的"岛屿"必须满足《公约》第 121 条第 1 款的条件。② 对此，我国学者认为，若严格按照《公约》规定，符合第 121 条定义的一系列岛屿才能适用直线基线规则；若按照英挪渔业案的标准，沿海国无需考虑岛礁是否符合《公约》第 121 条的规定。同时也指出：在国际社会的实践中，沿海国从本国利益最大化的立场出发，一般会采用从宽解释，多采纳 1951 年英挪渔业案中的宽松标准。③

（四）海岸线非常不稳定的情况下直线基线的适用规则

学术上对《公约》第 7 条第 2 款的这一规定并没有什么讨论，值得一提的有两点：一是南丹指出，根据《公约》第 2 款的条文，即使在第 2 款所涵盖的情形下，沿海国也不能从海水淹没区域采取用于直线基线的基点；④二是普雷斯科特和斯科菲尔德注意

---

① W. Michael Reisman, Gayle S. Westerman. *Straight Baselines in International Maritime Boundary Delimitation*. Macmillan Press, 1992, p.86.

② J. Ashley Roach, Robert W. Smith. *Excessive Maritime Claims*, p.67.

③ 王泽林：《北极航道法律地位研究》，上海交通大学出版社，2014 年，第 210 页。

④ ［斐济］萨特雅·南丹、［以］沙卜泰·罗森：《1982 年联合国海洋法公约评注》（第 2 卷），吕文正、毛彬译，海洋出版社，2014 年，第 72 页。

到,虽然地理学家认为大江大河河口处的三角洲极小可能出现倒退的情况,但是由于气候变暖,海平面的上升,使得《公约》第 2 款的后句显得越来越重要,即"尽管以后低潮线发生后退现象,该直线基线在沿海国按照本《公约》加以改变之前仍然有效"。

二、直线基线规则适用的限制条件的学术关注

(一) 直线基线的划定不应在任何明显的程度上偏离海岸的一般方向

对于这一问题的讨论,普雷斯科特和斯科菲尔德认为关于基线与海岸的一般方向相符的规定,是通过国际法委员会,从国际法院的判决转到 1958 年公约体系再到 1982 年公约而成。对该概念的任何讨论都必须由原判决中的评论指导,但是他们同样也意识到,国际法院在判决中认为对海岸的一般方向这一概念没有数字上的精确性。[①] 雷斯曼和韦斯特曼对海岸一般方向的观点与国际法院相同,他们认为弗朗索瓦教授于 1952 年召集的 1953 年专家委员会,最终承认其尝试在这些条文中引入精确性因素的失败。他们相信,只要严格解释"紧接海岸"的标准,限制基点不能远离海岸,就能避免基线偏离海岸的一般方向[②]。

普雷斯科特和斯科菲尔德认为,采取精确数学测算法以测量直线基线的适当性尝试,是一项有趣的学术活动,但预计在国家

[①] 普雷斯科特、斯科菲尔德:《世界海洋政治边界》,吴继陆、张海文译,海洋出版社,2014 年,第 97 页。

[②] W. Michael Reisman, Gayle S. Westerman. *Straight Baselines in International Maritime Boundary Delimitation*. Macmillan Press,1992, p.56.

海洋主张的现实世界中它将注定失败。有学者提议"也许最佳的建议是少关注这一要求"。① 奥康奈尔认为，严格将适用直线基线的条件限制为海岸线，如挪威海岸线，一般复杂的尝试归于失败。如何定义"海岸的一般方向"？这一概念是个理解上的问题而非科学上的问题，这必然要求沿海国对《公约》条文的理解有大幅度的提升。② 罗威和丘吉尔认为，在判断直线基线是否偏离海岸一般方向时，应当参考"海岸在 60 海里之内的一般方向"。③另外，当紧接海岸有一系列岛屿的情况下，普雷斯科特和斯科菲尔德认为，法院以该峡湾沿岸的低矮小岛的外部界限作为挪威的海岸线，没有理由说明为什么其他各国不应将一系列岛屿的外部界限作为海岸线，从该处开始测算直线基线，即便该岛屿与大陆不吻合。

（二）基线内的海域必须充分接近陆地领土，使其受内水制度的支配

联合国海洋事务和海洋法办公室的报告指出，国际法院的判词将直线基线制度与海湾制度相联系，但不无遗憾的是，对这一限制条件同样也没有建立起数学上的精确标准。因而对这一规定做严格解释的尝试也将会失败。④ 雷斯曼和韦斯特曼却坚持对这项要求做严格解释，在此，他们强调"历史联系"的作用。两

---

① 参见普雷斯科特、斯科菲尔德：《世界海洋政治边界》，第 107 页。

② D. P. O'Connell. *The International Law of Sea Vol 1*. Clarendon Press, 1982，pp. 214—215. 转引自 International Law Association. *Baselines under the International Law of Sea*. 2018, p.10.

③ J. Ashley Roach, Robert W. Smith. *Excessive Maritime Claims*, p.68.

④ Office for Ocean Affairs and the Law of the Sea. *Baseline: an examination of the relevant provisions of the United Nations Convention on the Law of the Sea*. 1989, p.27.

人认为回顾英挪渔业案，挪威政府将其诉讼中的实质性部分放在"在所讨论的水域与基于陆地的社会进程之间建立紧密的历史联系上"，该历史联系的证据是国际法院判决中的一个重要要素。任一主张采用直线基线规则的国家，国际社会有权对其提出类似的要求。一旦按照规定划定直线基线，则该请求国必须明确在水域和陆地之间有密切的历史联系。① 对于雷斯曼和韦斯特曼的主张，普雷斯科特和斯科菲尔德持消极的态度，他们认为一旦各国已经确定采用直线基线规则是适当的，就可以假设那些基线划出了内水区域，且将不再对这一问题做出进一步的审查。②

（三）直线基线的长度

罗奇和史密斯为美国所坚持的 24 海里的直线基线长度做了解释："24 海里的直线基线长度标准来自对《公约》的体系解释。"③菲茨摩里斯对国际法院在英挪渔业案中的做法表示赞同，认为国际法院并没强调各国在划定直线基线时需在直线基线长度方面保持克制与合理，但是认为划定直线基线必须与海岸线的一般方向保持一致，必须以合理的方式绘制。④ 普雷斯科特与斯科菲尔德认为，美国政府和相关学者对直线基线适用规则进行严苛解释的尝试是失败的，这些尝试中包括限制直线基线的最大长度。他们认为，如果在这期间提出的标准被广泛认可，将迫使许

---

① W. Michael Reisman, Gayle S. Westerman. *Straight Baselines in International Maritime Boundary Delimitation*. Macmillan Press，1992，p.56.

② 参见普雷斯科特、斯科菲尔德：《世界海洋政治边界》，第 107 页。

③ Roach, J.A., W.R. Smith. *Straight Baseline ：The Need for a Universally Applied Norm*，pp.68—69.

④ Gerald Fitzmaurice. *The Law and Procedure of the International Court of Justice*. Cambridge Press，1986，p. 239. 转引自 International Law Association. *Baselines under the International Law of Sea*，2018，p.13.

多国家在某些情况下改变,甚至废除现有的直线基线。尽管那样的结果或许是合乎愿望的,但却不大可能。[1]

第二节　直线基线规则的演进

一、领海基线制度的演变

(一) 16 世纪到 20 世纪初的领海基线规则

从历史经纬看,领海基线制度的演变呈现出从无序到统一的基本趋向。基线是海域测算的起点,可预测的国际海域制度以稳定的基线制度为前提。正如勒内·让·杜比所坚信的那样,海洋一直处于两股顶头风的夹击之下——从海洋吹向陆地的自由之风,以及由陆地吹往海洋的主权之风。国际社会对于沿海国关于沿岸海域享有的管辖权范围的态度始终处于"扩张—限缩"的周期循环之中。不过,尽管海洋主张的旋律不断变换,但在"扩张—限缩"循环往复的历史周期中的任一时期,几乎所有的法学家都同意,沿海各国的海洋主张应当以遵循一套共同的基线规则为前提。[2] 领海基线的历史至少可以追溯到 16 世纪。起初,基点被拟制为"坚实陆地与海洋"的交汇之处,在这一时期,英王詹姆斯一世曾颁布法令,连接海岸线岬角划直线基线,按照直线基线规

---

① 参见普雷斯科特、斯科菲尔德:《世界海洋政治边界》,第 102 页。

② W. Michael Reisman, Gayle S. Westerman. *Straight Baselines in International Maritime Boundary Delimitation*. Macmillan Press,1992, p.1.

则将一定范围水域划进英国的管辖范围之内。① 在之后的海洋管辖理论和实践发展中，基线逐渐地、简单地、缺乏精确性地被认定为实际的海岸线。到了 19 世纪中叶至 20 世纪初，将沿着蜿蜒海岸(sinuosities of the coast)②划领海基线的做法已成了领海基线实践的大趋势。

　　不过，因为地质运动与潮汐变化，海岸线的实际位置始终处于变化之中：第一，由于地质构造运动，在大的时间尺度标准之下，海岸线的位置一直处于变动之中；第二，由于潮汐变化，海岸线在较短的时间范围内也在不断地发生变化。一年中的春潮期和秋潮期海岸线位置会有所不同，同月朔望海岸线也有所不同，甚至是同一天的不同时间点海岸线位置都会发生变化，这意味着以海岸线为领海基线与以此为基础所划的海洋边界始终处于变动之中。如此一来，以海岸线的实际位置为领海基线的做法存在明显的缺陷。正因如此，早在 19 世纪，法律学者和地质技术专家就已认识到，以时时刻刻处于变动中的海岸线实际位置为领海基线的做法严格来说只在理论上具有可行性。③ 不过，因当时的海洋争夺尚且不那么激烈，模糊地以海岸线作为沿海国领海基线的做法得到了当时的国际社会的认可。到了 19 世纪中下叶至 20 世纪，通信、导航和其他相关技术的爆炸性发展，海洋变得触手可及，国与国之间对于海洋资源的争夺愈发激烈，因此更为精确地

---

　　① Lewis M. Alexander. "Baseline Delimitations and Maritime Boundaries." *Virginia Journal of International Law*, 23(4), p.504.

　　② 本书在写作的过程中并未能够查到 sinuosities of the coast 的权威中文翻译，在此将其译为"蜿蜒海岸"。根据对基线演变历史的梳理，"蜿蜒海岸"的内涵应该是指"实际的海岸线"，是"拟制的基线"相对的概念。

　　③ W. Michael Reisman, Gayle S. Westerman, p.13.

划分海域和确定海域的测算起点开始变得迫切。①

（二）作为领海基线的低潮线

19 世纪中叶，精确观测潮汐变化的技术水平有很大发展，这使得当时技术先进的国家能够精准地观测潮汐变化，并计算某一段时期内潮汐的平均数值。② "低潮线"与"高潮线"是潮汐研究中的两个重要概念。低潮，是指潮汐在一个涨落周期内，退却最远的退潮，最低的潮水位。低潮时海水与陆地相交而成的线被称为低潮线；高潮与高潮线则相反。由于低潮线是最向海心的陆海交线，相较于高潮线等其他的陆海交线，沿海国以低潮线为领海基线所能够获得的管辖海域范围最大。因此，在确定领海基线时，低潮线逐渐地获得了沿海国的青睐。至 1920 年，虽然作为领海基线的"低潮线"应以何种潮汐数据为确定标准尚没有一致的意见，但是绝大多数沿海国都以低潮线为其领海基线。③ 在这之后，只有埃塞俄比亚曾以高潮线为领海基线。④ 此时，将低潮线作为领海基线已经成为国际习惯。

20 世纪 20 年代，为筹备海牙国际法编纂会议，国际联盟组织设置领海委员会，对有关领海的国际法问题进行研究和讨论，其中领海基线问题是研究讨论的重点。⑤ 1930 年海牙国际法编纂会议曾出于信息收集目的向与会国征求意见：沿海岸线分布的领海基线，是沿海岸线走向的低潮线，还是一条连接海岸线、岛

---

① W. Michael Reisman, Gayle S. Westerman, p.3.

② W. Michael Reisman, Gayle S. Westerman, p.5.

③ W. Michael Reisman, Gayle S. Westerman, p.10.

④ J.R.V.Prescott. *Political Frontiers and Boundaries*. Routledge Press, 2015, p.190.

⑤ https://legal.un.org/ilc/league.shtml, 2020 年 12 月 15 日访问。

屿(island)、小岛(islet)、礁石最外缘点的直线，或者是其他的一些线？在连接各点划取直线时，岛屿与海岸线之间的距离是否应纳入考虑？绝大多数国家表示，前者是合适的领海基线。[①] 海牙国际法编纂会议虽然最终没有形成正式文件，但是低潮线作为领海基线的海洋法实践在编纂会议上获得了认可，且会议就如何确定低潮线也有诸多讨论。至 20 世纪 30 年代，以低潮线替代"蜿蜒海岸线"成为国际认可的沿海国领海基线，相比模糊地将海岸线实际位置确定为领海基线，以低潮线作为领海基线的做法更为确切和清晰。

不过，以低潮线为领海基线仍然存在两个难以解决的问题：一是即使确定以低潮线为领海基线，但这也存在以哪个日期之低潮线或平均线为准的问题；二是当时有许多地理学家指出，在海岸线不规则之处，死板地将低潮线作为领海基线，以其为起点而作的领海边界也将是不规则的，这会给区别不同的国际航行规则和资源开发范围带来问题。[②] 海牙国际法编纂会议虽然肯定了低潮线为领海基线，但是针对前者，会议却未能给出明确的解决方案。海牙国际法编纂会议关于如何确定低潮线的问题展开了讨论，比如负责划界问题的第二小组委员会提议，沿海国在其官方海图上标注的低潮线不应在任何明显程度上偏离春潮线；美国和德国则提议由沿海国自行决定如何确定低潮线。[③] 最终，1958

① International Law Association. *Baselines under the International Law of Sea* (Sofia Conference 2012)，p.10.

② Boggs S. Whittemore. "Delimitation of the Territorial Sea: The Method of Delimitation Proposed by the Delegation of the United States at the Hague Conference for the Codification of the International Law." *The American Journal of the International Law*，1930，p.545.

③ International Law Association. *Baselines under the International Law of Sea* (Sofia Conference 2012)，pp.10—11.

年的联合国第一次海洋法会议确定,将低潮线的裁量权交由沿海国,以其公布的官方海图所标明的海岸线为领海基线。[1] 对于后者,有不少专家提出了领海边界合理化的建议,如在当时产生较大影响、且有不少拥趸的海牙国际法编纂会议美国与会地理学家惠特莫尔·博格斯所提出的"圆弧包络法"。[2]

博格斯是美国代表亨特·米勒的技术顾问。他认为,不论以何种海岸线为标准,只要以海岸线的实际位置为领海基线,就势必要确定海岸线上每一点的地理位置,之后再将海岸线位置镜像地向海平移3海里,至此才能确定领海的边界。但这存在难以逾越的技术阻碍——在当时,即便是在理想条件下,从技术上来说确定海岸线上每一点的位置也是不可能实现的。同时,博格斯也指出,在海岸线不规则之处,严格地遵循海岸线镜像为领海边界的做法会产生诸多问题。为此,他提出了"圆弧包络法",即选取海岸线上的凸点或转折点等在海岸线形态上比较特别的一些点为圆心,以领海宽度为半径画圆弧,连接最外缘的圆弧作为领海边界(图1-1)。

在圆弧包络法提出之前,将低潮线向海平行移动若干距离所得到的线条作为领海与公海分界线是人们对海上边界线通常的理解。圆弧包络法选取适当点作圆心,以领海宽度为半径作圆,能够有效地克服不规则海岸线所造成的海上边界不规则的后果。[3] 博格斯的圆弧包络法以及其他的技术性方案在海牙国际法编纂会议上虽均未获得认可,[4]但这些尝试却反映了在领海基

---

① International Law Association. *Baselines under the International Law of Sea* (Sofia Conference 2012), p.11.

② W. Michael Reisman, Gayle S. Westerman, p.13.

③ Boggs S. Whittemore, pp.541—542.

④ W. Michael Reisman, Gayle S. Westerman, p.13.

线逐渐被确定为海岸线且不断精确化的过程中，在不规则海岸线处僵硬地应用海岸线实际位置作为领海基线将会带来的麻烦和问题已被重视。

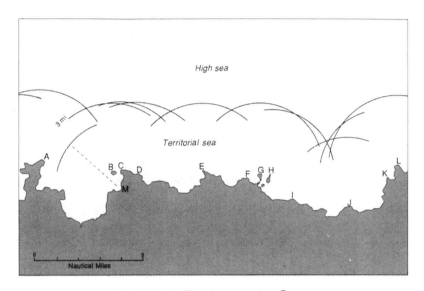

图 1-1　圆弧包络法示意图①

　　海牙国际法编纂会议在领海基线制度发展历史上具有承上启下的地位。虽然各种海上边界合理化的议案均未获得认可，但这是以低潮线作为领海基线的基线规则第一次在如此大规模的国际法会议上获得一致认可。低潮线被确定为领海基线使得领海基线制度实现了由无序向统一的转变。② 有意思的是，海牙国

---

　　①　图片来源 Boggs S. Whittemore，p.545.转引自 W. Michael Reisman, Gayle S. Westerman. *Straight Baselines in International Maritime Boundary Delimitation*. Macmillan Press，1992，p.14.博格斯在论文中以图示的方法对比了三种不同的划线方法，圆弧包络法为其中之一。

　　②　圆弧包络法仅仅是优化了领海边界，并没有要求偏离实际的海岸线位置另作领海基线。

际法编纂会议上提出的若干领海边界合理化方案均未偏离海岸线实际位置划定基线，且会议上并未讨论直线基线规则的问题，但研究基线的学者普遍认为，直线基线概念是在海牙国际法编纂会议上正式形成的。① 海牙国际法编纂会议中现代意义上的直线基线真正地进入了国际法视域，直线基线规则至此萌芽。

二、直线基线规则的形成

（一）海牙国际法编纂会议中直线基线规则的萌芽

直线基线规则的适用可以追溯到 1604 年，英王詹姆斯一世颁布法令连接岬角划直线基线。② 此后，直线基线也曾被零星使用。比如美国曾在 20 世纪初，连接其在阿拉斯加沿岸群岛岛屿最外缘划取直线基线。③ 不过这些直线基线实践在当时并未引起关注，没能正式作为领海基线的备选项进入国际法视域中被讨论。一般认为直线基线真正地被作为领海基线提出的时点，是在海牙国际法编纂会议的预备阶段。④

1930 年海牙国际法编纂会议曾出于信息收集的目的向与会国征求意见："沿海岸线分布的领海基线，是沿海岸线走向的低潮

① W. Michael Reisman, Gayle S. Westerman, p.16.

② Lewis M. Alexander, p.504.

③ Clive H. Schofield, eds. *The Limits of Maritime Jurisdiction*. Brill Nijhoff Press, 2014, p.89.

④ 笔者对此持有不同见解，认为英美 1903 年关于英属加拿大与美国阿拉斯加领土范围的争端和仲裁才是直线基线正式进入国际法视域的起点。

线，还是一条连接海岸线、岛屿（island）、小岛（islet）、礁石最外缘点的直线，或者是其他的一些线？在连接各点划取直线时，岛屿与海岸线之间的距离是否应纳入考虑？"[1]在当时的背景下，虽然国际社会对于海岸线该以什么为准尚未达成一致意见，但毕竟以海岸线为基线的做法已经获得了广泛的支持。而直线基线如何选取基点、基线段长度等问题还未经过审慎的考虑与讨论，编纂会议所提的问题也并没有给与会国提供更多有效的信息。因此，在回复了该问题的 21 国中，仅有五国——挪威、瑞典、波兰、苏联、拉脱维亚——赞成使用连接沿海各点的直线作为领海基线。对直线基线法的回应如此寥寥，以拟制的直线作为领海基线的实践和设想亦不成熟，海牙国际法编纂会议上自然就没有将其作为议题进行讨论。[2]虽然未经会议讨论，但是直线基线规则却就此正式地进入沿海国的视野范围。

（二）直线基线规则合法性的确立——英挪渔业案

1935 年，为应对英国渔船频繁进入其传统渔区，甚至抵近海岸捕鱼，挪威——赞成适用直线基线规则的五国之一——颁布了皇家法令。挪威宣布沿着海岸线方向，连接其陆地附近的近岸岛屿、小岛、岩礁的向海最外缘点划直线基线，并宣布建立专属渔区，即自直线基线起 4 海里范围内的海域为挪威的专属渔区。其实早在 19 世纪中叶，挪威就曾使用一系列连接石垒外缘点的直

---

① International Law Association. *Baselines under the International Law of Sea* (Sofia Conference 2012)，p.10.

② W. Michael Reisman，Gayle S. Westerman，p.16.

线作为基线。① 只是因当时未与别国发生激烈冲突，所以未进入国际法研究的视域。挪威当局多次逮捕了在其宣布的专属渔区内捕鱼的英国渔船。英挪两国曾试图通过谈判方式解决纠纷，但谈判未能取得任何成果，1948 年两国矛盾升级，越来越多的英国渔船被挪威当局扣押，1949 年 9 月 28 日英国将争议诉至国际法院。②

英挪渔业案的焦点在于，挪威所划直线基线是否符合国际法。国际法院需要判断，在以海岸线为领海基线已经构成习惯国际法的前提下，挪威所作的直线基线是否违反国际法。英国认为挪威的直线基线违反了国际法，全然无视自己（挪威）曾在 1903 年与美国的仲裁案中认可了美国的直线基线符合国际法。理由有三：一是一国领海基线应当为沿岸低潮线；二是出于简化领海边界的目的，一国应当采用圆弧包络法，而非直线基线规则；三是在某些特殊沿岸地区，一国确实可以划直线基线，但是直线基线段的长度不应超过 10 海里。③ 而挪威采取的策略则是强调历史性权利，论证该渔场自古有之，并未正面回应英国对其所划的直线基线的责难。④ 该案的争议沿海地区位于北纬 66°28.8′以北，受亿万年冰川侵蚀运动的影响，挪威的海岸线破碎不堪。挪威海岸线极为曲折，沿海峡湾遍布，犬牙交错，向海突出的陆地随处可见，深深嵌进陆地的水曲也遍布各地。这在挪威的北部海岸尤为常见，比如深嵌进陆地 75 海里的波森格峡湾（Porsangerfjord）⑤。

---

① Vaughan Lowe，Robin Churchill，p.28.

② Anglo-Norwegian Fisheries (U.K. v. Nor.)，1951 I.C.J. pp.116—125.

③ 英国主张，这是从海湾封口线长度不超过 10 海里的习惯国际法得出的。

④ Anglo-Norwegian Fisheries (U.K. v. Nor.)，1951 I.C.J. pp.126—131.

⑤ Anglo-Norwegian Fisheries (U.K. v. Nor.)，1951 I.C.J. p.141.

在挪威南部沿海，冰川运动使得挪威陆地延伸至海中：沿着挪威大陆海岸线分布着形态各异的各类大岛、小岛、礁石等海洋地物，这些沿挪威大陆海岸线分布的大大小小岛状地物的数量约为 12 万个。挪威将沿岸的这些海洋地物构成的地物群称为"skjærgaard"，国际法院形象地将其翻译为"rock rampart"，即"岩石壁垒"（图1-2）。"石垒"中海峡、水道纵横密布，构成"石垒"的各个岛屿又几乎都有大大小小的海湾和延伸进海中的岬角。①

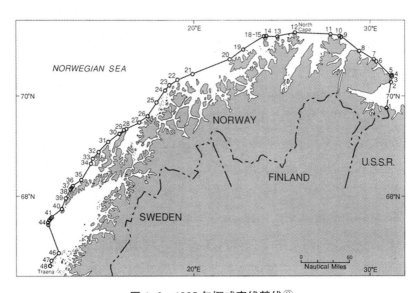

图 1-2　1935 年挪威直线基线②

国际法院在考察了挪威海岸线的自然地理形态后指出，与其他沿海国的情况不同，挪威的大陆海岸线并不是陆地与海洋的分

---

① Anglo-Norwegian Fisheries (U.K. v. Nor.), 1951 I.C.J. p.127.

② 图片来源于 W. Michael Reisman, Gayle S. Westerman, p.25.

界线。① 因此，挪威无需严格遵循以海岸线作为其领海基线的规定，而由于挪威大陆的西部与石垒构成了整体，因而在确定挪威领海范围时不得不考虑石垒的外缘，并在判决中认为该解决方案是由挪威的地理现实决定的。② 对于英国提出的——挪威应当采用圆弧包络法而非直线基线规则使其海洋边界合理化的论点，国际法院认为使用圆弧包络法并非一项国际法义务，挪威有权不使用。③ 国际法院对英国关于直线基线的线段长度不应超过 10 海里的主张也未予以认可。以挪威特殊的沿海地貌为据，国际法院判决认定，挪威沿着海岸线方向连接其陆地附近的近岸岛屿、小岛、岩礁的向海最外缘点划直线基线确定领海基线的实践，合乎国际法。

但是，国际法院也并未承认任何国家都能随心所欲地使用直线基线作为领海基线，在判决里国际法院为直线基线创造了适用规则。关于直线基线规则的适用问题，国际法院在判决中写道："低潮线法的应用通常在海岸线深深嵌进和切进陆地之处，比如东芬马克郡的情况，在海岸线附近有石垒之类的群岛毗邻的情况下，基线不必再遵循低潮线法，此时只能以几何图形作为领海基线"。④ 这段判词重申了低潮线为正常基线的同时，强调了在特殊的沿海地理环境下低潮线不宜再作为领海基线，此时能且只能以特殊的几何图形——直线——作为领海基线。这项规则被概括为，"在海岸线极为曲折之处，或紧接海岸有一系列岛屿，可以划直线基线"。

---

① Anglo-Norwegian Fisheries (U.K. v. Nor.), 1951 I.C.J. p.127.
② Anglo-Norwegian Fisheries (U.K. v. Nor.), 1951 I.C.J. p.128.
③ Anglo-Norwegian Fisheries (U.K. v. Nor.), 1951 I.C.J. p.142.
④ Anglo-Norwegian Fisheries (U.K. v. Nor.), 1951 I.C.J. p.153.

经英挪渔业案背书的直线基线规则在法律效果上与圆弧包络法有着极大的区别。如博格斯所言，圆弧包络法不过是地理学家在作图时的一种技术性措施，并不会大规模地改变海域的法律属性。直线基线规则偏离了海岸线的实际位置，将原来具有领海性质的水域包括在内，使其转变为内水。由于领海边界的大幅度变动，不少原属于公海的海域变为沿海国领海。在海岸线极为曲折或紧接海岸线有一系列岛屿之处适宜用直线基线作为领海基线，能够实现海洋边界合理化，以及扩大管辖海域的效果。直线基线规则的合法性被确认后便获得了许多国家实践的青睐，如芬兰在 1952 年就宣布以直线基线作为其领海基线。①

国际法院在判词中强调，沿海国的海洋权利来源于陆地。②因此，直线基线不能在任何明显程度上偏离海岸线的一般方向，被划进直线基线的水域必须充分接近陆地领土，受领海制度的支配。这项规则被概括为直线基线的划定不应在任何明显程度上偏离海岸线的一般方向，而且基线内的海域必须充分接近陆地领土，使其受内水制度的支配。此外，国际法院认为，若能清楚地证明一地特别具有的某些经济利益具有特殊性和重要性，那么，在划直线基线时可以突破地理要素的限制。③ 英挪渔业案明确地肯定了与习惯国际法不同的新兴的国家实践的合法性，这在国际法的司法实践历史上极为罕见。在 1951 年至 1958 年 4 月 24 日间，有三个国家宣布采用直线基线规则——芬兰、伊朗和沙特阿拉伯。④

---

① 参见普雷斯科特、斯科菲尔德：《世界海洋政治边界》，第 98 页。

② Anglo-Norwegian Fisheries (U.K. v. Nor.), 1951 I.C.J. p.133.

③ Anglo-Norwegian Fisheries (U.K. v. Nor.), 1951 I.C.J. p.137.

④ 参见普雷斯科特、斯科菲尔德：《世界海洋政治边界》，第 98 页。

（三）正式确立直线基线规则的国际法基础

在认真分析了法官意见后，有学者发现 12 名法官中只有五名法官是完全赞成沿海国单方面宣布直线基线主张的海洋实践是合法的，其他法官对此多少有微词。[①] 然而，事情发生了决定性的变化，作为海洋法发展中的标志性案件——英挪渔业案其判决的核心要点随即被以立法的形式确定下来，直线基线规则作为低潮线法的替代方案被写进了《领海及毗连区公约》。

1952 年，联合国国际法委员会特别报告员——弗朗索瓦教授召集了一个专家委员会解决有关领海立法的技术问题。在 1953 年的第一次会议上，弗朗索瓦教授在提到直线基线规则可能存在的问题时，措辞还仅仅是"如果国际法院在英挪渔业案中所认可的直线基线能够作为低潮线的替代，那么以下问题可能将会是我们所关心的"。可见，直到 1953 年，直线基线规则仍只是领海基线多样化过程中的一个偶然产物。但是在随后的讨论中，直线基线规则似乎被委员会认为已经是一项确定的替代方案。弗朗索瓦教授在其撰写的草案中已经将直线基线规则作为一项制度，并将委员会讨论的结果写在其中。[②] 自彼时起，直线基线适用规则成了国际法委员会讨论的议题之一，直至《领海及毗连区公约》通过，直线基线规则被正式确定为低潮线法的替代方案。

对于国际法院在英挪渔业案中所确立的直线基线适用规则，不少专家觉得过于模糊和宽泛。专家委员会对直线基线适用规则提出了一些技术性的建议，以期能使英挪渔业案所确立的规则明确化。比如弗朗索瓦教授在 1953 年起草的供讨论用的草案第

① W. Michael Reisman, Gayle S. Westerman, pp.35—37.
② W. Michael Reisman, Gayle S. Westerman, p.40.

5条a款(2)项,为直线基线设置了严格的量化条件——直线基线段长度不得超过10海里,直线基线段距离陆地领土的距离不得超过5海里。在起草阶段,国际法委员会与专家委员会内部对于是否应该以建立量化标准的形式规制直线基线适用的问题曾有过多次争论。支持沿海国管辖权扩张的"扩张派",坚持应当延续英挪渔业案的精神,模糊直线基线适用规则,以适应世界上复杂多样的沿岸自然地貌;认为应当限制沿海国管辖权、防止沿海国主权侵害公海自由的"保守派",则极力主张应当将渔业案中的模糊规则具体化,避免直线基线规则被滥用。"扩张派"与"保守派"之间的争论一直延续到第一次联合国海洋法会议,利益追求不同的各国在会议上提出了不同的意见。[①] 最终,会议延续了英挪渔业案里国际法院的做法,保持了直线基线适用规则的模糊性,最后通过的《领海及毗连区公约》第4条规定:

1. 在海岸线极为曲折之处,或沿岸岛屿罗列密迩海岸之处,得采用以直线连接酌定各点之方法划定测算领海宽度之基线;

2. 划定此项基线不得与海岸一般方向相去过远,且基线内之海面必须充分接近领陆方属内水范围;

3. 低潮高地不得作为划定基线之起讫点,但其上建有经常高出海平面之灯塔或类似设施者,不在此限;

4. 遇有依第一项规定可适用直线基线方法之情形,关系区域内之特殊经济利益经由长期惯例证明实在而重要者,得于确定特定基线时予以注意;

5. 一国适用直线基线办法不得使他国领海与公海隔绝;

---

① W. Michael Reisman, Gayle S. Westerman, pp.38—47.

6. 沿海国应将此项直线基线在海图上标明，并妥为通告周知。①

《领海及毗连区公约》第4条将英挪渔业案的要点固定了下来，形成直线基线适用规则。《领海及毗连区公约》的直线基线适用规则包括2项适用前提条件、4项限制条件、1项告知义务。适用前提条件是指，沿海国在何情况下得适用直线基线作为领海基线，《领海及毗连区公约》将其规定为①"海岸线极为曲折"或②"紧接海岸线有一系列岛屿"。

限制条件是指，沿海国在使用直线基线作为领海基线时，应当遵循何种划法。《领海及毗连区公约》将其规定为：①直线基线的划定不应在任何明显程度上偏离海岸线的一般方向；②基线内的海域必须充分接近陆地领土，使其受内水制度支配；③低潮高地不得用作基点；④一国使用直线基线不得使他国领海与公海隔绝。

在第三次联合国海洋法会议中，代表不同海洋利益的国家对直线基线适用规则是否进行修改、如何修改也有一些争论，比如其上没有灯塔及类似设施的低潮高地能否作为直线基线的起讫点。② 对于这些限制条件，最终经会议表决通过的《公约》并没有做多少的改动，几乎照抄了《领海及毗连区公约》的规定。《领海及毗连区公约》第4条经修改，为《公约》第7条，其以中文作准文本为：

----

① 以《公约》第7条与《领海及毗连区公约》第4条的中文作准文本，由于文风不同，行文上有不小差别，但是英文、法文、俄文作准文本大部分相同，文义并未发生变化。为撰文方便，下文将不加区分，以《公约》的中文作准文本代替《领海及毗连区公约》文本。

② W. Michael Reisman, Gayle S. Westerman, p.61.

1. 在海岸线极为曲折的地方，或者如果紧接海岸有一系列岛屿，测算领海宽度的基线的划定可采用连接各适当点的直线基线规则；

2. 在因有三角洲和其他自然条件以致海岸线非常不稳定之处，可沿低潮线向海最远处选择各适当点，尽管以后低潮线可能发生后退现象，该直线基线在沿海国按照本《公约》改变前仍然有效；

3. 直线基线的划定不应在任何明显的程度上偏离海岸线的一般方向，而且基线内的海域必须充分接近陆地领土，使其受内水制度的支配；

4. 除在低潮高地上筑有永久高于海平面的灯塔或类似设施，或以这种高地作为划定基线的起讫点已获得国际一般承认者外，直线基线的划定不应以低潮高地为起讫点；

5. 在依据第 1 款可以采用直线基线之处，确定特定基线时，对于有关地区所特有的并经长期惯例清楚地证明其为实在而重要的经济利益，可予以考虑；

6. 一国不得采用直线基线规则，致使另一国的领海同公海或专属经济区隔断。①

《公约》对原有的直线基线规则的改动主要有：①考虑到孟加拉湾的情况，根据孟加拉国的提案，将因有三角洲和其他自然条件致使海岸线非常不稳定增加为直线基线法规则的第三种适用情形；②②允许沿海国根据不同情况，交替使用直线基线规则和低潮线法确定领海基线；③将告知义务由公布海图更改为公布

---

① 参见《公约》第 7 条。

② United Nations，Summary Records of the Meeting of the Second Committee 5th meeting，Document：A/CONF.62/C.2/SR.5，p.3.

海图或基点坐标，并将海图或坐标副本交存于联合国秘书长；④创造了直线群岛基线概念，以例外形式将直线基线规则的适用范围扩张至群岛国。第一点变动，《公约》在第 7 条新增一款为第 2 款；第二点变动，《公约》新设了第 14 条；第三点变动删去了《领海及毗连区公约》的第 4 条第 6 款，新设了《公约》第 16 条；第四点变动则规定在《公约》第 4 部分"群岛国"中。这四点变动中最重要的是新增海岸线非常不稳定为新的适用前提条件，以及直线群岛基线规则。

这里需要说明的是，从缔约历史与基线的形态来看，直线群岛基线是直线基线规则的一种特殊形态。在英挪渔业案中，国际法院将石垒认定为群岛的一种①，将其视为"近岸群岛"。② 从英挪渔业案发展而来的直线基线规则适用前提条件——"紧接海岸线有一系列岛屿"被视为直线基线在近岸群岛的适用。③ 在第一次海洋法会议期间，新独立国家印度尼西亚，与菲律宾、南斯拉夫、丹麦等国提议将直线基线用于群岛，不过当时这一提议并未通过。在第二次海洋法会议期间，群岛国家也曾为直线基线适用于群岛而奔走努力。直至 1974 年，印度尼西亚、加拿大、智利、毛里求斯等国联合，组成第三次海洋法会议中的"群岛国集团"。④ 在它们的共同努力下，群岛国制度与直线群岛基线规则最终在第三次海洋法会议第二阶段被认可。⑤ 经过之后的讨论与修改，最

---

① Anglo-Norwegian Fisheries (U.K. v. Nor.)，1951 I.C.J. p.129.

② Anglo-Norwegian Fisheries (U.K. v. Nor.)，1951 I.C.J. p.131.

③ Sophia Kopela. *Dependent Archipelagos in the Law of the Sea*. Martinus Nijhoff Press，2013，p.3.

④ Sophia Kopela. *Dependent Archipelagos in the Law of the Sea*. Martinus Nijhoff Press，2013，p.22.

⑤ Sophia Kopela. *Dependent Archipelagos in the Law of the Sea*. Martinus Nijhoff Press，2013，pp.19—25.

终由《公约》固定下来。不过，《公约》第4部分所规定的直线群岛基线与印度尼西亚等国在第一、二次海洋法会议中呼吁的用于群岛的直线基线规则并不相同，是一种特殊的直线基线：在适用的资格上，仅有符合《公约》第46条群岛国定义的国家才得适用直线群岛基线；在形态上，虽然都是直线段组成的基线组，但是直线群岛基线有明确的长度限制；直线群岛基线内的水陆比还需满足1∶1至1∶9的要求。由此，《公约》在"一般—特殊"领海基线规则体系之内又建构了"一般—特殊"的直线基线规则体系。

本书将英挪渔业案、《领海及毗连区公约》《公约》中的直线基线适用规则内容及变动整理为表格（表1-1）。

基线基线规则的发展历史是一个从习惯法到成文法、模糊到清晰、单一到多元的发展过程，也可以说是一个"无序—统一—多样"的发展过程。这个发展过程是由海洋的两个特性所决定的。一是不同于陆地的分散隔绝，海洋之间是流动相通的。海洋的这一特征决定了随着资源开发和通讯技术进步，海洋法将从"各自为政"的国内法规发展为统一的国际海洋法规则，这与领海基线制度"无序—统一"的发展历程相对应。二是沿海地形地貌差异巨大，在构建统一适用的国际海洋法规则的同时，必须考虑到迥异的自然条件。这就决定了保持国际海洋法统一时还需要给予沿海国灵活性，构建灵活多样的规则体系。直线基线在16世纪就已经出现，但是现代意义的直线基线规则诞生于海洋法"统一—多样"的历史阶段。

领海基线规则多样化是海洋法发展的必然，但从直线基线规则的发展历史中我们不难看出，直线基线规则的诞生并非必然，直线基线规则"一锤定音"之局是英挪渔业案。但是为了应对挪

表 1-1　直线基线适用规则

	英挪渔业案	《领海及毗连区公约》	《公约》
适用前提条件	海岸线极为曲折	海岸线极为曲折（第 4 条第 1 款）	海岸线极为曲折（第 7 条第 1 款）
	紧接海岸有一系列岛屿	紧接海岸有一系列岛屿（第 4 条第 1 款）	紧接海岸的一系列岛屿（第 7 条第 1 款）
			因有三角洲和其他自然条件以致海岸线非常不稳定（第 7 条第 2 款）
限制条件	直线基线不能在任何明显程度上偏离海岸线的一般方向	直线基线不能在任何明显程度上偏离海岸线的一般方向（第 4 条第 2 款）	直线基线不能在任何明显程度上偏离海岸线的一般方向（第 7 条第 3 款）
	基线内的海域必须充分接近陆地领土，使其受内水制度的支配	基线内的海域必须充分接近陆地领土，使其受内水制度的支配（第 4 条第 2 款）	基线内的海域必须充分接近陆地领土，使其受内水制度的支配（第 7 条第 3 款）
	若长期的使用已清楚地证明了一地特具有的某些经济利益具有特殊性和重要性，在划直线基线时，可以突破地理要素的限制	除有灯塔等永久性设施，低潮高地不得作为直线基线起讫点（第 4 条第 3 款）	除有灯塔等永久性设施，低潮高地不得作为直线基线起讫点（第 7 条第 4 款）

44

（续表）

	英挪渔业案	《领海及毗连区公约》	《公约》
限制条件		确定特定基线时，对于有关地区所特有的并经长期惯例而实在为实在而重要的经济利益，可予以考虑（第4条第4款）；一国适用直线基线办法不得使其他国的领海与公海隔绝（第4条第5款）	确定特定基线时，对于有关地区所特有的并经长期惯例地证明其为实在而重要的经济利益，可予以考虑（第7条第5款）；一国不得采用直线基线规则，致使另一国的领海同公海或专属经济区隔断（第7条第6款）
告知义务	无	沿海国将此项直线基线在海图上标明，并应为通告周知（第4条第6款）	沿海国应当将这种海图或地理坐标妥为公布，并应将各该海图和坐标表的一份副本交存于联合国秘书长（第16条）
确定适用单一或混合基线的办法	无	无	沿海国为适应不同情况，可交替使用以上各条规定的任何方法确定基线（第14条）
直线基线在群岛的适用	沿海国可在近岸群岛适用直线基线基线	沿海国可在近岸群岛适用直线基线基线（第4条第1款）	沿海国可在近岸群岛适用直线基线（第7条第1款）、群岛国可适用直线群岛基线（第46条）

45

威复杂的沿海自然条件和追求海洋边界的合理化,博格斯的圆弧包络法同样可适用,甚至优于直线基线法——相比直线基线规则,圆弧包络法能够很好地避免将公海划进沿海国的管辖海域之内。英挪渔业案中国际法院选择支持直线基线,直线基线规则就此成为领海基线划定方法之一,以至《公约》构建出"低潮线—直线基线—直线群岛基线"的领海基线体系,这都不可谓没有偶然因素。

正是由于直线基线规则是领海基线多样化历程中偶然诞生的产物,制度并未经过十分严谨而精密的设计,所以直线基线规则存在不少的制度纰漏。直线基线规则困境的解决之道也蕴含于发展历程之中。直线基线适用规则的问题主要有三：一是适用的前提条件的模糊性；二是限制条件的模糊性；三是大陆国家远洋群岛适用直线基线的合法性。前两个直接来源于英挪渔业案,第三个也能在英挪渔业案中看到端倪。

第三节　适用直线基线规则的前提条件

一、如何认定"海岸线极为曲折"

根据《领海及毗连区公约》第 4 条与《公约》第 7 条的规定,"海岸线极为曲折"是沿海国得以适用直线基线规则的第一种情形。由于"极为曲折"的内涵界限不明确,导致认定标准众说纷纭,沿海国领海基线实践也缺乏统一性。

（一）定性与定量的视角

1. 学界的定性描述

"极为曲折"可被拆解为"深深凹入"（deeplyintended）与"切入"（cutinto）。斯科菲尔德与普雷斯科特认为，"深深凹入"可能指对陆地横向的切入，而"切入"指的可能是水曲纵向切入陆地的形态。[1] 雷斯曼与韦斯特曼则从上述两个概念的相互关系进行考察并认为，"深深嵌入"和"切入"二者的关系是递进的，必须有许多嵌入的存在，海岸才会存在切入的形态。这是显而易见的。[2] 此外，还有学者尝试从约文条款间的关系角度对"极为曲折"进行阐释，比兹利就认为，"极为曲折"必然指的是位于一条海岸线上的水曲的数量及其复杂程度使得《领海及毗连区公约》第7条的运用变得无意义且无关紧要。同样，尽管并非每一个水曲都需要符合前述海湾条款所设置的最小面积关系，但很明显，绝大多数水曲应当符合上述关系以满足"极为曲折"的措辞。[3]

2. 定量上的尝试

热衷于定量分析的美国学者罗奇与史密斯认为，一段直线基线内至少需要包含 3 个水曲，且水曲与水曲之间相互接近，每个水曲嵌入陆地的距离需要超过直线基线段长度的 1/2。其结论来源于对《公约》第 10 条的"逻辑推演"，以及联合国海洋事务与

---

① 参见普雷斯科特、斯科菲尔德：《世界海洋政治边界》，第 112 页。

② W. Michael Reisman, Gayle S. Westerman, p.76.转引自周江：《论直线基线的适用条件及限制》，《国际法研究》，2020 年第 1 期，第 36 页。

③ P. B. Beazley. "Maritime Limits and Baselines：A Guide to Their Delineation." *The Hydrographic Society Special Publication*（Dagenham：The Hydro graphic Society，1987），p.8.转引自周江：《论直线基线的适用条件及限制》，《国际法研究》，2020 年第 1 期，第 37 页。

海洋法办公室 1989 年的报告。[①] 在此之前,1987 年由罗奇等人为美国国务院编写的"海洋界限"系列第 106 号文,也对"极为曲折"做了量化标准。在待考察的特定地区内,至少有占相关基线总长度 70％的基线段,其内海岸水曲陷入陆地的距离与该基线段长度之比最小不能小于 6/10,以及直线基线段内至少有 3 个水曲。[②] 美国国务院与代表美国利益的学者的观点为理解"海岸线极为曲折"提供了量化的角度,但是具体如何理解"极为曲折",还需要回归《公约》本身。

（二）对定量标准的驳斥——以挪威与智利海岸线为例

《公约》中文文本"海岸线极为曲折"对应的英文文本为"where the coastline is deeplyindented and cutinto","deeplyindented"与"cutinto"这两个短语毫无改动地取自国际法院在英挪渔业案的判决书,因此理解"极为曲折"需要"回到过去"。英挪渔业案判决书中写道:"在海岸线深深嵌进和切进陆地之处,比如在东芬马克郡的情况。"[③]可见,芬马克郡是最为典型的"海岸线极为曲折之处"。芬马克郡原是挪威北部的一个郡,因与特罗姆斯郡合并而被撤销[④],大概位置如图 1-3 所示。

芬马克郡位于北极圈内,受冰川侵蚀形成了独具特色的冰川

---

① J. Ashley Roach, Robert W. Smith. *Excessive Maritime Claims*, p.62.

② Bureau of Oceans and Internationl Environmental and Scientific Affairs. *Limits in the Sea*, No. 106, 1987, p.6.

③ Anglo-Norwegian Fisheries (U.K. v. Nor.), 1951 I.C.J. p.129.

④ 参见 https://baike.baidu.com/item/%E8%8A%AC%E9%A9%AC%E5%85%8B%E9%83%A1/3697865? fr＝aladdin2020 年 12 月 15 日访问。

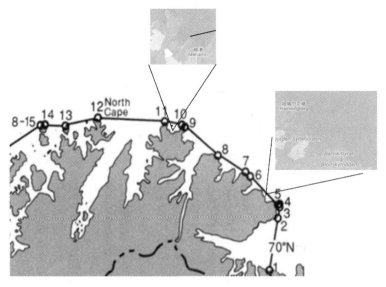

图 1-3 1935 年挪威在东芬马克郡所划的直线基线①

侵蚀地貌，海岸线破碎不堪，峡湾遍布，是最为典型的、也是最为极端的"海岸线极为曲折之处"之一。但是按照美国国务院与罗奇和史密斯的标准，恐怕东芬马克郡的海岸线也不能适用直线基线规则。挪威在 1935 年颁布的皇家法令所划的直线基线组中，第2-3、3-4、5-6、9-10、10-11 段直线基线所包的海岸线上，显然不能满足"每段直线基线至少有 3 个水曲"的要求。至于"水曲深嵌进陆地的距离起码要超过直线基线段长度的一半"或者"6/10"的要求，如图 1-3 所示，5-6 段直线基线中所包的哈姆宁贝格（Hamnlngberg）与巴维克米兰（Barvikmyran）之间的水曲深度不可能有 5-6 段基线段的一半长。联合国海洋事务与海洋法办公室也曾对"极为曲折"的认定有非常严苛的标准，在其 1989 年的

① 此图系课题组使用绘图软件绘制形成的。

报告中,该办公室认为直线基线段内的水曲都应当满足《公约》第10条的海湾的标准——水曲面积应当等于或大于以横跨曲口所划的直线作为直径的半圆形的面积。① 将东芬马克郡的海岸线与该标准进行比对时,会发现结果不尽人意。除了前述第5-6段所包的哈姆宁贝格与巴维克米兰之间的水曲不满足这一标准以外,10-11段直线基线内的梅港(Mehamn)以外的水曲同样也不符合该标准(以横跨该曲口所划的直线为半径所作的半圆明显要大于该水曲)。在加姆维克岬角(Gamvik)"拐弯"的14-15段基线内的水曲也不可能满足海湾的标准。这是采用单一的直线基线规则划领海基线的通病。若采用混合基线法,此类地区适用低潮线为基线,使基线组在此处衔接,避免直线基线规则的僵化适用。

智利的海岸线破碎情况与挪威海岸线相似。智利因为处于南极洲板块与美洲板块碰撞挤压处,地壳运动活跃,且受地质时期冰川侵蚀作用的影响,海岸线破碎曲折。

如图1-4所示的智利西南部分海岸线破碎曲折,与挪威东芬马克海岸线形态相似,显然符合"海岸线极为曲折"的直线基线适用前提条件。但是套用美国国务院与罗奇和史密斯的标准,图1-4中智利多处海岸线无法适用直线基线规则:图中49-50基线段直线基线所包的海岸线仅有一个水曲,且该水曲不满足《公约》第10条关于海湾的要求;53-54直线基线段中的水曲数量虽然超过了3个,但是水曲嵌入陆地的深度显然不能满足53-54直线基线段1/2或者6/10的要求。45-46、46-47等直线基线段也难以满足这些严苛的要求。

以量化标准对"海岸线极为曲折"进行解释的尝试注定是失

---

① Office for Ocean Affairs and the Law of the Sea. Law of the sea Bulletin, p.18.

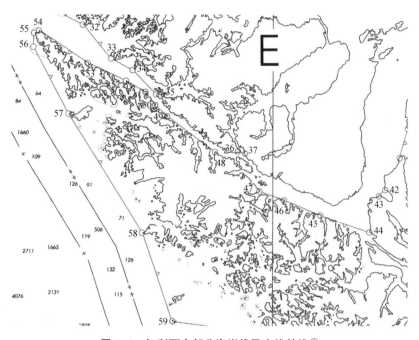

图1-4　智利西南部分海岸线及直线基线①

败的。对于线段曲折程度做量化标准，只能在某一限定的长度内对线的弯曲数量和弯曲程度进行讨论，即讨论共有几次方向变化、方向变化的程度。将线段具化为海岸线，就变为在限制的长度内，讨论共有几个水曲、水曲嵌入陆地的距离，这也是美国、海洋事务与海洋法办公室进行量化的方向。但是世界范围内的海岸线往往太长，形态复杂且始终处于变化之中，以简单、固定的标准去限制复杂、变化的现实的尝试从一开始就是错误的。② 采纳

---

① 参见：https://www.un.org/Depts/los/LEGISLATIONANDTR EATIES/PDFFILES/MAPS/CHL_MZN37_2000_00117.jpg，访问时间：2021年3月19日。

② 这种尝试与"阿什比必要多样性定律"相悖，该定律表明，待解决的问题与解决方案之间存在多样性对等关系时，这样的解决方案才能够真正有效地解决问题。

美国或者联合国海洋事务与海洋法办公室的标准，连世界上最为曲折的海岸线之一也不能适用直线基线，恐怕世界上也没有几处海岸线能符合其标准适用直线基线。

联合国海洋事务与海洋法办公室建议的标准看似合理，但因为要求水曲必须满足是海湾的条件过于简单、缺乏弹性，在运用中也会遇到难题。如图1-5所示，在存在连续多个大面积水曲且不满足第10条海湾认定标准的水曲的海岸，根据该办公室标准，此处无法适用直线基线规则。但是此处的海岸线却显然满足《公约》规定的"极为曲折"的标准。如此一来，看似合理的量化标准实际上与《公约》相矛盾，也为沿海国简化领海基线和海洋边界的努力设置了不必要的障碍。

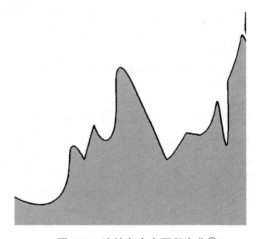

图1-5　连续多个大面积水曲①

为"海岸线极为曲折"的认定设置简单的量化标准，将会极大地限制直线基线规则的使用，使直线基线适用规则变为一纸具

———————————

①　图1-5系课题组利用作图软件所作的海岸线示意图。图中的水曲均未满足《公约》中关于海湾的要求。

文。这不仅与英挪渔业案、《领海及毗连区公约》及《公约》消除不规则的海洋边界的精神相悖[1]，而且也会导致直线基线规则过于刚性而致崩裂，最终威胁《公约》的稳定性。

（三）判断"极为曲折"的三要素

以严苛的量化标准解释何为"极为曲折"难以满足世界范围内复杂多变的海岸线情况，而过于宽泛的解释则会使"极为曲折"的适用前提形同虚设，导致直线基线规则被滥用。比如泰国曾在1972 年 6 月 12 日颁布法令（在 1992 年 8 月 17 日进行了修改），连接苏梅岛北端、与马来西亚沿海交界处以及海上两点，划了 3段直线基线（图 1-6）。但是，在这个直线基线组锁闭的整段海岸线中，仅有 4 段发生了比较大的方向变化，水曲向陆地凹陷的程度也并不明显，很难认为是"极为曲折"。泰国在该海域划直线基线，显然悖于直线基线适用规则。

采用简单、固定的限制条件认定海岸线极为曲折难以应对复杂多样的海岸线形态，而采用宽泛的认定标准，又可能会导致直线基线规则适用成为空谈，甚至直线基线规则会成为沿海国扩张海洋管辖权的手段。本书建议认定"海岸线极为曲折"时可以借鉴量化标准的思路，但是同时要去标准化，这样既可以避免以简单、固定的标准进行判断所带来的弊端，也可以摒弃认定曲折程度时毫无根据的做法。本书建议，在判断某一海岸线是否属于"极为曲折"时，可以结合待审查的海岸线的方向的变化程度、水曲数量及紧密程度、水曲嵌入陆地的距离这三个要素进行考量。

---

① Office for Ocean Affairs and the Law of the Sea. Law of the sea Bulletin，p.32.

图 1-6　泰国 1970 年公布(1992 年修改)的"区域四"海岸线及直线基线①

①　方向变化程度。待审查的海岸线的方向变化不应过小。泰国区域四靠近马来西亚的东南段海岸线，a 段、b 段海岸线角度变化小，呈钝角形态，方向变化小，很难认定海岸线在此处发生了较大程度的弯折。而在东芬马克郡梅港附近的海岸线、智利 33-34 段海岸线弯折呈锐角形态，海岸线走向甚至呈逆转的形态，方向变化极大，因此能被认定为"极为曲折"。

②　水曲数量及紧密程度。水曲数量不应太少且分布不应稀

---

①　图片来源参见 Bureau of Oceans and Internationl Environmental and Scientific Affairs. *Limits in the Sea*，No.122，2000，p.8.图中 a，b，c 三处记号为课题组所加。

疏。在平直的海岸线上，若只有一个水曲，那么无论该水曲嵌入陆地的深度如何，该段海岸线也不能够被认定为"极为曲折"，此地应适用《公约》第 10 条关于海湾的规定进行规制。比如泰国区域四 c 段海岸线，在如此长的海岸线上仅有一个水曲，因此难以认定该段海岸线"极为曲折"；而在图 1-4 中智利 45-46、52-53、53-54 段直线基线的情况下，由于多个待审查的海岸线拥有多个水曲，且水曲之间分布紧密，会比较容易被认定为曲折程度大。

③ 水曲嵌入陆地的距离不应过小。水曲嵌入陆地的距离过小，该段海岸线的形态会呈平滑状，当水曲深嵌进陆地时，此处的海岸线曲折度大。

此处列举的三个要素存在联系，在形态上相互影响，因此，在判断时应当结合三个要素综合判断。比如虽然某处海岸线的方向变化程度很大，但是形成的水曲数量少，在形态上只有一次弯折，该段海岸线难以被认为是"极为曲折"；而在某处海岸线虽然嵌入距离小，但是水曲数量多且分布密集，弯折程度大，也可能被认定为"极为曲折"。除了这三个要素的判断以外，"曲折的相对性"也是一个值得考虑的问题，①即一个特定的海岸是否属于极为曲折的海岸还需要结合其所处的大陆或岛屿的海岸边缘形态辅助判定，水曲的深度、数量等自然条件是海岸线曲折度的绝对要素，但是海岸线的曲折程度也应当是一个相对概念。同样形态的海岸线在总长度仅有 10 海里的海岛上，所呈现出来的不同的相对形态可能会对海岸线曲折程度的判定产生影响。②

---

① Office for Ocean Affairs and the Law of the Sea. Law of the sea Bulletin，p.29.

② 周江：《论直线基线的适用条件及限制》，《国际法研究》，2020 年第 1 期，第 38 页。

二、判断"紧接海岸线有一系列岛屿"的要素

"紧接海岸有一系列岛屿"是沿海国可适用直线基线规则的第二项前提条件，与"海岸线极为曲折"一样，该条件也没有清晰的界定。挪威西南地区海岸线沿岸有"石垒"毗连，法院认为"石垒"与挪威大陆构成了一个整体，挪威大陆海岸线并非挪威陆地与海洋之间的分界线，"石垒"的外缘才是挪威陆地与海洋之间的分界线，因而支持了挪威沿着"石垒"外缘划直线基线的实践。国际法委员会将判决提炼为"紧接海岸线有一系列岛屿之处"，[①] 被第一次海洋法会议的认可。挪威西南地区的"石垒"是冰川侵蚀地貌的产物，从"石垒"发展而来的直线基线规则却可以适用于纬度较低地区，属于"特殊——一般"情况。

"紧接海岸有一系列岛屿"的表述存在很大的模糊性，致使该规则的适用缺乏一致的客观标准。对此规则的解释难点主要在于对"紧接海岸""一系列"二要素的判断。具体来说，就是岛屿与海岸线之间的距离为多少，才可以称为"紧接海岸"？"一系列"是否存在具体的数据标准？"岛屿"是广义上的岛屿，还是《公约》第121条规定的狭义上的岛屿？除了紧接海岸线的一系列岛屿的形态问题，这一适用条件的另一个争议点是——这里的"海岸"是否仅限于大陆海岸？对这一问题的回答关乎大陆国家能否在远洋群岛适用直线基线规则。如果这里的"海岸"不限于大陆海岸，那么当紧接某一岛屿海岸有一系列岛屿时，沿海国可适用直线基线规则将该群岛包围。

---

① 英文文本为"if there is a fringe of islands along the coast in its immediate vicinty"。

（一）整体性视角下对"紧接"的认定

学术界与实务界似乎均试图为"紧接海岸"确定一个具体的数字，比如 12 海里、24 海里，或者 48 海里等。[①] 与判断"海岸线极为曲折"相同，本书认为，以固定的数值作为认定标准是不适合的。比如挪威 1935 年所划的 36-40 段、41-44 段直线基线（图1-2），这三段直线基线内的"岛屿"，距离陆地海岸线的距离远远超过了 48 海里；智利所划的 57-58 段（图 1-4）直线基线南段距离陆地亦有不小的距离。显然，以简单、固定的数字标准去界定"紧接"的认定标准是有问题的。本书认为，关于"紧接海岸线"的判断问题，应当结合近岸群岛的规模与形态来考虑。从近岸群岛规模来看，当群岛的规模较大时，群岛与大陆之间的相对距离通常较小，这些群岛可以认为是紧接海岸的。奥兰群岛是芬兰西南海岸线附近规模较大的近岸群岛，芬兰在奥兰群岛外缘所作的直线基线虽然已经远离大陆海岸线，但由于奥兰群岛规模大，群岛与芬兰大陆之间的距离较群岛纵深而言并不算大，因此芬兰沿岸的奥兰群岛可以被认定为是"紧接海岸线"的。相反，当群岛规模较小时，其与大陆之间的相对距离会变大，此时应当严格限制岛屿与大陆之间的距离。只有当这些岛屿与大陆海岸线的绝对距离很小时，才能使用直线基线作为领海基线。越南在其东南沿岸地区所划的部分直线基线欠妥当。

从形态上来看，岛礁之间分布紧密，且群岛与大陆之间有许多小岛礁时，群岛与大陆之间更具有整体性，这些岛屿是"紧接"

[①] 周江：《论直线基线的适用条件及限制》，《国际法研究》，2020 年第 1 期，第 39 页。这些数值均为领海宽度的整数倍，这与直线基线的限制条件"划入直线基线的水域必须充分接近陆地领土，使其接受内水制度支配"有关。

海岸线的。比如奥兰群岛主岛与芬兰大陆之间紧密地分布着许多小岛礁，这些小岛礁的存在加强了群岛与大陆之间的联系，这对认定该群岛紧接海岸也是有利的。而图1-7的这段直线基线内的小规模岛礁群（昆仑群岛）与越南大陆之间并无其他零散的小型岛礁，从形态上来看，这些岛礁与大陆的联系不紧密，不应认为图1-7中的岛礁群与大陆之间存在整体性关系。因此，本书认为越南在此处所划的直线基线违反了直线基线的适用规则，是不妥当的。

（二）关于"一系列岛屿"的认定与分析

1. "岛屿"的数量及距离

"一系列岛屿"同样是一个非常难以界定的、不具有数学精确性的概念，这个短语涉及的问题包括构成"一系列岛屿"所需要的数量及岛屿之间的距离。关于构成"一系列岛屿"所需要的数量，从条文的字面来看，很难得出结论。海洋事务与海洋法办公室认为，构成"一系列岛屿"所需要的岛屿的数量至少为两个。[①] 本书认为，以两个岛礁作为"一系列岛屿"的标准是妥当的。从文义上来看，"一系列岛屿"的数量必然大于等于2，此外，以其他更大的数字作为判断一系列岛屿数量的标准恐将难以适用某些复杂海岸的地理形态。

在渔业案的判决中，国际法院曾提到了"群岛"（archipelago）一词，这使一些学者认为"紧接海岸线的一系列岛屿"实际上指的就是近岸群岛。[②] 群岛的样态十分复杂，不存在精准的地理定

① Office for Ocean Affairs and the Law of the Sea. Law of the sea Bulletin, p.21.
② Sophia Kopela, p.15.

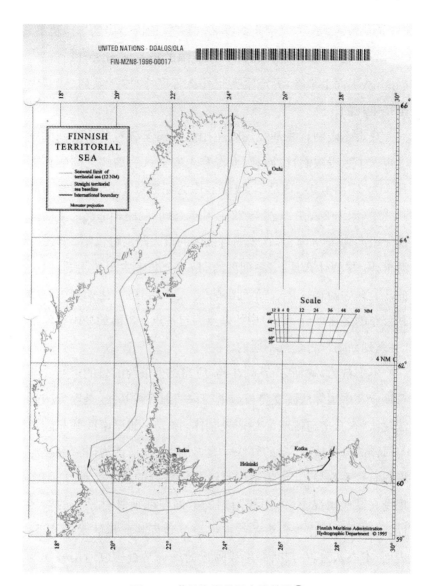

图 1-7　芬兰海岸线及直线基线①

————————

① 参见：https://www. un. org/Depts/los/LEGISLATIONAND TREATIES/
PDFFILES/MAPS/FIN_MZN8_1996_00017.jpg，访问时间：2020 年 12 月 24 日。

义,既有岛屿之间非常紧密的群岛,如芬兰西南沿岸的奥兰群岛,也有岛屿之间分布非常疏远的,如英国的特克斯与凯科斯群岛。因此,从字面上来看,界定紧密到什么程度才是"一系列岛屿"完全是主观的。

热衷于限制直线基线规则适用的美国学者对岛屿之间的宽度也做了数量限制,比斯利、罗奇和史密斯认为岛屿之间的距离最长为24海里。[①] 这是不合理的,因为在挪威1935年所宣布的基线中(图1-2),在21号与22号基点之间,两座相邻岛屿之间的最大距离为43.8海里,这表明可接受的最大距离可以不少于43.8海里。[②] 尽管什么是"一系列岛屿"是一个非常主观的问题,但是放任沿海国随意定义"一系列岛屿"也是不可行的,比如泰国若将其公布的区域四(图1-7)中的基点2与基点3坐落的岛礁视作是"一系列岛屿",将是行不通的。

本书认为,解释"一系列岛屿"应当结合条约的目的进行。英挪渔业案中国际法院支持挪威沿"石垒"划直线基线,是因为国际法院认为,石垒与挪威大陆构成整体,挪威大陆海岸线并非陆地与海洋的分界线,石垒的外缘才是。因此,本书认为,将"紧接海岸线有一系列岛屿"作为适用直线基线规则的独立条件,应是考虑到在某些情况下,海岸线附近的群岛与陆地具有紧密的整体性,以群岛外缘作为领海基线能够更好地反映此地的水陆关系。进而,本书认为,在判断海岸线附近的岛屿是否构成适用直线基线规则的一系列岛屿,应当考虑这些岛屿与陆地之间的整体性问题。

---

① J. Ashley Roach, Robert W. Smith. *Excessive Maritime Claims*, p.69.
② 参见普雷斯科特、斯科菲尔德:《世界海洋政治边界》,第102页。

2. 岛屿的排列形态

除了岛屿数量和紧密程度，对该规则的认定还包括对"一系列岛屿"的排列形态的讨论。有观点认为，从《公约》的用语来看，《公约》要求这一系列岛屿"紧接海岸"的英文作准文本中使用了"along""fringe"这两个词，条约解释规则解释"紧接海岸线有一系列岛屿"时应当考虑以英文作准文本。"along"的基本含义是从某物的一端到另一端、靠着物的一边、沿着某物旁边。由此可见，此处沿海各岛屿的地理排列方式不能是垂直于海岸线的，因为以垂直方式排列的岛屿不仅不能满足"一端到另一端"的要求，还会与"紧接"的要求相矛盾——以垂直方式排列的一系列岛屿显然不能满足这一要求。[①] 另有观点认为，"边缘"(fringe)一词的一般含义是发型的刘海，衣服、桌布的边饰或者国家的边界和边缘，结合"沿着"(along)强调岛屿沿海岸排列，而不是像流苏或辫子那样与海岸相垂直。[②] 本书认为，这一观点是对文本的过度解读，实践中存在近岸群岛垂直于海岸线排列、但又保持了与陆地的整体性、且满足"紧接海岸"的要求的情形，比如芬兰西南沿岸的奥兰群岛。奥兰群岛在分布上与附近的海岸线几乎呈垂直形态，但是与陆地联系紧密，可视为与陆地构成了一个整体，与挪威"石垒"的情况相似，符合"紧接海岸有一系列岛屿"的要求。

(三)"岛屿"是否涉及"低潮高地"的问题

美国学者认为"紧接海岸线有一系列岛屿"中所指的"岛屿"

[①] 周江：《论直线基线的适用条件及限制》，《国际法研究》，2020 年第 1 期，第 39 页。

[②] 参见普雷斯科特、斯科菲尔德：《世界海洋政治边界》，第 110 页。

应当符合《公约》第 121 条的规定，即"岛屿是四面环水并在高潮时高于水面的、自然形成的陆地区域"。① 根据这种观点，《公约》第 13 条所指的低潮高地，即低潮时四面环水并高于水面但在高潮时没入水中的、自然形成的陆地，如图 1-7 所示，不能构成"一系列岛屿"。然而这种观点却是错误的。因为在英挪渔业案中，法院在描述其在之后认可适用直线基线的"石垒"时，认为它是岛屿(island)、小岛(islet)、礁石(reef)、岩礁(rock)的集合，而且法院并没有在措辞上严格地对岛屿、礁石、岩礁等海洋地物进行区分。但是，在之后的用语中，尤其是用到"一系列岛屿"(a fringe of islands)时，仅用了岛屿(islands)一词，可见法院在"一系列岛屿"这个短语中使用的"岛屿"一词指代的是各种海洋地物，并没有特指只有高潮时高于海面的"岛屿"才能构成"一系列岛屿"。英挪渔业案中并没有否认由低潮高地与岛屿所组成"石垒"不是"一系列岛屿"，法院甚至承认了某处直线基线可以以低潮高地作为起讫点。② 据此，本书认为，"紧接海岸线有一系列岛屿"中规定的岛屿并不一定要严格符合《公约》第 121 条对岛屿的定义。如图 1-8 所示，当数个低潮高地与一个《公约》第 121 条所指的岛屿紧密排列，且紧接海岸线时，这样的一组海洋地物仍然与陆地领土具有整体性的联系，可以被认为是"紧接海岸的一系列岛屿"。但需要注意的是，由数个"低潮高地"与一个"岛屿"构成的海洋地物组在划直线基线时，"低潮高地"是不能作为直线基线的起讫点的。

"海岸线极为曲折"与"紧接海岸线有一系列岛屿"是适用直

---

① J. Ashley Roach, Robert W. Smith. *Excessive Maritime Claims*, p.67.
② 这一做法是不符合后来的《领海及毗连区公约》以及《公约》。

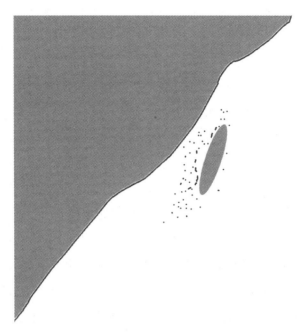

图 1-8　一个岛屿与数个低潮高地紧密排列，构成"紧接海岸的一系列岛屿"①

线基线的两个前提条件。虽然二者来源于1951年的英挪渔业案
判决，但是70年的适用实践并没有使这两项规则变得清晰。特
别是沿海国毫无依据、过度宽泛地解释直线基线规则的适用前
提，使得直线基线的国家实践已偏离两公约所确定的适用规则，
比如泰国与越南所公布的直线基线系统。如果继续放任自流，直
线基线规则最终将分崩离析，最终沦为沿海国扩大管辖海域范围
的工具。重新解释第1款的直线基线的适用前提条件是必要的，
但是以简单、固定的数量标准解释第1款并不合适。在实证分析
的基础之上，本书认为，根据对线条曲折度的形态解构，在判断某

---

①　图 1-8 系课题组采用作图软件所画的示意图，图中紧接海岸的是一个由岛屿
与若干低潮高地组成的海洋地物组。

一段海岸线是否为"极为曲折"时,应当结合待审查的海岸线的方向变化程度、水曲数量及紧密程度、水曲嵌入陆地的距离这三个要素进行综合考量。以要素替代数字能够提高判断方法的灵活性与适应性,同时也可以避免因缺乏判断标准所带来的滥用。

本书认为,判断"紧接海岸有一系列岛屿"时,应遵循相对观念,考虑近岸群岛的规模。近岸群岛规模以及群岛与大陆之间的距离构成一组相对比较的组合:当两个不同的群岛与大陆间的距离相同的情况下,群岛规模大,其与大陆之间的相对距离就会变小,如芬兰沿岸的奥兰群岛;反之,群岛规模小,其与大陆之间的相对距离就会变大,如越南沿岸的昆仑群岛。在英挪渔业案判决中,法院强调了群岛与陆地之间的整体关系,即当群岛与陆地之间具有整体关系时,群岛外缘才是陆地与海洋间真正的分界线。判断群岛与陆地之间是否具有整体关系,除了要考虑近岸群岛与大陆之间的距离外,还要考虑群岛的形态,即当群岛和陆地之间存在许多岛礁时,岛屿与大陆之间往往更具整体性。

第四节 "非常不稳定之海岸"的判断与直线基线规则

一、"非常不稳定之海岸"适用独立性之考察

（一）该款不能独立适用的理据

《公约》第 7 条第 1 款照搬了直线基线规则的这一适用前提

条件之外，该条第 2 款新增一款规定：在因有三角洲和其他自然条件以致海岸线非常不稳定之处，可沿低潮线向海最远处选择适当各点。对于"海岸线非常不稳定"是否可独立作为适用直线基线规则的前提条件存在不同的意见。有观点认为，"海岸线非常不稳定"并不能独立地构成可适用直线基线规则的前提，这只是第 1 款的一个特定应用。① 联合国海洋事务与海洋法办公室也持同样意见，认为根据第 2 款适用直线基线规则的三角洲必须满足第 1 款所列的情形。这一观点其实并非空穴来风。第 2 款源于第三次联合国海洋法会议上孟加拉国的一项提议，②该款的起草正是考虑到了恒河/布拉马普特拉河三角洲的情况，在实践中第 2 款的运用远少于第 1 款。而国际法协会下设的基线委员会却认为第 2 款可独立于第 1 款进行使用，国际法学者丘吉尔和罗威也持此观点。

（二）该款得以独立适用的依据：解释论的视角

第 2 款初设之意在于解决恒河/布拉马普特拉河三角洲之困境，起初对该条款的具体适用并没有引起关注，但是在全球变暖、低海拔沿海地区面临淹没危险、海岸线非常不稳定时，③对该条款重新进行解读具有了实际意义。根据《维也纳条约法公约》，对本条的解释应依据文义解释，围绕字面解释与上下文解释、目的

---

① 参见南丹《海洋法评注》，第 72 页；周江《论直线基线的适用条件及限制》，第 36 页。

② United Nations. Third United Nations Conference on the Law of the Sea，1973—1982，volume Ⅱ，Summary Records of the Second Committee，Second Session：5th meeting A/CONF. 62/C. 2/SR. 5，p. 109. 参见 https://legal. un. org/diplomaticconferences/1973_los/dtSearch/Search_Forms/dtSearch. html，最后访问时间：2021 年 3 月 20 日。

③ 参见普雷斯科特、斯科菲尔德：《世界海洋政治边界》，第 110 页。

与宗旨解释、善意解释而展开。

1. 文义解释

从字面上来看，无论是第 2 款的中文文本——"在因有三角洲和其他自然条件以致海岸线非常不稳定之处"，还是英文文本"Where because of the presence of a delta and other natural conditions the coastline is highly unstable"，都能够独立地构成一个假设条件，无法从中得出"判断是否满足第 2 款之假设条件时还需满足其他假设条件"的结论。从该款与上一款的结构关系来看，该款曾附于第 1 款之后，但随后被剥离出来单独成款，这也说明海岸线不稳定独立于第 1 款"海岸线极为曲折"和"紧接海岸有一系列岛屿"而能适用。

该规则在 1974 年第三次海洋法会议第二期会议上由孟加拉国以关于基线问题的非正式立场文件的形式提出，孟加拉国建议将该规则附于《领海及毗连区公约》第 4 条第 1 款之后，即"在海岸线极为曲折的地方，或者如果紧接海岸有一系列岛屿，或者如果邻接海岸的水域具有持续冲击和沉积作用的特点从而造成低潮线极不稳定的地方，测算领海宽度的基线的划定可采用连接适当各点的直线基线法"。基线问题非正式磋商小组采纳了孟加拉国的提议，在第三期会议上，第 1 款被改为"在海岸线极为曲折的地方或者如果紧接海岸有一系列岛屿，因有三角洲或其他自然条件以致海岸线非常不稳定之处"。[①] 第四期会议将该规则与原第

---

① United Nations. Third United Nations Conference on the Law of the Sea, 1973—1982, volume Ⅳ, Documents of the Conference, Third Session: Informal single negotiating text, part Ⅱ A/CONF.62/WP.8/PART Ⅱ, p.153, Article 6.见联合国网站 https://legal.un.org/diplomaticconferences/1973_los/dtSearch/Search_Forms/dtSearch.html，最后访问时间：2021 年 3 月 20 日。

1 款分离,独立地作为单一协商文案第 3 部分第 6 条第 2 款。①
该约文在之后的会议上没有改变,最终在《公约》中被确定下来。
第 2 款与第 1 款由合到分,体现了"海岸线非常不稳定"的假设条
件逐渐与第 1 款相分离的过程。因此,从上下文的关系来看,"海
岸线非常不稳定"是独立于"海岸线极为曲折""紧邻海岸有一系
列岛屿"的假设条件。

2. 目的解释

本款的目的起初意在解决孟加拉国的特殊情况,若要求三角
洲必须满足《公约》第 7 条第 1 款的假设条件才能适用直线基线
规则,显然大大提高了适用的难度,这与解决孟加拉国特殊情况
的目的是相悖的。将《公约》第 7 条第 2 款的适用理解为必须先
满足第 1 款的条件也存在明显的逻辑错误,沿海国如果满足第 1
款的情形就可以适用直线基线规则,那就没有必要再将自己置于
同时满足第 1 款与第 2 款的严苛条件之下。

3. 善意解释

虽然《公约》第 7 条第 2 款是为孟加拉国、缅甸等国大江大河
入海口极不稳定的三角洲所创设,但是在全球变暖的情况下又被
赋予了新的内涵。第 2 款规定"在因有三角洲和其他自然条件以
致海岸线非常不稳定之处,可沿低潮线向海最远处选择适当各
点。而且,尽管以后低潮线发生后退现象,该直线基线在沿海国

---

① United Nations. Third United Nations Conference on the Law of the Sea,
1973—1982, volume Ⅴ, Documents of the Conference, Third Session: Revised single
negotiating text (part Ⅱ) A/CONF.62/WP.8/REV.1/Part Ⅱ, p.154. Article 6.见联合
国网站 https://legal.un.org/diplomaticconferences/1973_los/dtSearch/Search_Forms/
dtSearch.html,最后访问时间：2021 年 3 月 20 日。

按照本《公约》加以改变以前仍然有效"。其中的"其他自然条件"包含因全球气候变暖而引起的海平面上升情况,本规则可适用于太平洋上低海拔的岛国。全球气候变暖引起的海平面上升,对洋中地势平坦、海拔低的小国——如南太平洋岛国图瓦卢——的威胁是现实的。如果海平面上升致使岛屿完全被淹没,那么该岛屿的沿岸低潮线自然也将不存在,基线一旦消失,领海、毗连区、专属经济区等海域在法律上也可能会不复存在。但根据《公约》第7条第2款划直线基线,即使海平面上升致使低潮线后退,甚至岛屿完全被淹没,一国仍然能够主张其基线存在,并可以根据基线主张领海、毗连区、专属经济区与大陆架。要求适用第2款"海岸线非常不稳定"还必须满足"海岸线极为曲折"或"紧接海岸线有一系列岛屿",会大大减小适用范围,对于面临"丧国"危机的小岛国来说是极其不利的。从善意解释的角度来说,将第2款作为独立于第1款的适用规则更符合新环境下的实际需求。综合上述解释方法,本书认为,《公约》第7条第2款独立于第1款适用,"因三角洲和其他自然原因以致海岸线非常不稳定"是与"海岸线极为曲折""紧接海岸线有一系列岛屿"并列的直线基线规则适用条件。

二、探析"非常不稳定海岸"的适用条件

(一)三角洲与其他自然条件

尽管摆脱了《公约》第7条第1款适用条件的束缚,第7条第2款的适用仍然是"困难重重"。出现低潮线大规模前进、后退运动的三角洲是十分罕见的。河流带来的沉积物,沿岸流携带的泥

沙，以及在洪水、暴风雨、高能量海浪运动和潮流对沉积物的重新分配或侵蚀，是影响三角洲形成、形状及变化的主要因素。例如由于沉积物供给量低以及剧烈潮水运动相关的高能量海浪运动，英国和欧洲的西北海岸少有凸出的三角洲，这与在其南部的高能量海浪运动和河流流量小有关。墨累-达令水系的排水量超过100 万平方千米，但其下游经过半干旱的农业区，水流因蒸发大量流失。奥尔德河每年有 2 200 万吨沉积物流入位于澳大利亚西北部的剑桥湾，但是大多数沉积物被剧烈的潮流冲走，难以形成三角洲。① 拥有三角洲还不足以适用《公约》第 7 条第 2 款，因为根据第 7 条第 2 款，还需要两个条件——该三角洲必须和"其他自然条件"有关，并且它们共同造成海岸线非常不稳定。使用"其他"一词可以解释为，这些自然条件也是沿海各种地形之一。"其他自然条件"可能指影响三角洲大小和形态的诸因素，比如恒河/特拉马普特拉河口三角洲受洪涝、雨季、风暴和潮汐浪涌的长期作用，在持续不断的侵蚀中成了浅滩。

如此，人为原因就应该被剔除。比如尼罗河三角洲本应是《公约》第 7 条第 2 款所称的造成海岸线非常不稳定的三角洲的典型代表，但是该三角洲在这半个世纪以来发生的低潮线后退情况是由人为因素造成的，而非"其他自然条件"。20 世纪 50 年代建成的各种拦河坝和水坝，特别是阿斯旺大坝的建成和投入使用，使尼罗河口三角洲被严重侵蚀。② 1898 年时罗塞塔岸上的一座灯塔位于内陆 950 米处，但到了 1942 年已被海水包围。由于这些原因都属于人为因素，因此严格来说，尼罗河口海岸线非常

---

① 参见普雷斯科特、斯科菲尔德：《世界海洋政治边界》，第 106 页。

② J.R.V. Prescott，p.174.

不稳定的情况并不能适用《公约》第 7 条第 2 款，但是该地区仍然有适用关于河口封口线规则的空间。

还需要考虑的是"三角洲"与"其他自然条件"之间的逻辑关系。在 1974 年第三次会议修改后的条款中，《公约》第 7 条第 2 款的表述为"因三角洲或其他自然条件"，[①]但在最后通过的中、英、法作准文本的《公约》中均用"和"连接"三角洲"与"其他自然条件"，二者之间是叠加的并列关系，适用《公约》第 7 条第 2 款必须同时满足三角洲和其他自然条件共同造成了海岸线非常不稳定。这对于拥有河口三角洲，且三角洲造成海岸线非常不稳定的国家来说是很常见的，因为在海岸线附近或多或少地必然存在其他的自然条件。[②]《公约》第 7 条第 2 款的文本也并未要求三角洲与其他自然条件对非常不稳定的海岸线样貌塑造起同等的作用。但是对于洋中岛国而言，若是严格要求非常不稳定之海岸线是由三角洲与其他自然条件共同塑造的，这些国家绝无适用《公约》第 7 条第 2 款的机会。匪夷所思的是，俄语作准文本以"或"字连接"三角洲"与"其他自然条件"，二者之间是并列的选择关系。洋中岛国或许可以此为依据，环绕岛屿划直线基线。[③]

（二）"非常不稳定"的解释标准

最后必须考虑的是"非常不稳定"一词。《公约》第 7 条第 2

---

① United Nations. Third United Nations Conference on the Law of the Sea, 1973—1982, volume Ⅳ, Documents of the Conference, Third Session: Informal single negotiating text, part Ⅱ A/CONF.62/WP.8/PART Ⅱ, p.153, Article 6. 见联合国网站 https://legal. un. org/diplomaticconferences/1973 _ los/dtSearch/Search _ Forms/ dtSearch.html, 最后访问时间：2021 年 1 月 6 日。

② 俄文作准文本此处表述为"Там, где из-за наличия дельты или других природных условий"，这里的 или 意为"或者"。

③ 参见普雷斯科特、斯科菲尔德：《世界海洋政治边界》，第 107 页。

款设计所欲解决的是恒河/特拉马普特拉河三角洲每年前进或后退的距离以千米为单位进行计算的问题，这在世界范围内是绝无仅有的。"不稳定"一词，通常被自然地理学家用来解释有关地球表面的空气团或地质构造运动，虽然不要求海岸线"不稳定"需要达到大气运动和地质构造运动的变化幅度，这个条件依然是非常难达到的。如果以恒河/特拉马普特拉河口三角洲海岸线变化速率作为认定海岸线"非常不稳定"的标准，那么世界范围内将不会再有其他海岸线可以适用第2款。

对于多大规模的低潮线运动可以被认定为是非常不稳定，自然地理学家伯德曾经做过一项研究统计："很明显，上个世纪世界上海岸线后退的比例超过了前进的比例，尽管大部分仍保持稳定，或者没有明显前进或后退的迹象。虽然少量海岸线每年前进或后退超过100米，但在世界范围内，每年增加或减少10米的海岸线的数量发展却十分迅速，很少有海岸线每年增加或减少超过1米。"尽管这项研究提供了一个量化的分界标准，但是对于理解什么是非常不稳定的海岸线并没有提供非常有见地的解释标准。①

卡特·普赛尔所著的《地理变化与海洋法》一书对《公约》第7条第2款也进行了研究。令人遗憾的是，这个研究结果亦没有指出海岸线非常不稳定的界定标准。在卡特等人的研究中，很少有国家直接藉由海岸线非常不稳定适用直线基线规则②，或许该问题尚未真正成为亟待研究的话题。对于洋中国

① Bird E.C.F. *Coastline change: A global review*.转引自［澳］普雷斯科特、［澳］斯科菲尔德：《世界海洋政治边界》，吴继陆、张海文译，海洋出版社，2014年，第107页。

② Kate Purcell. *Geographical Change and the Law of the Sea*. Oxford University Press，2019，pp.47—58.

家来说,除非该地区海底火山运动十分活跃,地震十分频繁,海岸线变化幅度非常大,否则不可能有适用《公约》第7条第2款的机会。但是,如果放宽对"海岸线非常不稳定"的认定标准,以几十年的跨度作为衡量尺度,或者采取相对以本国沿海地区大小为衡量"非常不稳定"的标准,那么地势原本就低洼且平坦的洋中岛国,仍然有希望适用《公约》第7条第2款沿海岸线划直线基线。

第五节　直线基线规则的适用限制

《公约》第7条的第3、第4、第5、第6款是关于直线基线规则限制条件的规定,也就是在满足了第7条第1款或第2款的适用前提条件,沿海国得以适用直线基线规则后所划的直线基线在形态上的限制条件。理论与实践中对《公约》第7条第4、第5、第6款的理解比较一致,对第3款的限制条件,即"直线基线的划定不应在任何明显的程度上偏离海岸的一般方向,而且基线内的海域必须充分接近陆地领土,使其受内水制度的支配"的分歧较大。《公约》第7条第3款可以拆分出两个限制条件:一是直线基线的划定不在任何明显的程度上偏离海岸的一般方向,二是基线内的海域必须充分接近陆地领土,使其受内水制度的支配。两个限制条件在用语和实践上都存在模糊性,因此该规则有待进一步解释。

一、海岸线一般方向的确定办法

（一）如何判断"海岸线极为曲折"情境下的海岸线一般方向

通常认为，一般方向以一条直线为代表，因此任何直线基线与海岸线一般方向的偏离都可以测算。[①] 如果将海岸线视作已知坐标上的一系列紧密连接的点，那么就有可能算出最契合海岸线一般方向的直线基线的数学表达式。遗憾的是这只能在选取极短一段海岸线或者海岸线并非"极为曲折"的情况下才有实现的可能，而这项前提是很难被满足的——海岸线平滑的海岸本身就不适用直线基线规则，有一系列岛屿毗连的海岸也不可能是极短的。正因如此，英挪渔业案表示海岸线的一般方向"完全没有任何数学上的精确性"[②]。对于如何确定海岸线的一般方向，联合国海洋事务与海洋法办公室、国际法协会以及许多学者都持消极态度。但是本书却注意到，国际法院在尼加拉瓜与洪都拉斯海洋划界案中为如何确定海岸线一般方向提供了思路。这或许能够为这一问题的研究提供转机。[③]

国际法院在 2007 年 10 月 8 日对尼加拉瓜诉洪都拉斯案做出判决。在这起案件的判决中，国际法院为尼加拉瓜与洪都拉斯的海岸线划了一般方向，这是国际法院唯一一次具体明确地对海岸线一般方向做出判断。在这起海洋划界案确定中间线时，由于两国海岸线并非相向，且两国交界处为一向海突出、呈角度极小

[①] Office for Ocean Affairs and the Law of the Sea. Law of the sea Bulletin，p.25.

[②] Anglo-Norwegian Fisheries (U.K. v. Nor.)，1951 I.C.J. p.129.

[③] International Law Association. *Baselines under the International Law of Sea*. 2018，p.36.

的锐角状的岬角,适用《公约》第 15 条规定的中间线或将国境线
的延长线作为中间线都不合适。① 国际法院决定以两国海岸线
的交角的平分线作为两国的海上边界线,国际法院划的海岸线一
般方向与最终的海上边界线如图所示(图 1-9)。

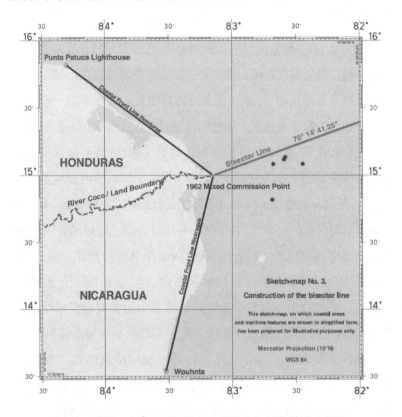

图 1-9　国际法院为尼加拉瓜诉洪都拉斯海洋划界案划的
海岸线一般方向与中间线②

---

① 以边界线的延长线作为海上边界线没有依据,且如图所示,中间线方向稍有变
动两国的管辖海域范围会有极大的变化,以延长线作为边界线划分管辖海域缺乏公平性。

② Case Concerning Territorial and Maritime Dispute Between Nicaragua and
Honduras in the Caribbean Sea (Nicaragua v. Honduras), IJC, 2007, p.750.

国际法院在尼加拉瓜与洪都拉斯海洋划界案中,将海岸线的一般方向确定为一条直线,而非不规则的曲线。这使一般方向的确定方法变得简单:根据数学公理,只需确定两个关键顶点就可以作出海岸线的一般方向。在海岸线一般方向为直线的结论下,结合划界案,本书总结出确定海岸一般方向的步骤为:确定待判断一般方向的海岸线→连接待判断一般方向的海岸的两端顶点→连接两点所作的直线为这段海岸线的一般方向。因此,确定海岸线一般方向的问题就转换成了如何确定待判断一般方向的海岸线的问题。

如何选取待判断海岸线将会影响一般方向的判断结果,采取更为精细的标准,所得到的海岸线一般方向会与国际法院所认定的有所不同,反之亦然,如图1-9。如此可得出这样的结论:选取的海岸线跨度越小,其一般方向越贴合海岸线的实际走向;选取的海岸线跨度越大,所作的一般方向越难反映海岸线的实际走向。同理,直线基线段长度越短,直线基线越能反映海岸线的实际轮廓;长度越长,直线基线越可能偏离海岸线的一般方向。因此,关于直线基线长度限制一直是直线基线适用规则讨论的重点。

(二)如何判断"紧接海岸有一系列岛屿"情境下的海岸线一般方向

当沿海国以海岸附近有一系列岛屿为据划直线基线时,判断海岸线一般方向的规则与上述规则有所不同。此时,判断直线基线是否偏离方向的基准海岸线应当是这一系列岛屿的外部界限,而不再是大陆海岸线。因为当紧接海岸有一系列岛屿时,这些岛屿与大陆之间存在整体性关系,国际法院在英挪渔业案中认为"石垒"外缘才是挪威陆地与海洋真正的分界线,所以判断直线基线是否偏离应当以岛屿外缘为海岸线。下面以芬兰奥兰群岛处直线基线为例进行说明。

在图 1-10 中，芬兰在此处的直线基线走向明显偏离了陆地

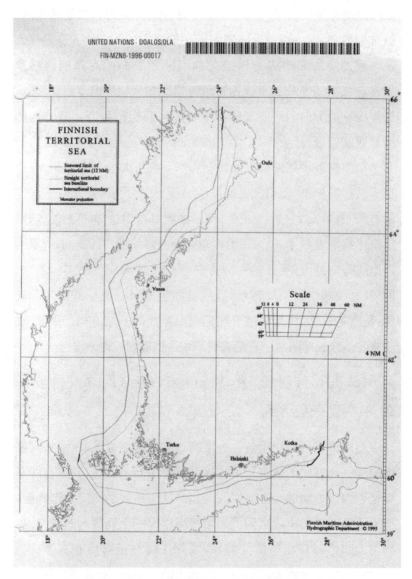

图 1-10　芬兰奥兰群岛外缘轮廓与陆地海岸线一般方向

海岸线的一般方向,而与奥兰群岛外缘轮廓相近。如果要求在此处划的直线基线与陆地海岸线一般方向大致,那么芬兰就不能使用直线基线将奥兰群岛围在其内,这与"紧接海岸有一系列岛屿"的直线基线适用规则前提相冲突。从这一条文的内在逻辑来看,本书认为当沿海国以"紧接海岸有一系列岛屿"为划线依据时,应以岛屿外部界限而非大陆海岸线,来判断直线基线是否偏离海岸线一般方向。

二、直线基线段最大长度限制

(一)"24 海里说"及其由来

一些主张限制直线基线适用规则的学者坚持直线基线段应该有长度限制,比如具有美国官方背景的罗奇和史密斯。[①] 罗奇和史密斯坚持认为,直线基线段的最大长度为 24 海里,他们的论述围绕《公约》第 7 条的"紧邻海岸""充分接近陆地领土"、《公约》第 8 条的内水无害通过和《公约》第 10 条海湾封口线的 24 海里限制展开,分为三个部分。

第一,《公约》第 7 条第 1 款规定的一系列岛屿必须"紧接"海岸,第 7 条第 3 款的规定"使基线内的水域受内水制度的支配",暗含基线内的水域在被转化为内水之前必须是沿海国的领海,假若两个基点之间的距离超过 24 海里,那就意味着基线上的水域原本可能属于公海。从这个角度出发,他们认为"具有国际水域性质的海域被认为是充分接近领土的情况是难以想象的"。他们

---

① Roach, J.A., W.R. Smith. *Straight Baseline: The Need for a Universally Applied Norm*, p.50.

认为，因直线基线规则的适用而被转化为内水的海域原先必须是领海，故而，两个基点之间的距离不能超过 24 海里，直线基线段最大长度为 24 海里。

第二，《公约》第 8 条第 2 款规定，因适用直线基线规则而转变为内水的海域适用无害通过制度。他们认为无害通过制度是领海中的航行制度，只有原先适用无害通过制度的领海被转变为内水之后才能继续适用无害通过制度，原先属于公海的水域内因直线基线而由公海自由减等为无害通过制度的结果是不能被接受的。

第三，他们认为海湾的认定需要通过半圆法的客观检验标准。尽管该检验标准已经称得上是苛刻，但是在满足半圆法标准之后，海湾封口线还需满足不得超过 24 海里的长度限制。由此可见，24 海里的基线长度标准何其重要，直线基线的长度也不应超过 24 海里。

（二）对最大长度限制的否定——以缔约历史为依据

从直线基线规则的缔约历史来看，关于直线基线段最大长度限制的争论从 1952 年持续至 1956 年，主张限制直线基线段长度的学者在这场战役中已经败北，否定直线基线具有最大长度限制是国际法委员会与海洋法大会的合意。1952 年国际法委员会第四次会议后，特别报告员弗朗索瓦教授为解决一些关于领海的特定技术问题组织召集了一个专家委员会。在专家委员会第一次会议上，弗朗索瓦教授提出了一系列可能的议题，其中之一为："B.直线基线段是否有长度限制？"当时，专家委员会的观点是，如果国际法允许直线基线作为领海基线，那么直线基线段的最大长度应该是 10 海里。① 10 海里是当时国际上认可的海湾封口线的最大长度。弗朗索瓦教授采纳了委员会的建议,1953 年,他在撰写领海公约草案时,在草案第 5 条 a 款 2 项中写道:"通常来说,直线基线段被允许的最大长度应该是 10 海里。"1954 年,他的草案仍然延续了 10 海里的长度限制。弗朗索瓦教授与他的专家委员会认为,英挪渔业案的判决太过宽泛,为防止直线基线被滥用,为直线基线规则设置限制条件是必要的,10 海里的长度限制能够确保直线基线不偏离海岸线的一般方向。为了说服国际法委员会中持反对意见的委员,弗朗索瓦教授称"10 海里的最大长度限制已经比其他标准更能使沿海国扩大管辖海域范围。"②

时任国际法委员会主席的桑德斯特罗姆教授并不赞同 10 海里的最大长度限制。他认为,直线基线规则的真实目的是消除不规则海岸线所造成的不规则的领海边界。如果想要实现这一目的,直线基线的长度不应该太短。斯堪的纳维亚半岛的国家同样持反对态度,认为 10 海里的长度限制并非习惯国际法。③ "扩张派"与"保守派"之间的争论一直延续到第一次联合国海洋法会议,利益追求不同的各国在会议上提出了不同的意见。一些委员认为考虑到现实状况的多样性和复杂性,《公约》第 7 条第 6 款应该尽量地灵活,授权沿海国根据具体情况进行调整;"保守派"则支持 10 海里的最大长度限制。在争论白热化时,劳特派特委员认为,专家委员会早已考虑到能知晓的所有情况,专家委员会设立的作用就是创造具体的规则,而不是概括性地提出原则性

---

① W. Michael Reisman, Gayle S. Westerman, pp.38—39.

② W. Michael Reisman, Gayle S. Westerman, pp.39—42.

③ W. Michael Reisman, Gayle S. Westerman, p.42.

规则。①

在国际法委员间的角力中，"保守派"获得了胜利，10海里的直线基线最大长度限制被写进草案，并交由成员国审议。草案中的许多限制性规则遭到了成员国的反对，例如冰岛认为这些限制性条件与英挪渔业案判决相悖。② 最终，草案删去了10海里的最大长度限制。③ 随着第一次海洋法会议表决通过《领海及毗连区公约》，10海里的最大长度限制彻底被剔除出直线基线适用规则。从缔约历史来看，未规定直线基线线段的最大长度限制并非是《公约》的遗漏，而是国际法委员会与缔约国在深思熟虑后做出的决断。美国学者所提倡的24海里标准无非是10海里标准的翻版，无论是24海里还是10海里的最大长度限制都是《领海及毗连区公约》与《公约》拒绝接受的。

在国家实践中似乎也不存在直线基线段的长度限制。在国际法协会的一项研究统计中，在绘制了直线基线的90个国家中，有41个国家的直线基线段最大长度未超过40海里，49个国家至少有一条直线基线段超过40海里。国际法协会下设的直线基线委员会认为，由于国家实践是可变的，因此目前尚不能断言这些采用直线基线规则的国家实践是根据被批准的直线基线的最大长度所划的。据此，本书认为，直线基线段并不存在最大长度限制。

（三）国家实践对最大长度限制的否定

1935年的挪威直线基线是迄今唯一被司法认可的直线基

---

① W. Michael Reisman, Gayle S. Westerman, p.44.

② W. Michael Reisman, Gayle S. Westerman, p.46.

③ W. Michael Reisman, Gayle S. Westerman, p.47.

线,但法院没有在意见中明确其最大长度。曾有分析指出,法院意见中认为挪威最长的基线段为 45-46 段,长 40.0 海里(更长的一段为 20-21 段,长 43.6 海里,其中包含了法院认为的历史水域)。鉴于 40 海里是迄今得到司法认可的直线基线的最大长度,国际法协会以 40 海里为准对现有的直线基线国家的实践做了统计分析。在适用直线基线的 90 个国家(包括国家的海外属地)中,有 41 个国家的直线基线未超过 40 海里,剩余的 49 个国家有一条以上的直线基线段超过了 10 海里。[①] 超过 40 海里的直线基线段似乎并没有什么限制。有不少直线基线段长度超过了 100 海里,比如阿根廷的第 48-49 段直线基线的长度达到了 130.84 海里,巴西 8-9 段直线基线长达 111.03 海里、3-4 段直线基线长达 188.66 海里,厄瓜多尔 2-3 段直线基线长达 136 海里,甚至有直线基线段长度超过 200 海里,如缅甸 a-b 段直线基线长就达到了 222.3 海里。[②]

本书并不认为上述直线基线段都符合直线基线适用规则,但是从直线基线段长度的分布来看,沿海国家的实践并不能得出直线基线存在最大长度限制的结论。

三、"明显程度"等其他限制规则的判断标准

关于海岸线一般方向的限制规则的第二个要点是,哪些情况才能视作直线基线"在明显程度上"偏离了海岸线的一般方向。

[①]　International Law Association. *Baselines under the International Law of Sea*. 2018, p.36.

[②]　International Law Association. *Baselines under the International Law of Sea*. 2018, appendix 1.

霍奇森与亚历山大曾经提到,除了横穿韦斯特约翰(Vestfjorden)的封口线,挪威 1935 年的直线基线偏离挪威海岸线一般方向不超过 15°。[1] 遗憾的是,他们没有解释该海岸一般方向线是如何划定的,也没有在图中画出。或许是受数学之美的感召,仍有学者没有放弃对海岸一般方向做出数学上解释的努力。J·Peter Bernhardt,Robert W. Smith,Geoffrey Greiveldinger 和 Dan Kiser 曾在为美国国务院撰写的《海洋的限制》第 106 号文中指出,直线基线与海岸一般方向 20°以内的偏差是可以接受的。[2]

在解决了海岸线一般方向的划线规则之后,虽然直线基线与海岸线一般方向之间的夹角可以确定,但是如何确定精确的角度标准将会是难题。判断直线基线是否在明显程度上偏离海岸线一般方向仍旧是一项非常主观的任务。与"极为曲折""一系列岛屿"和"海岸线一般方向"这三项尚能从实践与《公约》历史中找出线索的规则不同,"不在任何明显程度上偏离海岸线"的规则不具有客观化的可能,只能凭借主观判断。比如以前文确定的划海岸线一般方向的方法作出越南 A6 - A7 段直线基线内海岸线的一般方向,A6 - A7 段直线基线与西南段海岸一般方向之间的夹角角度约为 45°(图 1-11)。本书认为 A6 - A7 段直线基线已经明显偏离了海岸线的一般方向,但由于判断是否明显偏离不存在任何客观要素,越南仍然可以主张这段基线未偏离一般方向。

第 3 款的第 2 部分要求基线内的海洋区域必须充分接近陆地领土,使其受内水制度的支配。这项规则与"紧接海岸有一系列岛屿"和"直线基线不得在任何明显程度上偏离海岸线的一般

---

① 参见普雷斯科特、斯科菲尔德:《世界海洋政治边界》,第 112 页。

② Bureau of Oceans and Internationl Environmental and Scientific Affairs, *Limits in the Sea*, *No. 106*, 1987, p.16.

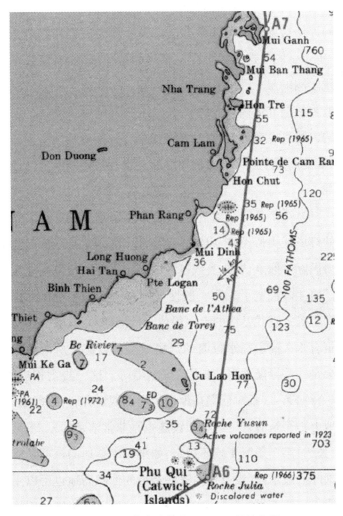

图 1-11　越南直线基线 A6 - A7 段放大图

方向"相联系。尽管这一款的实质意义是明确的，渔业案中国际法院在判决中提到这一限制条件时强调"陆地支配海洋"。[①] 此

---

① Anglo-Norwegian Fisheries (U.K. v. Nor.)，1951 I.C.J. p.129.

外,国际法院试图将该规则与海湾的确定规则相联系,但并未找到准确评估这项规则的数学方法。国际法委员会在起草领海公约时,也曾试图为这项规则制定精确的数值限制,将直线基线与海岸线之间的最大距离限制在5海里。① 但是这一尝试没有被国际法委员会成员国以及第一次海洋法会议所接受。这项限制规则的内涵可以提炼为"直线基线应当充分接近陆地",但是与判断"明显偏离海岸线一般方向"相同,并没有具体判断"接近陆地"的标准。

《公约》第7条第4款规定:"除低潮高地上筑有永久高于海平面的灯塔或类似设施,或以这种高地作为划定基线的起讫点已经获得国际一般承认外,直线基线的划定不应以低潮高地作为起讫点。"第4款规定了一项一般性规则并明确了一个例外。一般性规则是确定直线基线的点不得位于低潮高地上,除非在低潮高地上筑有永久高于高水位时的灯塔或类似设施。所谓的这类设施将会是一些导航设备,如雷达反射器等。这一规则相当明确,因为《公约》第13条对低潮高地做了明确规定,而且一般来说,低潮高地上是否筑有灯塔或类似设施也是非常清楚的。

《公约》第7条第4款还规定,如果低潮高地的该项功能已经获得国际一般承认,没有任何这些特征的低潮高地也可以用来划定基线。因要获得国际社会的一般承认,所以该规则的例外比一般规则更加困难。②

《公约》第7条第5款允许各国在确定直线基线的特定线段时,可以考虑有关地区特有的经济利益。这些经济利益的现实性

---

① W. Michael Reisman, Gayle S. Westerman, p.46.
② 参见普雷斯科特、斯科菲尔德:《世界海洋政治边界》,第112页。

和重要性,必须是经过长期利用而非常明显的。挪威提供的证据是关于长期以来当地居民对洛浦水道(Lopphavet)的水域和礁石的长久经济利用。① 法院被"这一经济利用活动已经持续了数世纪"的观点说服(英国曾在 17 世纪在此捕鱼,后来不知为何,在长达 3 个世纪的时间内未在此有过捕鱼活动),法院所做出的这一承认构成了第 5 款的基础。

《公约》第 7 条第 6 款不存在任何模糊之处,它规定"一国不得采用直线基线制度,致使另一国的领海同公海或专属经济区隔断"。《公约》第 7 条第 3 款是直线基线规则最重要的限制条件,第 3 款可拆解为"直线基线不得在任何明显程度上偏离海岸一般方向"与"直线基线内的水域必须充分接近领土,使其受内水制度的支配"。尼加拉瓜诉洪都拉斯海洋划界案为如何确定海岸线一般方向提供了思路,但由于"不在明显程度偏离"存在极大的不确定性,使这个限制条件难以有较大的推进。国际法委员会曾经为第二项限制规则——"直线基线内的水域必须充分接近陆地领土,使其受内水制度的支配"创设了量化限制,但最终没有通过。如此一来,第二项限制规则也同样不存在客观的判断要素,只能将其作为理解"紧接海岸线有一系列岛屿"和"直线基线不在任何明显程度上偏离海岸"的补充。

沿海国在以"紧接海岸有一系列岛屿"为依据划直线基线时,直线基线应当与岛屿外部界限大致吻合。这一规则能够与大陆国家在洋中群岛适用直线基线规则的基线形态需求相契合:大陆国家在洋中群岛适用直线基线规则时,若要求直线基线不在明显程度上偏离大陆海岸线一般方向,又由于这一直线基线形态限

---

① 　Anglo-Norwegian Fisheries (U.K. v. Nor.), 1951 I.C.J. p.112.

制，直线基线难以将群岛包围在内；将"海岸的一般方向"解释为岛屿外部界限，则这一限制规则下的直线基线形态恰好能够满足大陆国家使用直线基线包围其洋中群岛的需求。

第六节 本 章 小 结

以一揽子协议形式通过的《公约》统一了国际海洋法律规则，但由于各地区、各国具有迥然不同的海洋地理环境，各沿海国在适用海洋法规则时需要保持灵活性，而过于灵活地使用海洋法规则会导致具体的海洋法实践偏离《公约》。如何维系规则的统一与保持沿海国的灵活性是国际海洋法律体系面临的难题，这在直线基线适用规则上也有所体现。

世界范围内沿海地貌复杂多样，各地区的海岸线样貌天差地别，比如斯堪的纳维亚地区海岸线破碎曲折，恒河/特拉马普特拉地区海岸非常不稳定，非洲地区海岸线平直。各国在选择领海基线类型划定本国领海基线时需要有相当的自主权，以确保海洋边界是合理、规则的。《公约》保持了国际法院在渔业案中模糊直线基线适用规则的做法，虽然确保了沿海国在适用直线基线规则时的灵活性，但是在海洋管辖范围扩大化的现代，直线基线规则已然成了不少国家扩大管辖海域的工具。一项对全世界划定的近70条直线基线的调查显示，1958 年及 1982 年确立的支配划界的规则已经被扭曲，直线基线适用规则正在变为一纸具文。[1] 为了

---

[1] 参见普雷斯科特、斯科菲尔德：《世界海洋政治边界》，第 142 页。

维系自 1930 年海牙国际法编纂会议以来逐渐形成的"特殊——一般"领海基线体系，需要重新为直线基线适用规则建立解释机制。

为保护航行自由，维护全球范围内海道通畅，实现全球战力投放，美国及美国学者极力主张量化直线基线适用规则。但以简单、固定的量化标准解释直线基线适用规则难以应对复杂多样的全球沿海地貌，美国学者的尝试注定是失败的。过于刚性的适用规则无法给予沿海国必要的自主权，直线基线制度消除由不规则海岸线所带来的不规则海洋边界的目的无法实现；而过于宽泛的解释标准，又将使得直线基线规则沦为简单的政治工具，也与制度初衷相悖。两种极端的解释方法都将对《领海及毗连区公约》《公约》的"特殊——一般"领海基线体系造成冲击。

本章在梳理英挪渔业案判决、尼加拉瓜诉洪都拉斯案、《领海及毗连区公约》《公约》缔约文件以及分析多国沿海地貌的基础上，提出了不同于已有解释论调的直线基线解释规则。

1. 对于直线基线的适用前提——"海岸线极为曲折"与"紧接海岸线有一系列岛屿"，本章从海岸形态中提取判断要素。判断给定的海岸线是否"极为曲折"，应当综合海岸线方向变化幅度、水曲数量、水曲之间紧密程度，以及水曲嵌入陆地的距离四个要素进行考量。对于"紧接海岸"与"一系列岛屿"，本书认为应当将判断要素的落于近岸群岛的规模，以及其与陆地的整体性之上，以提炼出的海岸形态与群岛形态要素构建判断海岸是否满足《公约》第 7 条第 1 款的解释方法，这样既能够避免量化标准的僵硬，赋予沿海国充分的自主权，同时又能够提供判断的依据。

2. 直线基线不能在任何明显的程度上偏离海岸的一般方向，基线内的水域必须充分接近陆地领土，使其受内水制度的支配。这是直线基线形态最为重要的限制条件。尼加拉瓜诉洪都拉斯海洋划界案表明，海岸线的一般方向在几何形态上应当是一条直线，从这个案件中，本书提炼出海岸一般方向的确定步骤为：确定待判断方向的海岸→确定海岸形态变化明显的两个顶点→连接两顶点作直线。以该方法所作的直线是为海岸线的一般方向。

令人遗憾的是，尼加拉瓜诉洪都拉斯案对直线基线适用规则的限制条件解释工作的推进，被缺乏客观性的"明显程度"判断抵消了。国际法委员会在起草的领海公约中曾经为直线基线的长度、基线与陆地距离设置了最大值，但是这些量化尝试最终未被接受，这段缔约历史拒绝了美国学者所主张的直线基线最大长度限制规则。

3. 根据文义解释和善意解释等条约解释方法，《公约》第7条第2款是独立于第1款适用的直线基线规则适用前提。该适用规则在全球气候变暖、海平面上升的环境背景下被赋予了新的价值，地势低洼的洋中岛国可能得适用该规则划直线基线。不过岛国适用这项规则存在两个困难：①"三角洲"与"其他自然条件"之间可能为叠加关系；②海岸线非常不稳定的解释标准是模糊的。完全否定灵活适用直线基线规则的国际习惯，而采用量化限制规则，无疑是一种因噎废食的做法，会给很多地形复杂的沿海国家造成实际困难，而较为合理的做法应当是在灵活适用和适度规范之间寻求一定的平衡，在保持直线基线适用规则灵活性的基础上，进行适当的规制和约束。这是符合大多数国家利益和自然地貌现实的。

第二章
海平面上升与海洋权利边界

　　随着海平面的不断上升及上升速率的逐渐增加,"消失的岛屿"将不再是一个遥远的话题。联合国政府间气候变化专门委员会的最新报告指出,在温室气体排放强劲增长且不加以控制的情形下,到本世纪末海平面还将持续上涨。如果极端情形发生,岛屿将逐渐下沉甚至被完全淹没,这些处于动态变化中的岛屿都可以被概括为"消失的岛屿"。海平面上升已经对小岛屿国家造成了许多现实影响。就陆地而言,沿岸区域将变得不再宜居,威胁沿海的基础设施以及沿海地区的人类生存;就海洋而言,作为基线确定依据以及海洋权利起算线的沿岸低潮线将发生改变,重要基点可能被淹没，从而对海洋权利造成威胁。

然而，面对这些现实威胁，《公约》在制定之时并未将海平面上升的影响考虑在内，也未对此做出相应规定，从而对法律层面的应对提出了新的要求及挑战。国际法协会先后成立了基线委员会和海平面上升委员会，就相关问题进行讨论。因此，对因海平面上升而导致的"消失的岛屿"的海洋权利受影响提前做出假设并提供应对策略，是合理且有必要的。针对这一研究，本书主要解决以下问题：海平面的上升将对领海基线及海洋权利造成什么样影响？基线是否应随海平面的上升而发生改变？是否应当对"消失的岛屿"的海洋权利加以保留以及应当通过怎样的方式实现？

由于海洋权利的确定要以基线为基础，因此首先要解决的问题就是——海平面上升情境下基线是否会随之发生变动？本书首先分析了现有《公约》中的基线规则，包括正常基线以及直线基线，并对法律意义上的基线以及地理意义上的基线进行了区分；其次，分析了海平面上升将会给基线带来的改变，主要包括正常基线沿岸低潮线的变化，以及直线基线重要基点的下沉甚至消失等；最后，阐述当前《公约》中基线是"变动的基线"这一理论存在的局限性，并指明这种局限性主要体现在会驱使沿海国对专属经济区内的资源争夺，沿海国投入大量资源保护基线的行为可能造成浪费以及海域边界陷入不确定，影响海洋划界，甚至引发冲突等。

"消失的岛屿"的海洋权利是否应当保留？为此，本书首先讨论了海平面上升对海洋权利造成的影响；其次，本书从价值取向角度出发，分析了边界制度的可确定性及稳定性、成本和效率以及公平正义理念等因素，认为保留海洋权利具有合理性；最后，本书从法律解释角度出发，运用了文义解释、目的解释以及体系解释等方法，认为保留海洋权利具有合法性。在海洋权利面临威胁时的沿海国应当如何应对方面,本书一方面分析了在现有制度下小岛屿国家为保留海洋权利所能采取的应对措施;另一方面也从完善制度的角度出发,提供了两种选择。一是在现有制度框架下既可实现且争议较小的方式包括对海岸线位置进行巩固以及有计划地撤退,同时可以通过和平谈判以及小岛屿国家联盟相关决议和国内立法等方式进行制度保障;二是本书提供了冻结领海基线和冻结海洋权利的外部界限两种方式,并对比分析了两种方式的冻结依据及法律后果。此外,本书还考虑了海平面上升情境下中国的情况,分析了中国所面临的现实风险,如沿海地理环境复杂且独特,同周边国家的领域主权纠纷复杂等,进而认为中国可采取的对策包括通过建筑海堤、人工吹填等方式加固海岸线,保护重要领海基点和基线。

第一节　"消失的岛屿"可能引发
海洋权利边界的变化

一、海洋权利边界可能发生改变

就海洋方面而言,"消失的岛屿"所带来的影响是基线将发生改变并且显著影响海洋权利的边界。[1] 这种改变建立在基线具

---

[1]　海洋权利(maritime entitlement)是指海洋地物(maritime feature)所能产生的海洋范围内的权利,包括领海、毗连区、专属经济区、大陆架等海洋权利区域在内。海洋地物包括岛屿、岩礁、低潮高地等在内,因此"消失的岛屿"也可能享有海洋权利。如《公约》第 121 条第 2 款明确规定"岛屿的领海、毗连区、专属经济区和大陆架应按照本公约适用于其他陆地领土的规定加以确定"。

有流动性(ambulatory)的基础上，即"变动的基线"理论。在这种情况下，随着海平面的上升，海域的界限将会发生改变。

首先，基线的确定在一般情况下依据《公约》第 5 条规定的"正常基线"，从该基线出发，进而确定该海洋地物的领海、毗连区、专属经济区以及大陆架等海洋权利区域。① 根据《公约》第 5 条规定，"测算领海宽度的正常基线是沿海国官方承认的大比例尺海图所标明的沿岸低潮线"，它的确定同地理因素密切相关，因此当海平面上升时，沿岸低潮线将向内陆方向移动，基线也将随之内移，那么由这些基线起算测量的海洋区域外部界限也将向内陆方向移动。其次，当海洋区域的外部界限发生改变，海洋权利的范围也将发生动态的改变，可能出现的后果是原本海域的重叠区域减少甚至消失，进而导致原本为一国国家管辖范围内的水域可能成为公海的一部分。最后，如果海平面的上升导致某些小岛或具有重要地理特征的海洋地物完全被淹没，那么它们原本可能拥有的海洋权利，或被用作沿海国绘制直线基线的基点，将会面临海洋权利丧失的风险。②

由此，结合小岛屿国家的担忧来看，"消失的岛屿"将带来一系列的问题。如果沿岸低潮线后退，以此为依据的正常基线应当随之后退吗？进而海洋权利的边界会后退吗？如果一个岛屿变得不再适宜居住，它会因此失去《公约》第 121 条所赋予的专属经济区和大陆架吗？如果一个岛屿消失了，它会因此失去所有的海洋权利吗？

---

① 分别参见《公约》第 3 条、第 33 条、第 57 条以及第 76 条第 1 款。

② 如根据《公约》第 121 条规定，岛屿可以拥有专属经济区和大陆架；根据《公约》第 13 条规定，如果低潮高地全部或一部分与大陆或岛屿的距离不超过领海的宽度，该高地的低潮线可作为测算领海宽度的基线，即其可以拥有领海。

二、领海基线是否应随海平面上升而移动的问题

海平面上升将具有"强烈的区域格局,一些地方的局部和区域海平面变化与全球平均值变化存在显著偏差",在沿海地区以及低洼平原将格外明显。[①] 国际法协会于 2008 年及 2012 年分别成立了基线委员会和海平面上升委员会,两个委员会分别就小岛屿国家关心的海洋法问题、气候难民、被淹没国家法律地位等议题进行了讨论。

成立于 2008 年的基线委员会,旨在讨论海平面上升对现行基线制度可能产生的影响,即领海基线是否会随着海平面的上升而发生移动。基线委员会在 2012 年发布的第一份研究报告中指出,正常基线是流动的,可以反映由于沉积、土地上升、海港系统建设、海岸保护和岛礁建设等行为引起的海岸变化;也可以向陆地一侧移动,以反映海水侵蚀和海平面上升引起的变化。[②] 在极端情形下,后者可能造成全部领土的丧失,进而造成基线以及以基线为测量基础而划定的海洋权利的全部丧失。

基线委员会尽管得出了上述结论,但对于极端情形下会发生的后果应如何处理,并未给出答案。因此,当前的基线规则无法为海平面上升的情形提供解决方案。基线委员会建议应成立一

---

① Climate Change 2013：The Physical Science Basis，p. 1140，available at http://www. climatechange2013. org/imagines/report/WG1AR5＿ALL＿FINAL. pdf, last visited on 2019-12-15. (hereinafter *Sea Level Change，Contribution of WG 1 to AR5*")

② "Baselines under the International Law of the Sea：Committee Report." in：*International Law Association，Report of the Seventy-Fifth Conference held in Sofia*, August 2012 (London：ILA，2012)，p.422，line 31. (hereinafter *"Baselines Committee Sofia Report*")

个专门的委员会以进一步考虑因海平面上升引起的领土丧失的相关问题，该委员会也将为更多问题提供解决方案，这就是 2012年成立的海平面上升委员会。2012 年成立的海平面上升委员会的主要研究任务包括：海平面上升所带来的影响；部分或全部国家领土和人口减少，特别是针对小岛屿国家及低洼地势国家的对策；就海平面上升可能带来的部分或全部国家领土及海洋权利灭失等问题逐步提出建议，包括国家地位、民族及人权等问题。[①] 2016 年 8 月，在南非约翰内斯堡举行的第 77 届国际法协会会议上，海平面上升委员会发表了《国际法与海平面上升委员会临时报告》，[②] 报告就海平面上升对沿海国海洋权利的潜在影响考虑了几个初步法律问题，[③] 同时决定对基线委员会有关《公约》第 5条的解释进行进一步审议。

三、海洋权利是否应随海平面上升而缩减的问题

海平面上升将带来的第二个法律挑战是，海洋权利是否应当随着海平面的上升而发生缩减。对于小岛屿国家而言，海洋权利的缩减对其影响是最为明显的，如果小岛屿国家想要对其海洋权利进行一定程度的保留或保护，最有可能受到冲击的原则是"陆地统治海洋"(land dominates the sea)。[④]

---

① Davor Vidas, David Freestone, Jane McAdam. "International Law and Sea Level Rise: The New ILA Committee." *21 International Law Students' Association (ILSA) Journal of International and Comparative Law* (2015), pp.397—408.

② Available at http://www.ila-hq.org/en/committees/index.cfm/cid/1043.

③ 主要是两个初步问题：(1)基于现有的划界中的正常基线进行讨论的负面影响；(2)基于正常基线确定的海洋区域外部界限的负面影响。

④ "陆地统治海洋"原则出现在 1969 年北海大陆架案中，而在《公约》文本中并未出现。

　　"陆地统治海洋"原则是指一个国家陆地领土的存在是其享有海洋权利的前提,它是通过国际司法判决以及习惯国际法不断得到确认和发展的。在 1969 年的北海大陆架案中,国际法院指出:"陆地统治海洋原则适用于毗连区、大陆架,一国可就其陆地部分的领土向海洋部分行使权利。"①在 2001 年的卡塔尔诉巴林案中也提到"陆地统治海洋"原则,即"海洋权利源自沿海国对陆地的主权"。② 由此可以推断,在"陆地统治海洋"原则下,如果某一岛屿因海平面上升而被彻底淹没,那么其相应的海洋权利也会因此丧失,因为它失去了海洋权利产生的权源。但这绝不是小岛屿国家所希望的。

　　孟加拉国与印度之间曾就位于孟加拉湾的小岛屿新穆尔岛有过 30 余年的主权争议,但在 2010 年该小岛因上升的海平面而被淹没,两国之间的争议就这样突如其然地结束了。从这个案例来看,海平面的上升已经在某种程度上决定了陆地区域的国家权益,在事实上形成了"海洋决定陆地"。因此,也有学者认为"陆地统治海洋"原则可以作为一般性原则,但在海平面上升这类特殊情形发生时,可以允许部分国家适用"海洋决定陆地"原则。③ 海平面上升委员会也曾就"陆地统治海洋"原则进行过讨论。委员会部分成员指出这一原则并未在《公约》正文中出现,其本质是一种用于海洋划界的"实用的法官公理"(pragmatic judge-made

---

　　① Case Concerning the North Sea Continental Shelf (Germany/Denmark/Netherlands), I. C. J. Reports, 1969. (hereinafter "*North Sea Continental Shelf Cases*")

　　② Maritime Delimitation and Territorial Questions between Qatar and Bahrain, Merits, Judgment, I.C.J. Reports 2001.

　　③ 李学文、张克宁:《海平面上升情形对海洋法的影响及中国南海权益维护》,《中国海商法研究》,2017 年第 28 卷第 3 期,第 43 页。

axiom)的情况,而与海平面上升情形无关;[1]也有委员会成员认为这一原则的范围现如今已扩大至一般海洋法领域,而不仅仅局限于国际法先例之中,即当一国被认为享有海洋权利时,其权利实质上是建立在"陆地统治海洋"原则之上的。[2]

第二节　海平面上升对海洋权利起算线的影响

一、基线制度的国际法基础

(一) 基线制度的法律规定

基线对一国的海洋权利而言,具有至关重要的意义。因为根据《公约》规定,基线是包括领海、毗连区、专属经济区等在内的海域外部界限的起算线,是划分海域的基石,进而也将影响到各国之间出现海域重叠时的划界。事实上,尽管海洋具有深厚悠久的历史,人们对领海、海洋权利等概念也都有着基本认识,但它们并不像人们想象的那样是从古老的传统中逐渐演变而来的国际法规则,有关基线的法律直至 19 世纪才开始出现。与其说其中蕴含了古老的智慧,不如说这是一项为划分海域而进行的理论努力

---

① D.D. Caron. "Climate Change, Sea Level Rise and the Coming Uncertainty in Oceanic Boundaries: A Proposal to Avoid Conflict." in: S-Y. Hong and J.M. Van Dyke (eds), *Maritime Boundary Disputes, Settlement Processes, and the Law of the Sea*. Boston: Brill/Martinus Nijhoff, 2009, pp.1,14.

② Davor Vidas. "Sea Level Rise and International Law: At the Convergence of Two Epochs." 4 *Climate L.* 70 (2014), pp.72—75.

的结果。有关基线制度,《公约》第 5—14 条做了详尽的规定,主要包括正常基线和直线基线。

正常基线是一般情况下所采用的领海基线,《公约》第 5 条有明确规定,即通常所说的沿岸低潮线。它决定了国际法意义上的陆地的终点和海洋的起点,因此是海域或海洋权利测算的基准点。[①]《公约》第 5 条作为海洋区域空间分配过程的起点,以其规定的正常基线为基础,其他条文事实上都是在此基础上根据特殊的地理情况衍生出来的,如根据第 5—7、第 9—14 条确定的领海(第 3 条),以此为参考确定的毗连区(第 33 条第 2 款)、专属经济区(第 57 条)、大陆架(第 76 条)。海洋法中的"陆地统治海洋"原则就来源于《公约》第 2 部分中的这些规定。

关于直线基线的规定在《公约》第 7 条,即有特殊地理情况出现时,将选取适当点,以直线进行连接,特殊地理情况包括"海岸线极为曲折""紧接海岸有一系列岛屿"。尽管直线基线同正常基线有所区分,但它依然建立在正常基线的基础上,同样间接参考了"沿岸低潮线"这一地理要素。原因在于,判断海岸线是否曲折这一"海岸线形状"也是根据沿岸低潮线确定的,更重要的是,根据《公约》第 7 条所确定的直线基线的基点,仍然需要根据正常基线来确定。另外,《公约》第 47 条规定的群岛基线,是针对群岛国的基线划定,本质也是一种直线基线,具体方法是通过直线将群岛最外缘各岛或干礁的最外缘各点连接。[②]

----

① Alexander Proelss, eds. *United Nations Convention on the Law of the Sea: A Commentary*, C. H. Beck · Hart · Nomos, 2017. para. 1, p. 47. (hereinafter "*The Commentary*")

② 《公约》第 47 条第 1 款指出群岛国可划定的基线是"直线群岛基线"(straight archipelagic baselines),即《公约》第 7 条"直线基线"(straight baselines)在群岛中的运用。

（二）基线具有强烈的地理特征

基线究竟是一条地理意义上的线，还是法律意义上的线？它应当随客观地理条件的改变而发生改变，还是经由法律意义确定后便固定不变？按照基线委员会的观点来看，基线具有强烈的地理特征，应当随着海平面的上升而发生相应改变。

值得注意的是，在《公约》第 5 条的表述中，事实上存在着两个"沿岸低潮线"。一个是通过沿海国官方承认的海图所表明的沿岸低潮线（charted low-water line），另一个则是实际的沿岸低潮线（actual low-water line）。出现这种差异的原因在于低潮线的确定取决于垂直基准面（vertical datum）的选择，国际水文组织（IHO）建议海图使用最低天文潮汐线（LAT），但事实上这一垂直基准面受深度、潮汐高度、海拔高度等影响而有多种选择，《公约》第 5 条也为沿海国选择海图提供了自由裁量的空间。因此，尽管存在所谓的"海图沿岸低潮线"，但它所反映的只是法律意义上的正常基线。虽然在大多数情况下海图沿岸低潮线为正常基线提供了足够精确的参照，但当重大的物理改变发生时，这一海图沿岸低潮线就不能代表实际的沿岸低潮线了。[①]

沿岸低潮线客观上反映了陆地同海洋之间的地理特征。过去人们为确定领海宽度，曾采取"目视距离""大炮射程"等方法，但并未保留，其中的重要原因就在于上述方法无法客观且准确地反映地理特征。而沿岸低潮线由于确定方式取决于海水的潮汐涨落，天然地成为陆地同海洋之间的分界线，它反映了海水流动性的同时，也刻画出了海岸线的形状。尽管海图所载确实为法律

① *Baselines Committee Sofia Report*，p.422，line 31.

意义上的线,在对其重新拟定之前应当保持不变,①但基线委员会在这一问题上显然更看重沿岸低潮线的地理要素。基线委员会在报告中提到,正常基线是流动的,如果这条法律意义上的基线随着人为原因造成的实际沿岸低潮线向海一方的延伸而改变,那么同样地,它也必须随着实际沿岸低潮线向陆地一方的收缩而改变。②

二、基线随海平面上升的改变

(一)正常基线的沿岸低潮线发生改变

根据《公约》第 8 条的规定,依照正常基线确定的领海基线向陆一面的水域是内水,这些水域同领海之间的区别在于,他国船舶不能进入一国内水,但能在领海中享有无害通过权。因此,正常基线的确定对于一国主权来说,具有十分重要的价值。但在海平面上升情形下,由于上述提及的垂直基准面受深度、潮汐高度、海拔高度等影响明显,沿岸低潮线所对应的垂直基准面在海平面上升情形下也将会有很大波动。因此,地理意义上的沿岸低潮线势必发生变化。

尽管法律意义上的正常基线要靠沿岸国官方承认的海图所确定,但《公约》事实上并未对该海图的制定、存放等做出类似于《公约》第 76 条第 9 款对大陆架外部界限永久存放的要求,因此该法律意义上的正常基线是否将被永久地确定,答案并不是唯一

---

① Kapoor, DC. *A Guide to Maritime Boundary Delimitation*. Post a Comment Carswell(Toronto). 1986, p.31.

② *Baselines Committee Sofia Report*, p.422, line 28.

的。从基线委员会 2012 年报告的观点来看,其倾向于法律意义上的基线可以随地理意义上的实际沿岸低潮线发生向海一侧或向陆一侧变动的态度。[1] 因此,海平面上升很有可能带来的结果是使正常基线的沿岸低潮线发生改变,正常基线随之消退,进而可能导致内水区域减小,同样也会动态地影响到沿岸国的海洋权利。

当出现基线向海一侧扩张的情况时,如海岸防御和岛礁建设的行为。就海岸防御来说,《公约》第 11 条将永久海港工程视作海岸的一部分,包括堤坝、码头、防洪堤等海岸防御设施在内,它们将被视为基点。[2] 就岛礁建设来说,第 11 条明确说明人工岛屿不应视为永久海港工程,因为岛礁建设与人工岛屿之间有区别,实践中存在将岛礁建设视作领海基点的例子,特别是荷兰,通过岛礁建设行为大面积地伸展了海岸线。[3]

(二) 直线基线的基点被淹没甚至消失

如果在特殊情况下采用的是直线基线,海平面上升同样会对直线基线造成影响。各国在制定相关海洋边界的法律时,倾向于支持一套自由的基线规则,以最大限度地扩大对海洋的主权要求,这些基线规则实际上允许了固定宽度的领海进一步向海洋延伸。[4] 直线基线正是这样一套规则——通过确认少于实际沿岸

---

[1] *Baselines Committee Sofia Report*, p.422, line 31.

[2] Chris Carleton. "Problems Relating to Non-Natural and Man-Made Basepoints under UNCLOS." in: Clive R. Symmons(ed.), *Selected Contemporary Issue in the Law of the Sea*(2011), pp.31—68. (hereinafter *"Chris Carleton"*)

[3] Chris Carleton, pp.19—22.

[4] David D. Caron. "When Law Makes Climate Change Worse: Rethinking the Law of Baselines in Light of a Rising Sea Level." 17 *Ecology Law Quarterly* 621 (1990), p.636. (hereinafter *"David D. Caron"*)

土地为有效基线点的方式实现了对海洋的扩张,因此其受海平面上升的影响就尤为显著。因为作为关键点的重要基点一旦被淹没,连接各基点之间的直线就会发生显著变化,海洋权利也会随之明显变化。这些重要基点通常有以下两类情形。

第一类是低潮高地,有时也被称作干礁。直线基线的划定中承认低潮高地的有两种情况:一种是在该低潮高地上筑有永久高于海平面的灯塔或类似设施;一种是已获得国际一般承认的以该低潮高地作为划定基线的起讫点。① 就第一种情况来说,当这类灯塔或类似设施被海平面没过时,就不再符合条件,由于条件限定语为"永久",即一旦高潮水位线没过类似设施时,条件就不能成立。另外,根据《公约》第 13 条的规定,当该低潮高地的全部或一部分与大陆或岛屿的距离不超过领海的宽度时,该低潮高地自身也可以拥有领海,其低潮线就是测算领海宽度的基线。这样一来,沿岸的基线走势将有可能因为该低潮高地的存在而出现"小插曲",即领海的面积会有一定增加。② 但当海平面上升时,若该低潮高地在低潮时不能露出水面,则不满足低潮高地的定义,届时其失去所有的海洋权利。

第二类是岛屿。岛屿在海平面上升情形下会对基线造成巨大影响。一方面,"紧接海岸有一系列岛屿"本身就是《公约》第 7 条第 1 款所规定的适用直线基线的情形之一。尽管"紧接"和"一系列"等用语本身存在讨论的空间,但对于原本可作为直线基线划定基点的岛屿来说,海平面上升所致的完全被淹没将很有可能使该直线基线由于失去基点而大为减损。另一方面,与不宜居住

---

① 《公约》第 7 条第 4 款。
② 增加的部分即为该低潮高地根据基线所确定的领海以外的部分。

的岩礁不同,岛屿可以享有《公约》第 121 条所规定的专属经济区及大陆架,近海岛屿除了作为直线基线的重要基点外,本身也能产生大面积的海洋权利,从而在实际意义上扩大沿海国海洋区域。200 海里的专属经济区将会产生相当广阔的海洋权利,但在海平面上升的情形下,岛屿内的淡水水库可能受到污染而无法维持居住,在极端情况下岩礁可能被完全淹没。无论哪种情形,都将导致该国失去该岛屿扩大其专属经济区的权利,这种影响尤为严峻。① 例如英国曾自愿将罗科尔岛的分类由完整的"岛屿"降至"岩石",罗科尔岛在国际法上的海洋地物属性因此退化,只能产生 12 海里的领海,这使英国损失了近 60 000 平方海里的渔区。②

如果沿岸低潮线可以通过人工手段或海岸防御进行维持,那么同样的手段也应当可以用于小岛、岩礁或其他类似的海洋地物,以合法地维持直线基线的基点,防止它们逐渐退化为低潮高地乃至被完全淹没。③ 对于低潮高地来说,为了防止其在高潮时没入海平面,也可以在其上建造新的人工设施以符合《公约》第 7 条第 4 款的规定——保持其作为领海的起讫点。事实上,也有学者指出,既然低潮高地可以通过"获得国际一般承认"的方式作为划定基线的起讫点,那么沿海国也有可能进一步根据《公约》第 7 条,主张那些记载于海图但之后由于海平面上升而退化甚至完全

---

① David D. Caron, p.638.

② Clive Symmons. "Ireland and the Rockall Dispute: An Analysis of Recent Developments." 6 *Boundary and Security Bulletin* (1998), pp.78—93.

③ David Freestone, John Pethick. "Sea Level Rise and Maritime Boundaries: International Implications of Impacts and Responses." *Maritime Boundaries/World Boundaries v. 5*(edited by Gerald H.Blake), 2002, p.75.

淹没的海洋地物获得国际一般承认。①

　　另外，考虑到群岛基线也是直线基线的一种，除了上述变化之外，它还具有群岛基线的特殊性。一方面，由于群岛基线也是直线基线的一种，它的划定是通过连接群岛最外缘各岛和各干礁的最外缘各点形成的，因此海平面上升对直线基线的改变同样会体现在群岛基线上；②另一方面，在这种情况下，如果是由该群岛基线形成的闭合线包围形成的内部水域的某一岛屿或低潮高地被淹没，则可能不会带来实质性的影响，但考虑到形成群岛要求该区域内水域面积应当大于等于且不超过包括环礁在内的陆地面积 9 倍，所以当水域内岛屿被淹没的程度特别严重，导致水域面积大大增加，即水陆面积比超过 9∶1 时，情况则可能发生巨大改变。因此，对于群岛国来说，其国家属性可能受到影响，这是要引起警惕的。

三、海平面上升情境下对基线制度的审视

（一）是否形成"变动的基线"的问题

　　结合上文的论述，现有的基线制度是一种"变动的基线"（ambulatory baselines）。它是指基线具有强烈的地理依附性，在客观上反映了陆地同海洋之间的地理特征，因此在海平面上升导致"消失的岛屿"出现的情形下，基线将随之发生改变。有关"变动的

---

①　Prescott J. R. V. , Bird, E. The Influence of Rising Sea Levels on Baselines from which National Claims are Measured, Durham, UK: IBRU. , 1990 — Report of the Commonwealth Group of Experts: Climate Change: Meeting the Challenge (1989), London: Commonwealth Secretariat.

②　《公约》第 47 条第 1 款。

基线"的理论在 1990 年就曾被后来海平面上升委员会的主席 David
D. Caron 提到过,他指出,基线制度是建立在海平面不会显著上升
的假设基础上的。但这一假设目前已不再成立,基线制度不仅会
阻碍对海平面上升的适应,而且确实可能加剧气候变化的后果。①
David D. Caron 承认了在海平面上升情形下基线是会发生变动
的。此外,Alfred Soons 也认为海平面的上升将改变海域界限。②
基线委员会同样认同"变动的基线",委员会在其 2012 年的报告
中总结到,"正常基线是流动的,它既可以向海一侧移动以反映由
冲积、土地上升以及与海港系统、海岸保护和填海工程相关的人
工设施建设而造成的改变,也可以向陆地一侧移动以反映由侵蚀
和海平面上升而引起的变化"。③ 在美国国内法中甚至存在着支
持"变动的基线"理论的判例,如 1965 年的美国诉加利福尼亚州
案中,美国最高法院认为《水下土地法》(Submerged Lands Act)
所定义的海岸线是具有流动性的,宝贵的海上石油储量的所有权
将随着这条可变基线移动,它是在此之前或之后可以通过自然或
人工手段加以修改的东西,而不是历史上某一时刻固定后就不变
的东西。④

但必须意识到的问题在于,随着海平面的上升,当极端情形
发生时,这一理论是否仍有存在的基础。"变动的基线"所依赖的
核心在于现行国际法一般将地理条件视为相对稳定的要素,但在
海平面上升这样的重大变化出现时,就可能对当前国际法体系产

---

① David D. Caron, p.634.

② Alfred Soons. "The Effects of a Rising Sea Level on Maritime Limits and
Boundaries." 37(2) *Netherlands International Law Review*, 207 (1990).

③ *Baselines Committee Sofia Report*, p.422, line 31.

④ United States v. California, 382 U.S. 448, 449 (1966). "title to valuable
offshore oil reserves would move with this ambulatory baseline".

生重大挑战。① "变动的基线"这一观点仅仅是理论观点及基线委员会得出的结论,事实上,基线在海平面上升情形下是否应当随之变动的问题并未在《公约》中明确说明。但《公约》下确有一条款为"变动的基线"的例外提供了参考,即《公约》第 7 条第 2 款,也被称作"孟加拉例外"(Bangladash Exception)。②

孟加拉国于 1974 年在加拉加斯召开的第三次海洋会议第二期会议过程中提交了相关条款文本,但同当前的条款存在较大区别。据第二期会议主要趋势报告的第 9 条所载,孟加拉国提交的内容为:"当由于不断的冲击和沉积使得沿岸不存在稳定的低潮线,或沿岸的海域过浅以至于小船无法航行而具有内水特征时,基线应当选取沿岸适当点以不超过一定限度的等深线进行绘制。"③但在 1975 年非正式单一磋商文本中却换成了另一种表述,该表述同最终的文本仅有个别字词的差异,即关于"三角洲"同"其他自然条件"之间的连接词是用"和"还是"或",且最终采用了"和"。④ 这说明该条款仅仅适用于三角洲,因此也被称作"三角洲条款"。尽管孟加拉国之后多次通过信件形式表达自己对最初文本的倾向,但关于一定限度的等深线的提议并未被接受。

虽然《公约》的制定者在谈判过程中并未将对全球海平面实质性变化的预期考虑在内,但从文本的制定过程来看,他们并不

① Davor Vidas. "Sea-Level Rise and International Law: At the Convergence of Two Epochs." 4 Climate L. 70 (2014), p.73.

② 《公约》第 7 条第 2 款规定:"在因有三角洲和其他自然条件以致海岸线非常不稳定之处,可沿低潮线向海最远处选择各适当点,而且,尽管以后低潮线发生后退现象,该直线基线在沿海国按照本公约加以改变以前仍然有效。"

③ U.N. Doc. A/CONF. 62/C. 2/WP. 1 (1974).

④ U.N. Doc. A/CONF. 62/WP. 8/Part Ⅱ (1975).

反对在三角洲和不稳定的沿海地区固定基线。海平面的上升或任何变化对于水位线的影响，将明显地在海域范围上产生"连锁反应"，就孟加拉国这样存在广阔的海岸线迅速退化情况的国家而言，累积效应更是巨大。① 因此，《公约》第7条第2款正是在孟加拉国就雅鲁藏布江河口的不断侵蚀及沉积等问题提出的提议的基础上形成的，它事实上肯定了直线基线被永久固定的可能性，尽管实际的海岸线是不断变化的。

有观点认为，该例外情形为海平面上升情形下小岛屿国家保护既存基线提供了可能，采取这样的措施能帮助受海平面上升影响的国家保留原有海域，特别是小岛屿发展中国家。一旦低潮线退缩导致海域消失，小岛屿发展中国家不但会失去对该部分海域资源享有的权益，而且严重情况下还将威胁国家地位的存续。但值得注意的是，《公约》第7条第2款旨在维护既存基线的稳定性，而具体的适用也会受"海岸线非常不稳定"等因素制约。从当前情况看来，这只是为三角洲以及不稳定的沿海地区等特定情形而制定的，但在未来海平面上升的情况下，这一有限的例外可能被广泛地适用，从而使基线的固定获得《公约》意义上的承认。②

另外，从外部界限确定的意义来说，《公约》下外大陆架的边界也是相对确定，而不随着基线的移动而变化的。根据《公约》第

---

① 孟加拉国每年有将近140米的海岸线退化。Stoddart, D. R., Pethick, J. S. "Environmental Hazard and Coastal Reclamation: Problems and Prospects in Bangladesh." in T. Bayliss-Smith and E. U. Wanmali (eds), *Understanding the Green Revolution* (1984), Cambridge: Cambridge University Press.

② Prescott J. R. V., Bird, E. The Influence of Rising Sea Levels on Baselines from which National Claims are Measured, Durham, UK: IBRU., 1990 — Report of the Commonwealth Group of Experts: Climate Change: Meeting the Challenge (1989), London: Commonwealth Secretariat.

76 条第 9 款规定,大陆架外部界限在海图上是永久标明并交存联合国的。Bernard H. Oxman 教授认为,"永久"这个词语的表述所显示的意图表明外大陆架的界限不应因海岸线的后续变化而改变。[①] 除此之外,包括领海、毗连区、专属经济区在内,除了《公约》第 7 条第 2 款所规定的情形以外,其余海洋权利的外部界限都是可以移动的,因为它们将随着基线的变化改变。

(二)"变动的基线"可能存在的国际法风险

1. 诱导沿海国对专属经济区内的资源争夺

在海平面上升的情形下,如果按照"变动的基线"理论,相应的海域范围将随着基线的退缩而向内陆一侧移动,那么法律意义上的领海、专属经济区的范围也会随之内移,但在地理意义上该区域并不会发生移动。按照《公约》对各个海域海洋权利的划分,原本属于沿海国专属经济区的某一海域现在将有可能因为海平面上升的影响成为公海的一部分。一直以来,各沿海国之间就领土与海洋权利之间的争端往往源于资源的争夺。随着人类开发利用资源的水平不断提高,对海洋资源的目光也逐渐投向更遥远的海域,这片因海平面上升而产生的"自由之地"势必会驱动沿海国对其资源的争夺。据估计,有大约 75%—80% 的商业渔场位于 200 海里,即专属经济区的范围之内,[②]而这一资源的价值到 2100 年将显得尤为重要。因为随着全球气候变化加剧,人口将

———————

① 　David D. Caron,p.635.

② 　Belsky."Management of Large Marine Ecosystems:Developing a New Rule of Customary International Law." 22 *San Diego L. Rev.* 733,759 (1985).

更密集,粮食生产可能面临短缺。[①] 事实上,一直以来各国都在为控制海洋资源进行斗争,因此,要考虑沿海国应当如何应对海平面上升,资源争夺的驱动必须首先考虑在内。

2. 沿海国为保护基线将投入大量资源

在"变动的基线"理论下,如果海平面上升就会导致基线退缩,再加上沿海国对海洋权利减损的担忧,极有可能出现这种情况——那些受海洋权利减损威胁的国家将未雨绸缪,投入大量的资源以保护因受海平面上升而受威胁的基线。与其说它们是在关心基线本身,不如说它们重视的是基线所能产生的海洋区域及其所蕴含的巨大资源。但这种投入如果效率不高,那么很可能变成一种浪费。

实践中就有这样的案例,如日本为保护冲之鸟礁石(Okino-torishima),在三年内投入了 2.4 亿美元试图保护距之 1 400 码的两块岩礁,使它们在高潮时仅高出水面 2 英尺。[②] 日本的行为并不是防止海平面上升,而是建造钢筋混凝土块为岩石提供支撑,防止波浪的侵蚀。有观点就认为,日本为此进行的支出是荒谬且极不负责的,因为对沿海国来说,更重要的是重新安置栖息地和物种、养活人民,而不仅仅是为了某一海域而大力保护基线。[③]

一方面,沿海国投入的资源实际上是在维持基线法律的恒定假设。也就是说,当前的基线法律是建立在物理特征不会发生明显变化的基础上,并没有将气候变化、海平面上升等问题考虑在

---

① David D. Caron, p.638.

② Haberman. "Japanese Fight Invading Sea for Priceless Speak of Land." *N.Y. Times*, Jan. 4, 1988, at A1, col. 2.

③ David D. Caron, p.640.

内。如果法律秩序的某个方面坚持气候不会发生明显改变的假设,那么将导致这样的结果——面临气候变化的各方始终在做无效反应。例如当前的基线制度,基线制度下对一个国家海洋权利的授予是同物理特征相联系的;如海平面,但它的前提是假设了物理方面的特征始终相对恒定,如果这种恒定性的假设是错误的,那么将从根本上导致海洋权利受威胁。[①] 沿海国越是为此投入资源,越使这种行为显得低效。

另一方面,沿海国的投入可能导致过度投资。"投机性的过度投资"(speculative over-investment)是经济学上的用语,法律制度在某种程度上也会同经济学发生耦合,比如先占制度下,石油和天然气的所有权取决于谁先开采,土地的所有权取决于谁先进行围栏,这都鼓励了过度的投机性投资。[②] 但当前的情况与先占制度不同,过度投资不应当被鼓励,先占制度的情况是对权利的取得,而沿海国投入资源以保护基线是一种对权利的维护手段。因为这一区域本就属于沿海国,只是因为情况的变化而无法继续享有海洋权利,这当中的利害关系属性是不一样的。因此,为此投入成本将使效率变低,它既与财富生产无关,也与财富分配无关。[③]

3. 海洋权利边界陷入不确定可能引发冲突

在"变动的基线"理论下,还有比资源浪费更严重的后果,即原本属于沿海国专属经济区的海域因基线变动而成为公海的一部分,这会导致相邻或相对沿海国之间海洋区域边界的不确定,

---

[①] 　David D. Caron, p.639.

[②] 　Simons. "Amazon Settlers Turn Forests To Ash in Name of Progress." *N.Y. Times*, Oct. 11, 1988, at A1, col. 1.

[③] 　David D. Caron, p.640.

进而可能引发冲突。正如上文所说，争端往往起源于资源的争夺，这些不确定的领域将成为国家或其渔民之间发生冲突的"肥沃土壤"。这其中既包括对航行权的争议，也包括对生物及非生物资源的争夺，还可能引发对执法、司法、守法等各方面因素的激烈争论。① 在英挪渔业案中，挪威就沿海存在大量"石垒"而主张连接"石垒"外边缘以划定领海，国际法院最终也认定了挪威采用直线基线的做法有效。② 如果海平面上升到一定程度，足以淹没这些"石垒"，其独特的地理因素将因此发生改变，那么适用直线基线的关键要素将被改变，可能使划界结果发生改变。在孟加拉国同印度就孟加拉湾海洋划界的仲裁案中，③孟加拉国主张，无论是印度选择的低潮高地还是孟加拉国选择的基点，都可能受海平面上升的影响，但仲裁庭认为未来的气候变化对双方的影响不应考虑在内，在划界中只需要考虑现时所选取的基点是否稳定。④ 仲裁庭还引用了国际法院关于黑海案的判决，进一步强调划界当时地理现实情况的重要性。⑤ 换而言之，该案中的仲裁庭认为气候变化及其可能影响，不能使现有的海洋边界发生重大改变。

然而，伴随着气候变化的巨大压力以及资源争夺的内在驱动，

① 冯寿波：《消失的国家：海平面上升对国际法的挑战及应对》，《现代法学》，2019 年第 41 卷第 2 期，第 182 页。

② *Fisheries Case* (United Kingdom v Norway) [1951] ICJ Rep 116. (hereinafter *"Fisheries Case"*)

③ The Bay of Bengal Maritime Boundary Arbitration (Bangladesh v. India), PCA Case 2010—2016, Award of 7 July 2014. (hereinafter *"Bay of Bengal Arbitration"*)

④ *Bay of Bengal Arbitration*, paras.213—215.

⑤ Maritime Delimitation in the Black Sea (Romania v. Ukraine), Judgment, I. C.J. Reports 2009.

各沿海国可能会试图寻找理由以质疑过去同邻国已经达成的划界协议的公平性。尽管法律的特征之一在于其稳定性,各国也将出于最大尊重以维护既成划界协议的有效性,但海平面上升这一"情势变更"(subsequent fundamental change of circumstances)将很可能成为各国辩称情况已经发生改变的理由。也有观点认为,海平面上升尚不足以使原有划界发生改变,原因在于划界条约在国际法的条约中具有优先地位,即使发生情况变更也不会导致先前达成的划界协议发生改变。① 尽管海平面上升委员会在 2016 年的临时报告中表达的初步意见倾向于认为边界条约具有确定性和稳定性,但并未明确"情势变更"是否适用于海洋边界。② Caron 就认为一国完全有可能认为情况已经发生了变化,因为各方都没有预见到海平面会上升。③ 也正是由于上述争议的存在,在极端情况发生时,争议国之间很有可能发生类似上述的孟加拉湾仲裁案中的争议和冲突。④

---

① Clive Schofield. "Shifting Limits? Sea Level Rise and Options to Secure Maritime Jurisdictional Claims." 2009 *Carbon & Climate* L. Rev. 405 (2009), pp. 409—410. (hereinafter *"Clive Schofield"*)

② ILA, Interim Report of the Committee on International Law and Sea Level Rise, presented at the 77th ILA Conference, Johannesburg, August 2016, p. 17, available at http://www.ila-hq.org/index.php/committees. (hereinafter *"2016 Interim Report"*)

③ International Law and Sea Level Rise, 77 Int'l L. Ass'n Rep. Conf. 842 (2016), p. 861, citing: Caron, Climate Change, Sea Level Rise and the Coming Uncertainty in Oceanic Boundaries: A Proposal To Avoid Conflict, pp.13—14.

④ Clive Schofield, p.410.

第三节　海平面上升对海洋权利界限的影响

一、"消失的岛屿"海洋权利外部界限的改变

（一）海洋权利外部界限位置的变化

由于领海基线是确定海洋权利的起点，如果海平面上升导致基线改变，那么势必会动态地影响到海洋权利。随着海平面上升，作为《公约》第 5 条确定正常基线的沿岸低潮线通常会向内陆一侧移动，同时作为基点的一些关键地理特征也可能会被淹没或消失。[①] 如果按照基线委员会关于"基线是动态的"结论，那么根据基线所确定的海洋区域外部界限也将向内陆一侧移动。[②] 如果作为直线基线确定要素的重要地理特征被完全淹没，这种向内陆的移动将变得至关重要；如果应用到群岛国的群岛基线中，重要基点的丧失会导致更大的影响。

这一改变具体到海洋权利的外部界限上，最为直观的表现便是海洋权利外部界限的位置将随基线的内移而发生内移。因为根据《公约》的相关规定，领海、专属经济区等海洋权利都有其固

---

　　①　在某些地方可能会出现相反的情形，上文已有论述，海平面上升所带来的影响还可能包括"沉积"。如果泥沙含量达到一定程度的话，海平面上升也可能使得堆积的泥沙将沿岸低潮线推向海洋一侧。

　　②　这里所说的外部界限是指领海、毗连区、专属经济区等的外部界限，大陆架并不包括在内。根据《公约》第 76 条第 1 款，不足 200 海里的大陆架将自动延伸为 200 海里，且根据第 76 条第 9 款，这种外部界限是"永久标明"且"交存于联合国秘书长"的。

定的宽度,《公约》下确定海洋权利外部界限的逻辑是"以起算线为参照、以测量宽度或划界方法为依据"。[①] 在海洋权利外部界限位置发生变化的同时,海洋本身的地理状况并不会改变,因此对于沿海国来说,它原本能够享有的海洋权利现在将有一部分"让步"给公海。这也是海平面上升的必然后果——海洋面积增加。但如果不按照"变动的基线"理论,认为即使海平面上升领海基线也不会发生变化,那么海洋权利外部界限的位置也将保持不变。

(二) 海洋权利外部界限范围的变化

与外部界限位置的变化相反,无论是变动的基线还是固定的领海基线,外部界限同起算线之间所形成的范围是不会发生变化的,因为《公约》已经对领海、专属经济区等海洋权利确定了固定的宽度。当然,就岛屿来说,受领海基线位置的影响半径可能不同,由此产生海洋权利的面积会受到一定影响。但如果是对海洋权利的外部界限位置进行固定,情况就会发生改变。在这种情况下,如果基线随海平面上升发生内移,那么海洋权利所覆盖的范围是增加的。

人们对海洋权利外部界限的关心,主要体现在极端情形下"消失的岛屿"还能否拥有海洋权利,这对受海平面上升区域影响巨大的小岛屿和地势低洼国家来说尤为重要。一方面,有人坚持应当对海洋权利进行保护和保留。曾任国际海洋法法庭法官的Luis Jesus 就认为,无论海平面上升的幅度如何,都不应出现一国失去其根据《公约》和国际社会所承认的海洋空间及海洋资源

---

① 黄哲东:《气候变化趋势下海洋边界线位置面临的问题及应对》,《华东理工大学学报》(社会科学版),2019 年第 4 期,第 76 页。

的情况。[①] 但在"变动的基线"理论下，当事国失去海洋权利是无法避免的法律后果。另一方面，也有人认为海平面上升对海域外部界限的影响是有限的。如 Schofield 就认为，尽管这一问题在理论上看十分严峻，但考虑到海域的外部界限十分广阔，特别是对 200 海里的专属经济区来说，对其所依附的关键基点的影响是有限的，即海域外部界限不太容易受到变化的影响。因此，只要关键基点不发生改变，即使海岸线的位置发生了重大变化，对于 200 海里的专属经济区外部界限来说影响也是有限的。[②]

然而从长远来看，上文已经分析了当前海平面上升的紧迫性，结合 IPCC 在第六个评估周期中的一系列报告来看，地球在未来几个世纪里将面临持续的海平面上升，且这种上升的具体程度和速度仍是未知的，波动性较大，哪怕是在 21 世纪这种上升的程度和速度也具有不确定性，特别是在一些受影响严重的地区。因此，在这一点上并不能排除异常的重大变化的可能，对于海平面上升所带来的影响的考虑以及对海洋权利保留的讨论是有必要的。海平面上升委员会就针对上述问题考察了大量专家学者的观点。当前的普遍观点都认为，如果按照现行的基线规则，海

① David Freestone, Davor Vidas, Alejandra Torres Camprubí. "Sea Level Rise and Impacts on Maritime Zones and Limits: The Work of the ILA Committee on International Law and Sea Level Rise." *Korean Journal of International and Comparative Law 5* (2017), p.22. Original from: José Luís Jesus. "Rocks, New-born Islands, Sea Level Rise and Maritime Space." in: Jochen Frowein et al. (Eds.), *Negotiating For Peace — Liber Amicorum Tono Eitel* (Berlin/Heidelberg: Springer, 2003), 599, 602. (hereinafter "*David Freestone, Davor Vidas, Alejandra Torres Camprubí*")

② Clive H Schofield. "Defining the 'Boundary' between Land and Sea: Territorial Sea Baselines in the South China Sea." in: R Beckman, MR Page and L Bernard (Eds.), *UNCLOS and the South China Sea* (Cheltenham: Edward Elgar Publishers, 2014), pp.21—54.

平面上升必定会带来海洋空间及权利的损失,但他们并不希望这种情况发生,并且提出了许多不同的解决方案。如 Soons 在1990 年的文章中就指出,沿海国可以通过人工手段合法地保卫现有的海岸线,同时也表示这将是极其昂贵的选择。① 基线委员会在 2012 年的报告也指出,因为当前的法律规定无法保护面临丧失领土威胁的国家的利益,所以沿海国只能通过对海岸线进行实质上的物理保护来降低威胁。②

二、从价值取向角度理解海洋权利保留

(一)确定性与稳定性

在对海洋权利的边界进行判断时,确定性及稳定性是一项重要因素。③ 之所以在海洋法中确定基线或不同海洋权利的边界,是因为其主要价值在于对领土进行明确的权利划分,而这种划分得以明确的前提是该界限能够被轻易界定。因此,有理由相信,当前将海域边界同物理或地理特征相联系的思路在未来可能受到认可,因为对于海上航行的人来说,只要看到了陆地,就能意识到这是海岸线,从而能肉眼可见地确定边界。反之,如果对基线或是海洋权利外部界限进行冻结,那么随着海岸线的逐渐改变,法律意义上的基线同海岸之间的联系将越来越淡。④ 对于界限可确定性的担忧也严重影响了参加 1930 年海牙国际法编纂会议

---

① Alfred Soons. "The Effects of a Rising Sea Level on Maritime Limits and Boundaries." 37(2) *Netherlands International Law Review*, p.231.

② *Baselines Committee Sofia Report*, p.422, line 29.

③ 2016 Interim Report, p.17.

④ David D. Caron, p.642.

的美国代表团的立场，时任美国自然部地理学家的 S. Whittemore Bogggs 就表示："由于沿海国和其他国家在领海内的法律权利与所有国家在公海上的权利有很大的不同，所以应该使航海家、渔民或沿海国能够确定船只是在领海上还是公海上。"①

事实上，哪怕是出于可确定性考虑，将海岸线作为划线的依据也不一定完全可靠。② 第一，国际上接受干礁作为有效的基点，而干礁并非传统意义上的海岸线，③由此可见，海岸线并非唯一的可确定性标准；第二，根据《公约》第 5 条和第 10 条第 4 款所确定的海湾两低潮标之间 24 海里距离的标准可以发现，基于视觉因素的考量在此并没有被考虑；第三，20 世纪 50 年代以降对直线基线规则的使用开始变得广泛，同时海图也成为一种必要；第四，受限于当时的科学水平，海岸线或许能给人带来可确定性。但是随着科学技术的发展和人类认识世界手段的变革，雷达探测和电子设备已广泛地应用于船舶，被固定的基线所带来的可确定性将越来越明显。

确定基线或不同海洋权利的边界还应具有稳定性，即它不应当经常发生改变，而是允许相关沿海国对该界限产生信赖利益。因此，美国在 1793 年就试图通过对领海采取保守的态度、采取固定宽度的界限以寻求中立，从而获得更大的稳定性。④ 固定宽度看似稳定，实际上有赖于这样的假设，即起点是保持相对不变的。

---

① S. Whittemore Bogggs. "Delimitation of the Territorial Sea: The Method of Delimitation Proposed by the Delegation of the United States at the Hague Conference for the Codification of International Law." 24 Am. J. Int'l L. 541, 1930.

② David D. Caron, p.643.

③ Fisheries Case (United Kingdom v Norway) (1951) ICJ Rep 116.

④ P. Jessup. *The Law of Territorial Waters and Maritime Jurisdiction* (1927), p.6.

但这种假设并不成立,海平面上升的情形将从根本上挑战这一假设,某些起点可能会随之消退或完全消失。因此,同地理特征相联系的现有基线制度并不会带来稳定性,反而会使海洋界限的不确定性增加,进而陷入混乱。这种不确定性同海平面上升的形势是正相关的。相反,固定的边界,无论是固定基线还是固定外部界限,带来的是更大的稳定性。①

(二) 成本与效率

在基线制度中,海图的绘制增强了上述可确定性和稳定性,但在"变动的基线"理论下,可能存在的问题在于海图为了适应基线的改变需要不断地进行调整。当前已有许多国家在其海图上标明了海洋边界,或公布了相应的数据坐标。Rayfuse 指出,"条文所规定的地理上的调整说明了基线及海图可能不被认可,正因如此,海图需要为航行目的作相应修正"。② 但在实践中,已经被公布的海图并不会被频繁更新,也很少为其他国家挑战,因为在争端解决的过程中,各方往往仅对存在的海岸特征进行检验。③ 这可能也从侧面说明了沿海国更倾向于接受不被频繁更新的海图及相关基点,而为此付出的代价就是缺少了公布所带来的确定性。④

另外,通过海图确定海洋边界还存在另一潜在困难,即世界上许多地区缺乏足够的水文和沿海调查资料以绘制海图。根据《公约》第 16 条的规定,各国应当适当公布其基线,方法是在足够

---

① David D. Caron, p.645.

② *The Commentary*, para.41.

③ David D. Caron, p.645.

④ *The Commentary*, para. 42.

确定这些基线位置的海图上标出，或通过注明大地基准点的地理坐标表来显示。但许多国家，特别是发展中国家，其近海水域的水文测量资料往往是不确定的或过时的，与此同时，发达国家制作的图表中却对这些情况进行了说明。尽管《公约》并不反对一国使用其他国家制作的海图，①但大家通常不愿意这样做，特别是当该国家或地区曾是制作该海图的国家的殖民地的情况。②根据现有的基线将其固定或冻结，有可能避免上述争端的发生。因为它一方面避免了一些国家在不考虑基线的情况下宣布海洋边界，另一方面也为第三国提供了一种明示的效力。尽管在这种情况下缺乏水文资料的技术难题依然存在，但将各国聚焦在界限的确立上，无论是赞成还是反对，都有助于更好地解决问题。

如果不对小岛屿国家的海洋权利进行保留将产生许多成本支出。首先，资源浪费的风险已在上文阐明，面临海洋权利减损的国家可能会花费大量资源以保护特定的地理或物理意义上的基线，例如日本冲之鸟礁石的实践，通过设置屏障来抵御入侵的海洋；③其次，如果允许基线移动，那么仅仅是调整边界就会产生成本，如新基线的确定、海图的频繁更新等等。④ 这些潜在的成本在美国对其 1953 年《水下土地法》适用问题的一系列案例中有充分的体现。美国《水下土地法》重点解决的是联邦层面同各州层面关于近海海底的权利归属问题。在 1965 年的美国诉加利福尼亚州案中，美国最高法院肯定了该法案下海岸线的流动性，由

---

① 《公约》第 5 条仅要求这类海图是"沿海国官方承认的"，并未强调是哪一国家。

② David D. Caron，p.645.

③ Joan Brown. *Case Studies in Oceanography and Marine Affairs*. Oxford：Pergamon Press，1991，pp.84—85.

④ David D. Caron，p.646.

此引发了路易斯安那州的大量诉讼,因为像密西西比河三角洲这样由软淤泥构成的海岸线是始终处于不断变化之中的。在1969年美国诉路易斯安那州案中,法院亦没有采信路易斯安那州提出的固定基线主张。① 但Black法官表达了他的反对观点,认为"变动的基线"将带来无休止的诉讼,因为海岸线处于不断变化中,即使通过法院的裁判做出了裁决,也不能永久地划定界限;反而是固定边界的方案可以终止这无休止的诉讼,帮助法院减轻做出裁决的沉重负担。②

事实上,为了避免这种"没完没了的诉讼"(interminable litigation),美国政府同路易斯安那州签订了一项特殊的边界协议。这实际上是对双方界限的冻结,尽管存在这一协定,但最终的法令到1981年才确定,先后经历了十余年。③ 美国的众议院和参议院都曾提议立法以授权联邦政府同几个州签订海底边界协定,使这种边界变得不可移动,从而为解决上述问题提供一般性的方案。允许基线的移动乍一看似乎是高度灵活可调整的,但由于它对环境的变化极为敏感,会带来上述的资源浪费和地域冲突等风险。相反地,在固定的基线下,各国不必再为了保护海洋权利而投入大量资源维持这一基线,使资源可以用于其他更具实质性的战略中,如对港口的保护或对物种的迁移等。因此,从成本角度考虑,永久确定的海洋边界将避免产生诸多潜在的调整费用。同时,大多数国家已经在其海图中标明了海洋边界,在此基础上固定边界不会产生额外的制图费用。即使在固定边界的过

---

① United States v. Louisiana, 384 U.S. 11 (1969).

② Justice Black's dissenting opinion of United States v. Louisiana, 384 U.S. 11 (1969), paras. 85, 88.

③ United States v. Louisiana, 452 U.S. 726 (1981).

程中为了达成协议而产生一定的谈判成本,相比由于基线不断变动而引发的诉讼来说,成本能够得到有效的控制。

（三）公平正义理念

公平正义的理念在海洋法中有着广泛而深刻的体现。《公约》序言部分即提及"将有助于实现公正公平的国际经济秩序"和"将有助于按照《联合国宪章》所载的联合国的宗旨和原则巩固各国间符合正义和权利平等原则的和平、安全、合作和友好关系";《公约》第 74 条、第 83 条有关划界前协定的规定中也要求有关协议的划定应当以得到公平解决为目的;1969 年的北海大陆架案首次将"公平原则"用作国际法院的判案依据。[①] 事实上,公平正义的核心内涵在于建立一种公平、正义、向善的国际秩序,[②]而保留海洋权利是符合公平正义理念的。

一方面,公平正义要求各方在承担结果中分配到与过错相适应的责任,海洋权利的减损后果仅由沿海国承担不符合公平正义理念。海平面的上升事实上是整个人类文明发展的共同副产品,而某些沿海国由于地势低洼或由小岛屿构成,受海平面上升的影响更为显著,这并不是其自身所希望或能够控制的。即使海平面的上升导致所有沿海国的海洋权利都发生了减损,但这些小岛屿国家由于自身地理因素或经济实力因素,相较陆地面积广阔、经济实力雄厚的发达国家而言,损失更为严重,甚至面临举国搬迁

---

① "公平原则"的国际法渊源存在争议,特别是对于其国际习惯法的地位存在较大争议。主要原因就在于其是在北海大陆架案中被提出的,其产生过程不同于传统国际习惯法,并非来源于国家实践,而是来源于国际司法判例。我国学者普遍认为"公平原则"是习惯法规则,如赵理海:《海洋法问题研究》,北京大学出版社,1993 年,第 63 页;高健军:《国际海洋划界论》,北京大学出版社,2005 年,第 188 页。

② 白续辉:《领海基点保护视角下岛礁灭失国际法问题探析》,《社会科学辑刊》,2017 年第 6 期,第 105 页。

的境地。这种全人类行为的后果由某些国家单方面承担的做法，并不能称为公平正义。

根据《国家对国际不法行为的责任条款草案》①第 2 条，不法行为是产生国家责任的前提要件。在海平面上升的情况下，仅仅是"消失的岛屿"的沿海国承担了海洋权利减损或灭失的后果，但它们本质上并不存在违反国家义务的问题，原因在于这不属于国际法意义上的不法行为。因为温室气体的排放在每个国家都在发生，区别只是程度不同。如果该沿海国应当为此承担国家责任，那么每一个国家都应为此承担责任。气候变化及海平面上升实则是人为因素和自然因素共同作用的结果，无法确定真正的加害国。"消失的岛屿"的沿海国也不是纯粹的受害国，这些国家更不存在法律规定的解除行为不法性的事由。② 对这一责任的承担最终应当落脚到哪里是不确定的，但这并不意味着没有人应当对"消失的岛屿"负责。各国责任可能有大小之分，但却无一能从中免责。③ 这样一来，保留海洋权利就更显出它的优势，权利并未减损，也就不存在责任的承担。

另一方面，默认海平面上升导致的海洋权利减损将会使现有情况更加糟糕。如果默认海洋权利随海平面上升而减损，沿海国可能投入大量的资源以加固基点或海岸线，这种情况造成的低效及资源浪费在上文已阐述。同时，小岛屿或地势低洼国家往往是

---

① Draft Articles on Responsibility of States for Internationally Wrongful Acts in Report of the International Law Commission on the Work of Its Fifty-third Session，UN GAOR，56th Sess.，Supp. No. 10，p.91，UN Doc. A/56/10（2001）.

② 根据《国家对国际不法行为的责任条款草案》第 5 章规定，这类免责事由主要包括同意（指受害方同意加害方实施的某些违反其国际义务的行为）、自卫、对抗措施、不可抗力、危难、危急情况等。

③ 白续辉：《领海基点保护视角下岛礁灭失国际法问题探析》，《社会科学辑刊》，2017 年第 6 期，第 105 页。

依赖海洋资源或旅游业发展起来的国家，为此所进行的投入只能短暂地维系现状，却不能可持续发展。随着海平面上升情况的加剧，最终仍会损害沿海国人民的生存和发展。

当前这一套确定海洋区域及相应权利的体系，是沿海国、海洋国家和国际社会在《公约》第三次会议期间就海洋相关的利益各方进行详尽平衡的结果，这些利益考量包括渔业及渔业养护、航行、军事使用、环境及海洋哺乳动物保护与海洋执法等等。①如果将公平性因素考虑在内，采取不同的边界制度将对上述分配结果造成不同的影响。一方面，当海洋边界随着基线的后退发生移动时，尽管支配分配的规则未发生改变，但实际上权利分配的结果会发生变化。比如在基线和海洋边界后退的情况下公海范围将会扩大，曾经人们担心领海宽度从 3 海里增加到 12 海里将会封锁可以用于国际航行的海峡，同样地，在"变动的基线"理论下，这样的海峡又会再一次从重叠的领海区域中被解放出来。此外，如果仅仅因为一个国家恰好是小岛屿国家或地势低洼，就要因此承受海洋权利丧失的损失，使得其他国家或国际社会获得利用该海域的机会，这实际上是一种"不当得利"，并不是一种公平的行为。②另一方面，采取固定界限的方式并不会使这种分配的结果或规则发生任何改变，而仅仅只是冻结了当前的海洋权利划分。在这种情况下，没有任何一个国家会因此多得到地球表面的任何额外部分，考虑到这种冻结是在现有秩序基础上确定的，也能在最大程度上尊重各个国家的利益，维持现有的平衡。如果我

---

① David D. Caron，p.648.

② 我国民法上的不当得利是指"没有合法根据，取得不当利益，造成他人损失的"，在这里提到不当得利并不是一个周全的界定，而只是为了强调沿海国对于该部分海域的取得缺乏法律上的根据。

们认同《公约》第三次会议所确定的权利分配,认为其是适当且公平的,那么固定的界限将是对这种分配合理性及公平性的保留。①

三、《公约》解释论下对海洋权利保留的认识

既然海洋权利的保留具有合理性,那么在当前的基线法律制度下,除了通过物理手段加固海岸线,是否真的无法保护面临海平面上升而受威胁的国家的利益?尽管基线委员会承认了基线具有流动性,但从上述的分析中也可以看出,在"变动的基线"理论下,小岛屿国家的海洋权利将会遭受巨大减损的威胁,也可能因其局限性引发资源的浪费、地区冲突等问题。因此,无论是从小岛屿国家利益出发,还是从国际社会秩序出发,如果能够通过对《公约》解释的方法保留现有的海洋权利,都将是有益的。事实上,现有的《公约》并未明确基线的可流动性,甚至在第 7 条第 2 款提出了特殊情况下"冻结基线"的方案,因此针对这一问题,还存在对《公约》解释的空间。《维也纳条约法公约》第 31 条的规定通常被视为条约解释的通则——规定了诸多条约解释的方法,如文义解释、目的解释和系统解释等。② 从这一视角出发,可以探

---

① David D. Caron, p.648.

② 《维也纳条约法公约》第 31 条:"一、条约应依其用语按其上下文并参照条约之目的及宗旨所具有之通常意义,善意解释之。二、就解释条约而言,上下文除指连同弁言及附件在内之约文外,并应包括:(甲)全体当事国间因缔结条约所订与条约有关之任何协定;(乙)一个以上当事国因缔结条约所订并经其他当事国接受为条约有关文书之任何文书。三、应与上下文一并考虑者尚有:(甲)当事国嗣后所订关于条约之解释或其规定之适用之任何协定;(乙)嗣后在条约适用方面确定各当事国对条约解释之协定之任何惯例;(丙)适用于当事国间关系之任何有关国际法规则。四、倘经确定当事国有此原意,条约用语应使其具有特殊意义。"

讨海洋权利的保留是否存在国际法上的理论依据？

（一）文义解释

首先值得注意的是，现有《公约》有关海洋地物和基线的定义都与地理特征存在紧密联系。在《公约》体系下确定某一海洋地物的属性时，条文内容都提及了其与海平面的关系，无论是"四面环水并在高潮时高于水面"的岛屿，①还是"低潮时四面环水并高于水面但在高潮时没入水中"的低潮高地，②并且《公约》强调了"自然形成的陆地区域"这一要素。由此可见，《公约》所暗含的前提是海洋地物属性的确定有赖于其是自然形成的，强调地理特征的作用。在这种情况下，如果发生因海平面上升导致"消失的岛屿"的情形，依照《公约》字面所确定的判断标准，即由于其已经没入水面，无法再被定义为《公约》下的岛屿。

但是，必须考虑到，海平面的上升并非仅仅是自然作用的结果，其中人为因素的影响不可忽视。如果按照自然作用的发展规律，海平面在本世纪内不会发生如此显著的上升，事实上其变化的异常和不确定性与人类活动息息相关。无论是《公约》定义下的岛屿，还是低潮高地，都是"自然形成的"，并没有考虑到"自然消失的"或者"因人为因素消失的"海洋地物的属性问题。因此，从严格意义上来讲，"消失的岛屿"在形成当时也是符合岛屿定义的。人为因素的影响应当被考虑进对《公约》的解释中。如果人工炸礁所形成的低潮高地这类在人工干预下形成的产物不应被纳入低潮高地的定义，那么因海平面上升而导致的"消失的岛屿"

---

① 《公约》第 121 条。
② 《公约》第 13 条。

也不应被理所当然地认为不符合岛屿的定义，①相应地，其海洋权利仍存在被保留的可能。

（二）目的解释

首先，《公约》作为一项法律所要建立的应当是一种稳定的法律秩序。《公约》之所以对岛屿、岩礁、低潮高地等海洋地物以及领海、毗连区、专属经济区等海洋区域进行描述或定义，目的就在于通过法律规定的形式对不同海洋地物以及海洋权利做出严格区分以及规范。这种规范应当具有现时的稳定性，并为当下的区分作指引，而不应将过去或未来可能的变化考虑在内。② 从这个角度来看，海洋权利似乎很难保留。但需要考虑的是，如果领海基线或者海洋权利的外部界限通过规则的方式被确定下来，同样也可以获得法律上的稳定性，而且与其在"变动的基线"理论下使得沿岸低潮线不断发生变动，各国反复修改海图数据，固定基线将显得更加稳定且高效。

其次，《公约》应当避免激化沿海国在海洋权利上的冲突。《公约》在序言部分就指出，这种法律秩序的目的应当是"在妥为顾及所有国家主权的情形下……便利国际交通和促进海洋的和平用途，海洋资源的公平有效的利用，海洋生物资源的养护以及研究、保护和保全海洋环境"，并且"各海洋区域的种种问题都是彼此密切相关的，有必要作为整体加以考虑"。③ 海洋具有天然的国际性，如果不对因海平面上升而减少的海洋权利进行保留，海洋

---

①　白续辉：《领海基点保护视角下岛礁灭失国际法问题探析》，《社会科学辑刊》，2017 年第 6 期，第 105 页。

②　David D. Caron，p.644.

③　参见《公约》序言。

资源将无法被公平且有效地利用。当"消失的岛屿"越来越多、形势越来越严峻,可能导致海洋秩序的混乱和因海洋权利而起的冲突的激化,这是各沿海国都不希望发生的,也不会是《公约》制定者的初衷。

最后,国际海洋法法庭承担了解释《公约》的任务。[①] 如果在未来出现针对"消失的岛屿"而引发有关海洋权利的争议,当《公约》仍未对该问题做出规制的情况下,国际海洋法法庭的法官应当对《公约》内容做出解释以避免出现混乱和冲突激化的情形。[②]尽管当前尚无类似的案例发生,但从以往有关领海基线确定的案例中可以推断,法官在确定领海基线时考虑到了一国的地理要素及航行安全的目的。如《公约》产生之前由国际法院于1951年12月18日对英挪渔业案做出的判决,[③]由于挪威的沿海地理情况十分复杂,分布的岛屿星罗密布,形成了所谓的"石垒"。据挪威政府估计,由大大小小的岛屿构成的"石垒"的数量约为12万,[④]因此,挪威采用的是类似当前直线基线的划法,而当时普遍采用的测量领海宽度的基准是低潮线,国际法院也承认这是对沿海国最有利的标准,并清楚表明领海是陆地领土的附属领土。[⑤]如果按照严格的低潮线,整个海岸线将十分破碎,不断地被打开凹痕进而向内陆渗透,有着无数巨大的、深深的锯齿状峡湾。尽

---

① 参见《公约》第 286 条。

② 白续辉:《领海基点保护视角下岛礁灭失国际法问题探析》,《社会科学辑刊》,2017 年第 6 期,第 105 页。

③ 英挪渔业案的争议焦点包括直线基线的划定方法是否有效、是否构成历史性水域等等。这里引用该案例主要是为了说明在《公约》确定以前,法官在裁判中就将沿海国地理要素及航行安全考虑作为判定领海基线的依据,因此如果要判断海平面上升情形下的基线是否可以被保留,这些因素也应当通过目的解释的方式纳入考量。

④ *Fisheries Case*, p.127.

⑤ *Fisheries Case*, p.128.

管当时并没有直线基线规则的概念,国际法院最终考虑到挪威特殊的地理情况,认为这些"石垒"也构成了挪威陆地的一部分,认可了挪威所采用的基线划定方法。因此,如果出现"消失的岛屿",或仅仅只是作为划定重要基线的岛屿正逐渐退化为低潮高地等情形时,也可以参考国际法院在英挪渔业案中的判决。即使是"石垒"这样存在海域覆盖的部分也可以被视作是陆地的一部分,扩大了沿海国在此的基线范围,那么原本就是一国领海基线范围内的陆地及海域同样可能因此保留海洋权利。[①]

（三）体系解释

对《公约》的解释还应当联系上下文,作同一解释。事实上,不管是规定正常基线的《公约》第 5 条,还是规定直线基线的《公约》第 7 条,都未明确当海平面上升等这类特殊情况发生时基线应当做出何种调整。但《公约》第 7 条第 2 款事实上为保留海洋权利提供了一种可能性。根据该条规定,在海岸线非常不稳定的区域,就算低潮线在将来发生后退现象,该直线基线仍然有效。尽管有观点认为该例外仅适用于三角洲和其他自然条件所致的海岸线非常不稳定的情况,如孟加拉国因受洪水、季风降雨、气旋风暴和潮汐激增等影响存在海拔变化不稳定的三角洲,但它至少为今后固定基线适用情形的扩大提供了参照可能。[②]

----

① 在英挪渔业案之前并没有直线基线的划定方法,而是以沿海国海岸线为标准作为领海的起点。国际法院在做出裁判时考虑到"石垒"的存在,认为这一部分海域获得了"历史性逐渐巩固"(historical consolidation),认可了所谓直线基线的划定方式。举重以明轻,"消失的岛屿"在被海平面所淹没之前,这部分陆地或海域就类似"石垒"及其周围海域,同样可能被认可。

② "Baselines", para. 26, in R. Wolfrum (Ed.), The Max Planck Encyclopedia of Public International Law, Oxford University Press, 2008, online edition, www.mpepil. com, visited on 2019-12-08.

另外,对比《公约》第 16 条第 2 款[①]有关领海基线海图的地理坐标表的规定与第 76 条第 9 款[②]有关大陆架海图和地理坐标表的规定发现,区别在于对大陆架外部界限的规定中要求这种海图和有关情报应当是"永久标明"的。由此,即使是海平面上升,大陆架的外部界限也不会因此发生改变。从这两处条文在这一点上的差异得出的基线是变动的、海洋权利可能因此发生减损的结论,事实上也可能引发当前条文规定之间的矛盾。因为按照"变动的基线"理论,如果"消失的岛屿"被彻底淹没,则其将失去全部领海,也不再存在陆地区域。由此,被淹没的岛屿是否仍然拥有依附陆地领土自然延伸而形成的大陆架也成了未知数,更别提大陆架外部界限是否会发生改变。

第四节　海洋权利面临威胁的沿海国的应对措施

一、小岛屿国家面临"消失的岛屿"的严重威胁

(一)小岛屿国家联盟及其采取的行动

受海平面上升影响最大、威胁最严峻的就是小岛屿国家以及

---

① 《公约》第 16 条第 2 款:"沿海国应将这种海图或地理坐标表妥为公布,并应将各该海图和坐标表的一份副本交存于联合国秘书长。"

② 《公约》第 76 条第 9 款:"沿海国应将永久标明其大陆架外部界限的海图和有关情报,包括大地基准点,交存于联合国秘书长。秘书长应将这些情报妥为公布。"

地势低洼的沿海国，这些国家的经济发展往往跟不上发达国家，因此，承受风险的能力也相对较弱。在气候变化的谈判中，主要因发达国家及工业强国的污染排放引起的海平面上升，其后果却要由众多小国承担，有的甚至是灭顶之灾，这种不公平催生了小岛屿国家联盟（the Alliance of Small Island States，AOSIS）的诞生。①

小岛屿国家联盟成立于 1990 年日内瓦第二次气候大会期间，是一个由小岛屿和地势低洼的沿海发展中国家共同组成的政府间组织。② 它的宗旨是引起人们在关于全球气候变化的讨论中对小岛屿发展中国家（Small Island Developing States，SIDS）的关注。③ 目前已有 39 个成员国以及 5 个属地观察员（包括美属萨摩亚、关岛、荷属安地列斯、波多黎各以及美属维尔京群岛），④ 涵盖了非洲、加勒比、太平洋、亚洲等地区，地理面积约为 77 万平方千米。

作为弱势群体的代言人，小岛屿国家联盟的使命不仅仅是扩大被边缘化的声音，同时也要维护这些国家的利益。尽管它和它所构成的国家一样，在国际舞台上的地位并不瞩目，但就削减温室气体的排放、控制气候变化进程等谈判所做出的努力以及取得的进展是引人瞩目的，如小岛屿国家联盟中的成员国就一直在以

---

① 小岛屿国家联盟（the Alliance of Small Island States，AOSIS）是一个由小岛屿和地势低洼的沿海发展中国家共同组成的政府间组织，成立于 1990 年。可见于其官网：https://www.aosis.org。

② 按照《公约》序言部分的规定，发展中国家的特殊利益和需要将获得倾向性的重视。

③ Official website of AOSIS, at https://www.aosis.org/about/, last visited on 2019-12-14.

④ Observers, at https://www.aosis.org/member-states/observers/, last visited on 2019-12-14.

最强烈的态度主张采取加强的气候行动以实现《巴黎协定》所确定的目标。① 小岛屿国家联盟经常利用其伙伴关系，包括同联合国开发计划署（the United Nations Development Programme, UNDP）和欧洲委员会等，加强在气候谈判中的影响力；还通过帮助成员国汇集资源和扩大其在气候谈判中的集体发言权，为小岛屿国家在国际舞台上发声做出了重要贡献。

2019 年 8 月 8 日，由小岛屿国家联盟主席 Lois Young 向联合国秘书长安东尼奥·古特雷斯（Antonio Guterres）递交的信件中提及了"小岛屿发展中国家一揽子计划"，表达了小岛屿国家联盟成员国主张采取加强的气候行为的强烈渴望：①各国之间及时通过新的以及/或更新的 2020 年全球范围内计划减排的贡献；②各国之间准备并沟通根据自身情况为降低温室气体排放发展而达成的策略、计划及行动；③与主要合作伙伴一道，承诺采取有针对性的时限行动，以促进能源领域的转型，提高短期适应能力以及长期应对气候变化不可避免影响的能力。②

总的来说，上述倡议及承诺构成了小岛屿国家联盟应对气候变化和可持续发展的整体和综合方法，应对海平面上升也是其中的一个环节。但是具体到如何应对这种情境下"消失的岛屿"所面临的海洋权利存留问题，则较少有针对性的对策提出。小岛屿国家联盟所做出的或形成的决议，如《小岛屿发展中国家可持续

---

① SIDS Package — Letter from AOSIS Chair to UNSG, AOSIS/L/No. 12/2019, 8 August, 2019, para. 2, p.3, at https://www.aosis.org/wp-content/uploads/2019/09/SIDS-Package-Letter-from-AOSIS-Chair-to-UNSG.pdf, last visited on 2019-12-14. (hereinafter "*SIDS Package Letter*")

② SIDS Package Letter, para. 5.

发展巴巴多斯行动纲领》①、《小岛屿发展中国家可持续发展毛里求斯战略》②、《小岛屿发展中国家快速行动方式(萨摩亚途径)》③等,涵盖的议题较为广泛,涉及可持续发展的方方面面,气候变化仅是其中的一个部分,如《萨摩亚途径》再次强调了共同但有区别的责任以及各国做出的减排承诺,在法律层面提及了联合国气候变化框架公约缔约方大会在 2015 年 12 月巴黎第二十一届会议上决定通过、并计划于 2020 年起生效及付诸实施的议定书,④以及关于气候变化影响相关损失和损害的华沙国际机制。⑤

(二) 小岛屿国家面对海洋权利减损所采取的实践

值得注意的是,小岛屿国家为应对海平面上升对其海洋权利造成的威胁,正试图通过实践逐渐形成区域性惯例。一方面,以马绍尔群岛为例,它在 2016 年 3 月 18 日通过了一项全新的立法以替代原有的 1984 年《海洋区域声明法案》,对所有的海洋区域

---

① Report of the Global Conference on the Sustainable Development of Small Island Developing States, Bridgetown, Barbados, 25 April-6 May 1994 (United Nations publication, Sales No. E.94.I.18 and corrigenda), chap. Ⅰ, resolution 1, annex Ⅱ.

② Report of the International Meeting to Review the Implementation of the Programme of Action for the Sustainable Development of Small Island Developing States, Port Louis, Mauritius, 10—14 January 2005 (United Nations publication, Sales No. E.05.Ⅱ.A.4 and corrigendum), chap. Ⅰ, resolution 1, annex Ⅱ.

③ 经联合国大会 2014 年 11 月 14 日第 69/15 号决议通过,A/RES/69/15, https://sustainabledevelopment.un.org/sids2014/samoapathway。

④ FCCC/CP/2013/10/Add.1, decision 3/CP.19.

⑤ FCCC/CP/2013/10/Add.1, decision 2/CP.19.

进行了全新的声明。① 同样地，图瓦卢②和基里巴斯③也曾分别于 2012 年和 2014 年通过类似立法，指定新的群岛水域和专属经济区外部界限。另一方面，在 2015 年 7 月 16 日，包括图瓦卢、萨摩亚等在内的波利尼西亚国家及地区的七名领导人在帕皮提联合签署了一份声明，就领土完整性的丧失向全世界发声，该声明号召《联合国气候变化框架公约》的所有成员国：①承认气候变化及其严重影响构成对领土完整、安全和主权的威胁，因现有领土被淹没以及海洋遗产的退化，同样构成对现存的某些岛屿的威胁；②承认根据《公约》确定的被淹没陆地所产生的专属经济区对波利尼西亚国家及地区的重要性，并且根据《公约》永久地确定基线，而不考虑海平面上升因素的影响。④ 2018 年 3 月 2 日，八名太平洋岛国领导人出席了第二届瑙鲁协议成员国领导人峰会，这些国家包括马绍尔群岛、帕劳、瑙鲁、萨摩亚及图瓦卢等受海平面上升威胁严重的地区。⑤ 他们在

① Act No. 13 of 2016，available at：http：//www.uaorg/depts/los/LEGISLATI ONANDTREATIES/PDFFILES/ DEPOSIT/mh_mzn120_2016_1.pdf，last visited on 2020-02-27.

② Declaration of Archipelagic Baselines 2012，LN No. 7 of 2012（Tuvalu），available at：http：//www. un. org/depts/los/LEGISLATIONANDTREATIES /PDFFILES/tuv _ declaration_archipelagic_baselines2012_1.pdf，last visited on 2020-02-27.

③ Baselines around the Archipelagos of Kiribati Regulations，2014，available at：＜ http：//www. uaorg/depts/los/LEGISLATIONANDTREATIES/PDFFILES/KIR _ 2014_archipel_baselines_regulations.pdf，last visited on 2020-02-27.

④ The Taputapuatea Declaration on Climate Change，signed by the leaders of French Polynesia，Niue，Cook Islands，Samoa，Tokelau，Tonga and Tuvalu，available at：http：//www.presidence.pf/files/Polynesian_PACT_EN_15-07-15.pdf，last visited on 2020-02-27.

⑤ The Commitment was signed in Majuro in the Marshall Islands on 2 March 2018 by the heads of State or their representatives of The Federated States of Micronesia，Republic of Kiribati，Republic of the Marshall Islands，Republic of Nauru，Republic of Palau，Independent State of Papua New Guinea，Solomon Islands and Tuvalu.

马绍尔群岛的马朱罗签订了一份承诺书,该承诺书承认了这些国家当前面临的挑战来自其独特的脆弱性以及由于海平面上升的影响对海洋边界完整性造成的威胁,并同意寻求根据《公约》所定基线的法律认可,无论海平面上升的影响如何,这些基线都将永久保持不变。①

由此可看出,无论是各国单方面地声明或公布其领海基线或海洋权利外部界限,还是小岛屿国家之间联合签署声明或承诺书,它们的意图是十分明显的:一方面为了表明受当前海平面上升和气候变化影响,其基线和外部界限都受到了影响,使得海事管辖范围的空间状态陷入不稳定,对行政执法增加了不利影响;②另一方面也在试图形成一种区域性的国家惯例,至少是在太平洋区域。一项规则如果要成为习惯国际法,必须同时具备国家实践(State practice)以及法律确信(opinio juris)。国际法院在北海大陆架案中反复强调了"利益受到特别影响的国家"(States whose interests are specially affected)的实践在习惯国际法的形成中具有重要作用,③而这些位于太平洋沿岸的小岛屿国家是最容易受到海平面上升的影响、最容易损失领土的,显然属于"利益受到特别影响的国家"。因此,它们的实践应当成为一项新的习惯国际法形成中的重要考虑因素。④

---

① The Delap Commitment on Securing Our Common Wealth of Oceans — reshaping the future to take control of the fisheries, para. 8.

② D. Freestone, C. Schofield. "Republic of the Marshall Islands: 2016 Maritime Zones Declaration Act: Drawing Lines in the Sea." (2016) 31 *International Journal of Marine and Coastal Law*, pp.720—746.

③ *North Sea Continental Shelf Cases*, paras. 73—74.

④ 比如在 200 海里的专属经济区这一规则的形成过程中,由于包括智利、秘鲁等在内的拉丁美洲沿海国大陆架普遍极为狭窄。它们便主张 200 海里的专属经济区,形成了广泛的国家实践,这些"利益受到特别影响的国家"的实践在规则形成的过程中起到了重要作用。

二、现有制度下保留海洋权利的应对措施

（一）巩固海洋边界线与有计划撤退

对于小岛屿国家来说，意识到海平面上升以及气候变化的紧迫性，它们已经在采取相关措施应对这种变化。这些应对措施是多维度的。按照时间阶段来说，可以划分为事前预防措施、事中减损措施和事后补救措施；按照方法手段来说，可以划分为技术层面措施和法律层面措施等等。这些维度之间存在一定的交叉重叠，但综合来说，技术层面措施是在法律层面措施暂时无法落实的情况下的一种预防手段，而法律层面的措施则是为技术层面措施提供的一条制度后路。在不改动现有基线制度的情况下，小岛屿国家为保护现状可以采用的应对措施主要包括：①加强防护（defend）；②有计划地撤退（planned retreat）。[1] 前者主要是针对现有的海岸设施，包括对堤坝、港口等进行加固增高或新建，以及对作为重要基点的低潮高地、岛屿等进行防护，属于一种积极主动的策略；②而后者主要是指将沿海地区居民有计划地向内陆区域迁移，同时不排除在极端情形下购置新国土举国移民，属于一种认为海平面上升将不可避免地带来土地面积缩减的消极对策。

以上措施的优点是显而易见的，它们在《公约》现有框架下即可得到实现，存在的争议较小。以海岸线保护为例，最常见的手段即为人工添附或岛礁建设，尽管采取实质性的建设行为可能对其他国家造成负面影响，进而可能引发独立的责任问题，但由于对海岸线的保护往往只聚焦于几个重要基点而不是整个海岸，完

---

① Clive Schofield, David Freestone, p.20.
② Clive Schofield, p.411.

全是符合《公约》的行为,因此是一种争议最少的选择。① 实践中也存在许多类似情况,如日本花费巨资在冲之鸟礁石周围种植珊瑚、构建钢筋混凝土块围挡等措施来增加其规模和高度,马尔代夫围绕首都马累修建防护海墙,以及荷兰大面积的填海造地项目。② 事实上,荷兰通过人工添附手段所获取的国土面积高达1/6,但这种行为也并未引起国际社会的广泛谴责。③ 由此可见,通过这种手段保护原有海岸线的争议较小。但值得注意的是,如果通过人工添附或者岛礁建设的手段对岛屿进行扩建,大面积地增加原有土地面积,则可能带来被认定为"人工岛屿"的风险。根据《公约》规定,人工岛屿只能享有 500 米的安全区,在这种情况下技术手段仍存在极大争议。④

与此同时,这类措施还有一个十分明显的缺点。无论是加强防护还是有计划地撤退,都需要投入大量资金,并且从根本上来说仅仅是对海平面上升所带来的压力的一种缓解,而无法从根本上解决小岛屿国家的忧患,即其对海洋权利保留的愿望。⑤ 但在综合考虑了小岛屿国家联盟成员国的人均 GDP 指标以及人均二氧化碳排放量指标之后可以发现,小岛屿国家的社会发展水平所处阶段不尽相同,大部分小岛屿国家的人均 GDP 水平低于世界平均水平,大量资金的投入以及资源的短缺对于它们来说是不切

① *The Commentary*,para. 40.

② Benjamin K. Sovacool. Hard and Soft Paths for Climate Change Adaptation,(2011) 4 Climate Policy 11,p.1180.

③ Michael Gagain. Climate Change,Sea Level Rise,and Artificial Islands: Saving the Maldives' Statehood and Maritime Claims Through the "Constitution of the Oceans",p.114.

④ 《公约》第 60 条第 5 款。

⑤ Clive Schofield,p.411.

实际的,也无法得到可持续发展的。①

(二) 和平方式和区域性立法

除了技术层面的应对措施外,法律层面的应对措施也是重要的制度保障。但遗憾的是,海平面上升对于海洋权利的影响等问题在《公约》制定当时似乎没有得到强调与重视。因此从法律层面出发,如何对现有制度进行创新和调整将是重点,应当选取怎样的路径对海洋权利进行保留是值得深入探讨的。单就现有的法律层面的措施而言,有包括谈判在内的和平方式、小岛屿国家联盟相关的决议以及国内立法等主要方式。

第一,和平方式解决问题。《公约》本身就是对《联合国宪章》中涉及海洋问题的具体化诠释,②而《联合国宪章》的第 2 条和《公约》第 279 条都明确了各缔约国在处理国际关系问题上应以和平方式解决国际争端,《联合国宪章》第 33 条所指向的和平方式包括了协商、谈判、斡旋、磋商等多种途径。当在现有法律框架下出现因海平面上升而引起划界争议时,最有效且便捷的途径可能是相关国家通过谈判等和平方式解决问题。如果双方达成谈判,应当在划界协定中以文字、地理坐标甚至图表等形式明确标识海洋边界线的位置,从而排除今后因气候变化带来的改变。因为如果仅仅约定划界方法而不对位置加以明确则可能在日后引发争议,如 1980 年多哥同法国的划界协定,以及 1985 年图瓦卢

---

① 张喃、孙振清、何延昆、侯小波:《论小岛屿国家联盟的内部机制——以国际气候谈判立场为分析起点》,《太平洋学报》,2013 年第 21 卷第 5 期,第 90—99 页。

② 《联合国和国际海洋法庭的合作和关系协定》,A/RES/52/251,15 September 1998。

同法国瓦利斯群岛和富图纳群岛的划界协定。①

　　第二,小岛屿国家联盟相关决议解决问题。《联合国宪章》也认同"区域机关或区域办法"应当成为各个国家处理彼此间争端的首选途径,②而小岛屿国家联盟作为小岛屿国家同地势低洼国组成的区域性政府间组织,不仅积极参与有关海平面上升及气候变化的实践活动,而且向联合国提交了多份报告,形成了诸多决议性质的文件,发挥了重要作用。但一方面由于相关决议多为倡导性质,缺少具体的操作指南,也未就海平面上升情境下的海洋权利保护提供明确可行的方案,而是呼吁控制海平面上升、强调各国的责任分配,因此难以落地实施;另一方面,从法律位阶上来看,其仅为联合国决议性质文件,因此对成员国的约束有限,难以进行广泛且深入的实践。

　　第三,国内立法解决问题。《公约》并不禁止国内立法对海洋相关的内容做出规定,相反,国内立法的规定是对《公约》规则的履行及国家实践。③ 就世界范围来看,制定了与海洋相关的法律法规的国家大多为发达国家,如美国形成了由《海岸气候变化适应》《水下土地法》《海岸带管理法下的沿海合作联邦制》《加利福尼亚州海岸线法》等法规组成的由国家到地方政府共同负责的管

　　① 黄哲东:《气候变化趋势下海洋边界线位置面临的问题及应对》,《华东理工大学学报》(社会科学版),2019 年第 4 期,第 81 页。转引自:Office for Ocean Affairs and the Law of the Sea, The Law of the Sea, Maritime Boundary Agreements (1970—1984). New York: United Nations,1987,pp.273—275;United Nations,Exchange of Notes Between France and Tuvalu Constituting an Agreement concerning Provisional Maritime Delimitation Between the Two Countries,6 August — 5 November 1985. http://www.un.org/Depts/los/LEGISLATIONANDTREATIES/PDFFILES/TREATIES/ FRA-TUV1985MD.PDF, visited on 1 May 2019.

　　② 《联合国宪章》第 33 条以及第 8 章。

　　③ 马博:《海平面上升对小岛屿国家的国际法挑战与应对——"中国—小岛屿国家"合作展望》,《国际法研究》,2018 年第 6 期,第 57 页。

理模式,澳大利亚制定了《新南威尔士海岸保护法》《昆士兰海岸保护与管理法》等以海岸为保护核心的法律法规。[1] 这些对于小岛屿国家来说或许是一种启示,相应的国内立法实践可能将更有利于规范或解决包括岛礁建设在内的当前海洋权利保护中的具体问题。

三、完善制度以保留海洋权利的路径选择

保留海洋权利有其合理性和必要性,海平面上升委员会也认为,就这一问题逐步提出发展国际法的建议是适当的。与此同时,通过技术手段进行应对对于资金有所要求,而绝大多数小岛屿国家无法投入大量的资源和资金来维系其海洋权利。因此,为了保留现存的海洋权利,至少让其得到暂时保留,对法律制度进行创新设计将更具有广泛性和指导性。海平面上升委员会提出了两种可能的逐步发展的路径:一种是对当前的基线进行固定;另一种是对现有的海洋权利外部界限进行固定。

(一)冻结领海基线

第一个可能的路径是冻结现有的领海基线,包括正常基线和直线基线。对于正常基线,选择当前为沿海国官方认可的海图所确定的基线并以此固定下来;对于直线基线,以现存重要基点连线所形成的直线基线进行固定。[2] 大多数观点认为,海图上所显示的基线有可能出现偏离实际的情况,这为海平面上升情境下固

---

① 李梦琦、王慧:《域外国家沿海地区适应海平面上升的法律保障机制及启示》,《浙江海洋大学学报》(人文科学版),2018 年第 35 卷第 5 期,第 1—7 页。

② Clive Schofield,p.413.

定领海基线提供了可能。① 一方面,《公约》并没有强制要求沿海国公布或通知其正常基线,《公约》第16条第2款所要求"妥为公布"仅仅是根据第7条、第9条以及第10条作出的直线基线。由此推断,正是由于正常基线受海岸线影响较大从而存在频繁变化的可能,故并未要求其同样被妥为公布。另一方面,在前文所述基线委员会有关实际沿岸低潮线和法律意义上的沿岸低潮线的讨论以及美国的实践中已经发现,二者是相脱离的,即海图上所显示的线与实际的线有出入。

也确实存在着一些国家,它们认为海图所确定的线就应当是海洋权利的最终界限,比如荷兰国防部在2009年12月22日发表的声明中称:"一旦海岸线为海图所确定,任何实际海岸线的改变都不会带来任何影响",②但基线委员会认为这是非常极端的国家实践。③ 学界的观点也通常与之相反,即海图是不能反映处于变化中的正常基线的。这或许也是冻结领海基线这一路径所面临的最大障碍,即如何解决该法律意义上确定的基线同地理意义上处于客观变化中的基线之间的矛盾。冻结领海基线的方式还存在另一障碍,即官方认可的海图取决于沿海国的选择,直线基线也需要通过海图标出并由沿海国公布,即使一国对其领海基线进行了固定,这种通过国内法进行的固定是否具有国际法上的意义也存在争议。④ 别国可能将此视为过度海洋主张的行为,⑤

---

① David D. Caron, p.634.

② *Baselines Committee Sofia Report*, p.413, line 21.

③ *Baselines Committee Sofia Report*, p.413, line 22.

④ Clive Schofield, p.413.

⑤ 如美国就经常以直线领海基线同《公约》所反映的习惯国际法不一致为由挑战别国的主张。目前,世界上至少有100个国家划定了直线基线,美国认为很大一部分并不符合习惯国际法,从而对其中28个国家和地区的主张发起了挑战。

Hayashi 就曾表达过对于固定那些违反《公约》规则所确定的、可能构成过度主张的基线的担忧。[1]

由此可见，冻结领海基线的优点在于：各沿海国界定基线以及海洋权利的图表将继续有效，而无需重新测定或绘制；即使海平面上升导致沿海国领土或基点消失，现有的海洋权利也将继续保留；盲目投入大量资源保留基线的行为将减少；当前法律下根据《公约》对海洋权利进行分配的现状(status quo)将得以维持；沿海国受气候变化的影响将减少。其缺陷在于：如果根据基线委员会得出的"流动的基线"的结论，沿海国选择维持的是一条不再反映实际低潮线位置的法律基线，其中的矛盾并未解决；随着海平面的上升，那些产生海洋权利的海洋地物会被淹没，但权利依然存在，突破了"陆地统治海洋"的原则；考虑到新形成的较浅水域可能对航行安全构成危险，沿海国仍然需要对海图进行更新；在固定领海基线的情况下，公海面积将不会随着海平面的上升而扩大，这可能不利于全球公共利益。[2]

（二）冻结海洋权利的外部界限

第二个可能的路径是冻结海洋权利的外部界限，它的确定标准是当前《公约》所确定的各海洋权利的范围，即从基线开始测算进而确定的领海、毗连区、专属经济区等。一方面，在这种情况下不需要考虑正常基线的流动性，也就不需要考虑法律意义上确定

---

[1] M Hayashi. "Sea Level Rise and the Law of the Sea — Future Options." in: D Vidas and PJ Schei（eds）, *The World Ocean in Globalisation: Challenges and Responses*. Boston/Leiden: Brill/Martinus Nijhoff, 2011, p. 196.（hereinafter "*Hayashi*"）

[2] International Law and Sea Level Rise, 78 Int'l L. Ass'n Rep. Conf. 866 (2018), p.882.

的基线同地理意义上处于客观变化中的基线之间的矛盾;另一方面,海洋划界一旦通过协议确定就不会因地理要素改变而改变,除非双方当事国通过协议方式对其进行了改变。① 因为两国之间的海洋界限一旦通过协议确定,②除非协议发生改变,否则应当遵守协议内容。③ 当客观情势变更时,协议可以被终止或退出,但《维也纳条约法公约》第 62 条第 2 款也规定了例外情形,划界协定就是其中之一。然而当海平面上升时,海洋划界协定是否被包括在该条之内是存在争议的,有观点认为海洋划界协定同样是对当事国边界的划定,不应作为终止或退出该划界协定的理由;④也有观点认为各方都无法预见海平面的上升,应当视情势进行变更。⑤ Lisztwan 在对《维也纳条约法公约》的缔约文本进行研究后,认为成员国倾向于将海洋边界列入第 62 条第 2 款的边界例外之中,因此她得出结论———一国不能将海岸线的变动作为终止海洋划界协定的理由。⑥

　　海平面上升委员会的大部分成员支持对海洋权利的外部界限进行固定,如 Soons 提议通过建立一项新的习惯国际法以允许沿海国在海平面上升情境下保持其海洋权利外部界限;⑦Caron

---

① Clive Schofield,p.414.

② 《公约》第 74 条、第 83 条。

③ 《维也纳条约法公约》第 26 条。

④ International Law and Sea Level Rise, 77 Int'l L. Ass'n Rep. Conf. 842 (2016), p.861, citing: A Aust, Modern Treaty Law and Practice, 3rd edn, Cambridge University Press, 2013, p.264.

⑤ International Law and Sea Level Rise, 77 Int'l L. Ass'n Rep. Conf. 842 (2016), p. 861, citing: Caron, Climate Change, Sea Level Rise and the Coming Uncertainty in Oceanic Boundaries: A Proposal To Avoid Conflict, pp.13—14.

⑥ International Law and Sea Level Rise, 77 Int'l L. Ass'n Rep. Conf. 842 (2016), p.861, citing: Lisztwan, Stability of Maritime Boundary Agreements, p.189.

⑦ Alfred Soons. "The Effects of a Rising Sea Level on Maritime Limits and Boundaries."37(2) Netherlands International Law Review, p.231.

早前就认为仅仅出于保护海洋利益的需要而通过物理手段防御基点将带来资源的浪费,[1]同时建议为解决低效率和矛盾冲突的问题应当永久地固定海洋边界;[2]Rayfuse 认为应当冻结外部界限,因为这会有助于提升《公约》在海洋治理中和平、稳定、确定、公平的目标。[3] 但 Schofield 和 Arsana 认为应选择的路径是对正常基线法律意义上的固定,与此同时,海洋区域的边界由此产生并得以确定。[4] 持类似观点的还有 Hayashi,他认为通过冻结基线的方式进而将海洋权利的外部界限加以固定有很多优点,主要是不对现有的领海、专属经济区宽度的规则进行改变。[5]

由此可见,冻结海洋权利外部界限的优点有:沿海国能够保留现有的对海洋区域及空间的主张;沿海国将不再为保留海洋权利的目的而盲目投入大量资源,以保留重要自然特征;现有的基线制度将不会被改变,基线可以移动以反映海平面上升的物理现实;沿海国受气候变化的影响将减小。当然,这种方式也存在着重大缺陷:维持外部界限同时允许基线发生后退改变,这意味着沿海国的海洋权利最大范围可能超出《公约》所规定的 200 海里,这对领海、专属经济区等的宽度都会产生影响,从而与《公约》规定发生冲突;对于海员来说,他们需要时刻注意沿海国的领海处

---

① David D. Caron, p.621.

② David D. Caron. "Climate Change, Sea Level Rise and the Coming Uncertainty in Oceanic Boundaries: A Proposal to Avoid Conflict." in: Seoung-Yong Hong, Jon M. Van Dyke (Eds.), *Maritime Boundary Disputes*, *Settlement Processes*, *and the Law of the Sea*. (Boston/Leiden: Brill/Martinus Nijhoff, 2009), pp.1,14.

③ Rayfuse. *Sea Level Rise and Maritime Zones*: *Preserving the Entitlements of "Disappearing" States*, p.191.

④ Clive Schofield. "Andi Arsana. Imaginary Islands? Options to Preserve Maritime Jurisdictional Entitlements and Provide Stable Maritime Limits in the Face of Coastal Instability." 6th *IHO-IAG ABLOS Conference*, 25—27 October 2010, p.6.

⑤ Hayashi, pp.196—197.

于变化之中,这将不利于航行。此外,同固定领海基线一样,这种方式同样可能阻止公海扩张。①

(三) 两种选择的比较

无论是冻结领海基线还是冻结海洋权利外部界限,它们都同时存在着优点与缺陷,也都是保留海洋权利的可行方案,但这两种方案之间仍然存在一些区别。

第一,冻结时的依据不同。两种冻结都是对当前现状的冻结,冻结领海基线的参照是沿海国认可的海图,而冻结海洋权利外部界限的参照是在基线基础上向公海一侧延伸的海域范围。相对来讲,领海基线的冻结侧重于对"线"本身的保护,而外部界限的冻结侧重于对"权利"的保护。考虑到基线本身同地理意义上的沿岸低潮线之间的复杂关系,对权利进行保护将更好地实现逻辑自洽。

第二,产生的法律后果不同。由于基线同海洋权利之间存在一种动态的联系,这种法律后果的不同影响也更为明显。在冻结领海基线的情况下,随着海平面的上升,原本的陆地区域被淹没,根据《公约》的定义,领海基线以内部分的水域为内水或视作内水,这样一来,被淹没部分的水域就将从原来的陆地变为内水。尽管内水的面积增加了,但考虑到其深度较浅,通常情况下不可通航,这种冻结更多意义上是对原有权利的保留。② 在冻结海洋权利外部界限的情况下,随着海平面的上升,沿岸低潮线发生了

---

① International Law and Sea Level Rise,78 Int'l L. Ass'n Rep. Conf. 866 (2018),p.883.

② International Law and Sea Level Rise,78 Int'l L. Ass'n Rep. Conf. 866 (2018),p.881.

变化。由于基线未被固定而只固定了外部界限，而基线又会发生退缩，导致的后果将是领海、毗连区、专属经济区等的宽度会增加，被淹没部分的水域事实上将从原来的陆地变为领海。从这个变化过程来看，冻结外部界限显然十分不合理，因为这会导致一国领海的宽度可能不再是 12 海里，专属经济区也不再是 200 海里，而是随着海平面的变化始终发生着改变，这不仅同《公约》的规定相冲突，也与固定边界的初衷相悖。

尽管有人认为海平面上升委员会倾向于选择冻结海洋权利的外部界限，事实上海平面上升委员会当前并未就这一问题做出任何结论。通过上面的讨论可以发现，将变动的基线同海洋权利外部界限相分离，在仅仅冻结外部界限而不对基线进行冻结的情况下，将对《公约》下决定领海或专属经济区宽度的关键条款产生重大影响，这是它的一个明显弊端。委员会在考虑冻结的方式时，重要因素之一就是应当对现有海洋法律秩序造成的影响最小，同时尽可能地减少法律的不确定性，并最终避免各国之间发生矛盾冲突。① 此外，这种冻结的方式对于面临海平面上升受影响的沿海国来说是否具有实际效用，对于未来可能面临这类争议处理的国际法庭和仲裁庭来说是否足够清晰，都将成为做选择时的重要考量因素。② 在孟加拉湾仲裁案中，仲裁法庭得出了在划界中只需要考虑现时所选取的基点是否可行这一结论。③ 这些重要基点位于海岸线上，反映了海岸的大致走向，现时据此对基线加以确定并从而固定划界，将来并不会因海平面上升而改变，

---

① International Law and Sea Level Rise, 78 Int'l L. Ass'n Rep. Conf. 866 (2018), p.882.

② International Law and Sea Level Rise, 78 Int'l L. Ass'n Rep. Conf. 866 (2018), p.884.

③ *Bay of Bengal Arbitration*, paras. 213—215.

这将减小法律的不确定性。这样一来,冻结领海基线或许是一种更为稳妥的路径选择,特别是在领海基线被固定的情况下,海洋权利外部界限也自然而然地被确定了。

从目前的国家实践来看,冻结领海基线的方式也是小岛屿国家的选择。如 2015 年 7 月 16 日,包括图瓦卢、萨摩亚等国在内的波利尼西亚国家及地区的七名领导人在签署的联合声明中提及的"根据《公约》永久地确定基线,而不考虑海平面上升因素的影响"。① 在 2018 年 3 月 2 日由包括马绍尔群岛、帕劳、瑙鲁、萨摩亚及图瓦卢等太平洋岛国的八名领导人签订的承诺书中提及的"同意认可根据《公约》所确定的基线,无论海平面上升的影响如何,这些基线都将永久保持不变"。②

同时值得注意的是,不管冻结哪个边界都可能有这样的风险:当前可能存在一些过度的海洋主张,如一些沿海国基线的确定本身可能是存在违反《公约》情形的,对此进行冻结是否可能成为一种变相的承认。在陆地区域已经被海水淹没的情况下,依然可能因为基线或权利的冻结而拥有内水或领海地域,在某种程度上是否构成了对"陆地支配海洋"原则的突破,这些或许都将成为各国考虑路径选择时的参考因素。

(四) 冻结实现的方式

第一,建立新规则。通过一项新规则把基线或外部边界冻结

---

① The Taputapuatea Declaration on Climate Change, available at: http://www.presidence.pf/files/Polynesian_PACT_EN_15-07-15.pdf, last visited on 2020-02-27.

② The Delap commitment on Securing Our Common Wealth of Oceans — reshaping the future to take control of the fisheries, para. 8.

固定下来，将是一种行之有效的方案，但也需要经过诸多考虑。根据《国际法院规约》第 38 条的规定，具有约束力的国际法渊源主要包括国际条约和国际习惯。如果这项规则要以国际条约的方式确定下来，一种可能的方式是参考当前正处于谈判进程中的国家管辖范围以外区域海洋生物多样性（BBNJ）议题，通过《公约》特殊协定的方式进行规制。在此之前已有 1994 年《执行 1982 年第十一部分的协定》以及 1995 年《执行 1982 年有关养护和管理跨界鱼类种群和高度洄游鱼类种群规定的协定》，它们都是《公约》本身未做出规定，但在实践中又急需规制的内容，同海平面上升情境下"消失的岛屿"海洋权利保护具有相似性，可以通过制定类似的特殊协定以弥补规制的缺陷，但这种谈判的进程可能会十分漫长。[①] 如果要以国际习惯的方式确定下来，将显得更为漫长，因为习惯国际法要求拥有广泛的国家实践以及法律确信这两个要素，而这种"实践"需要达到多长时间，"确信"需要得到多少国家的认可，都是十分模糊的。此外，受海平面上升影响的国家数量在短期内仍十分有限，通过习惯国际法进行规制将显得略微超前。

第二，按照现有规则，主张失去水域的历史性权利。历史性权利或历史性水域本身在《公约》下就是一个模糊的概念，[②]有学者认为可以通过对历史性权利的主张保护海洋权利，"对历史水域原则作更广泛解释，要求沿海国在一段时间内公开持续行使其

---

① 李学文、张克宁：《海平面上升情形对海洋法的影响及中国南海权益维护》，《中国海商法研究》，2017 年第 28 卷第 3 期，第 47 页。

② 《公约》下并无"历史性水域"（historic water）的概念，仅在第 10 条第 6 款中使用了"所谓'历史性'海湾"（so-called "historic" bays）的措辞。

在相关区域的先前权利,同时不招致别国的反对。"[1]但考虑到历史性水域通常被视作一国内水,在英挪渔业案中,国际法院也确认了英国将历史性水域适用于领海范围的行为违反了国际法。[2]当海平面上升致使原有陆地区域被淹没,这一部分淹没水域的性质需要分情况讨论。在固定基线的情形下,这一部分水域可以被视为内水;但在固定外部边界的情况下,这一部分水域将作为领海甚至毗连区或专属经济区等,此时仍作为历史性水域主张权利就将显得不太合适了。

第五节　本章小结

海平面上升是一个漫长持续且始终处于变动的过程,尽管尚未在全球范围内造成严重的后果,但它所带来的影响和威胁已经引起了全球范围的关注。这绝不仅仅是一个自然环境层面的问题,国际法层面同样有必要对此做出回应。海平面上升所带来的法律后果包括:小岛屿发展中国家以及其他地势低洼地区所面临的土地丧失、人口迁移,以及因沿岸低潮线的退缩和重要基点的沉没导致的海洋权利的减损,甚至最终威胁岛屿生存等等。而这些情况在现有的《公约》或国际法中并没有被充分考虑。当前

---

① 冯寿波:《消失的国家:海平面上升对国际法的挑战及应对》,《现代法学》,2019 年第 41 卷第 2 期,第 191 页。转引自 J. Grote Stoutenburg. "Implementing a New Regime of Stable Maritime Zones to Ensure the (Economic) Survival of Small Island States Threatened by Sea-Level Rise." *The International Journal of Marine and Coastal Law*, 2011 (26), p.282.

② *Fisheries Case*, p.96.

小岛屿国家所采取的技术性应对措施并没有直接引起国际法律规范的适应性调整，反而暴露出当前基线制度存在的局限性。本文就海平面上升情境下"消失的岛屿"的海洋权利进行研究，正是对上述问题的回应。针对导言部分所提出的问题，本书在分析后得出如下主要结论。

按照现有《公约》下的基线制度，基线是变动的，将随着海平面的上升而发生移动。但这一"变动的基线"理论存在局限性，最直接的影响就是海洋权利将随领海基线的退缩而遭受减损，这将进一步驱使沿海国对专属经济区内的资源争夺，使沿海国在投入大量资源以保护基线的行动中造成浪费，同时导致海域边界陷入不确定进而可能引发冲突。由此，考虑到小岛屿国家所面临的生存威胁，从价值取向以及法律解释两个方面衡量了保留海洋权利的合理性和合法性，认为应当对小岛屿国家的海洋权利进行保留。具体到海洋权利保留的方式，可以通过冻结领海基线或冻结海洋权利的外部界限的方式得以实现，二者的冻结依据和法律后果不同，其中冻结领海基线的方式对现有《公约》的影响更小，也已有部分国家实践。冻结如果要获得国际法上的认可，可以通过建立新规则或按照现有规则主张失去水域的历史性权利等方式实现，如通过特殊协定的新规则得以弥补现有规则的缺陷，或在冻结基线情况下主张历史性权利等。

小岛屿国家的海洋权利保留如果不能得到妥善的处理，随之而来的边界纠纷和海洋权益争端势必会对地区稳定造成不良影响。这些小岛屿国家大多是发展中国家，其国家权益存续及可持续发展的意义不容小觑。国际社会应当尊重《联合国宪章》及《公约》下和平与发展的主题，为小岛屿国家的海洋权利保留及其生存发展提供国际法层面的支持。

第三章

油气资源与海洋划界：加纳与科特迪瓦海洋划界争端案

第一节　案情与争端焦点

作为非洲西部的两个邻国，科特迪瓦和加纳两国均濒临大西洋(图 3-1)。历史上，两国分别为英国和法国的殖民地，后分别获得民族独立。1968 年，加纳为了开发大西洋沿岸海域的油气资源，陆续展开油气资源勘探活动，并且将沿岸海域划分为 12 个

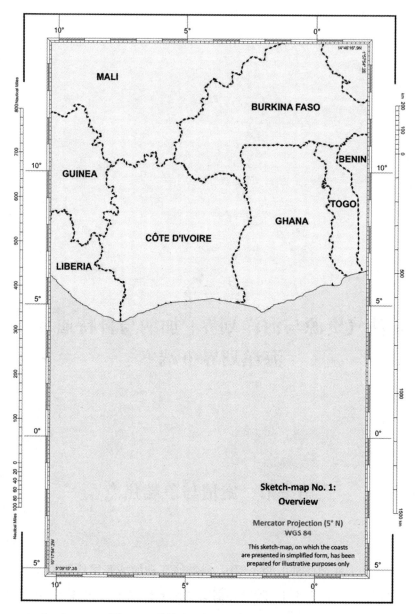

图 3-1　科特迪瓦与加纳海洋划界图示

区块。[①] 1970 年,科特迪瓦认同了加纳的行为。2007 年,由于两国毗邻海域发现了丰富的石油资源,进而引发了两国的海洋划界争端,打破了两国在海洋边界上的宁静。自 2018 年起,加纳与科特迪瓦之间的海洋划界争端日益激烈,其主要原因是在争议海域发现了更加丰富的石油资源。加纳认为,基于等距离线的石油区块的西部边界构成两国默示协议的边界,而科特迪瓦所采取的措施损害了加纳的合法海洋权益。2014 年 9 月 19 日,加纳依据《公约》附件七提交国际仲裁。[②] 然而,2014 年 12 月 3 日,两国经协商将争端转提交国际海洋法法庭,组成特别分庭,审理两国的海洋划界争端。

从两国向特别分庭提交的请求来看,争端的焦点是两国之间是否存在海洋划界的默示协议,然而,争议的实质是有争议海域存在储量丰富的石油资源。因为两国都对该油气资源垂涎三尺。在该案中,科特迪瓦认为,争议海域的油气资源位置属于一个相当重要的"特殊情况",因为这决定着科特迪瓦能否得到公平分享的海洋权利。[③] 特别分庭认为,依据以往的国际海洋划界判例,制约海洋划界的主要因素应该是相关海岸的地理特征,而不是所谓分配公平的方法。[④] 只有在极端情况下,如缅因州案,海洋划界可能引

---

① See Dispute Concerning Delimitation of the Maritime Boundary between Ghana and Côte d'Ivoire in the Atlantic Ocean (Ghana /Côte d'Ivoire), Judgment,ITLOS,no. 23, 2017, p.11, para. 11.

② See Dispute Concerning Delimitation of the Maritime Boundary between Ghana and Côte d'Ivoire in the Atlantic Ocean (Ghana /Côte d'Ivoire), Judgment, ITLOS, no. 23, 2017, p.13, pare.1.

③ International Tribunal for the Law of the Sea, Dispute Concerning Delimiation of the Maritime Boundary between Ghana and Côte d'Ivoire in the Atlantic Ocean (Ghana/Côte d'Ivoire), menorial of Ghana, Hamburg: ITLOS, 2017, p.124, para. 440.

④ 闫朱伟:《加纳和科特迪瓦大西洋海洋划界案述评》,《浙江海洋大学学报》(人文科学版),2018 年第 2 期,第 17 页。

发相关国家人民的生计和经济福祉,而且会带来灾难性影响,才能会考虑地理因素以外的"相关情况"或因素,诸如石油资源的位置。

加纳强调,其与科特迪瓦之间存在着单一海洋边界线。该边界线能够划定两国之间的领海、专属经济区和大陆架以及 200 海里以外的大陆架的界限,而且该边界是固有的,不需要重新划定,只需要宣布即可。而科特迪瓦则声明,科特迪瓦和加纳同意分庭必须确定一个单一的划界线,包括通过划定有关海域的分界线来解决重叠的海域主张。科特迪瓦还认为,加纳在大陆架争议部分的行为违反了国际法、《公约》和2015 年 4 月 25 日关于临时措施的规定。① 对此,加纳认为,科特迪瓦的指控是没有根据的,强调自己的行动始终遵守国际法,并忠实遵守特别分庭 2015 年 4 月 25 日的临时措施的规定。根据双方达成的特别协议,争端涉及加纳和科特迪瓦在大西洋中领海、专属经济区和大陆架的海洋边界的划定。② 根据各方提交的材料,特别分庭对加纳根据《公约》第 15 条、第 74 条、第 76 条和第 83 条提出的关于领海、专属经济区和大陆架划界的主张具有管辖权。加纳认为法律上只有一个大陆架,《公约》第 83 条同样适用于 200 海里以外大陆架的划界。双方同意本案划界的法律适用 1982 年《公约》和与之不冲突的其他国际法规则。③ 科特迪瓦解释说,由于争端涉及 200 海里以

① See Dispute Concerning Delimitation of the Maritime Boundary between Ghana and Côte d'Ivoire in the Atlantic Ocean (Ghana /Côte d'Ivoire), Judgment, ITLOS, no. 23, 2017, p.29, para. 62(3).

② See Dispute Concerning Delimitation of the Maritime Boundary between Ghana and Côte d'Ivoire in the Atlantic Ocean (Ghana /Côte d'Ivoire, Judgment, ITLOS, no. 23, 2017, p.31,para. 63 (7).

③ See Dispute Concerning Delimitation of the Maritime Boundary between Ghana and Côte d'Ivoire in the Atlantic Ocean (Ghana /Côte d'Ivoire), Judgment, ITLOS,no. 23, 2017, p.39, para. 97.

外大陆架的划界，《公约》第 76 条也特别重要。《公约》第 293
条提到与《公约》不相抵触的其他国际法规则。在这方面，习惯
法和判例可以有效地补充《公约》的规定。① 《国际法院规约》第
23 条规定，法庭应依照《公约》第 293 条的规定对一切争端和申
请做出裁决。② 特别分庭认为，双方同意，适用的法律是《公约》
以及与《公约》不相抵触的其他国际法规则。鉴于本争端涉及
200 海里以外的大陆架划界问题，《公约》第 76 条也很重要。③

　　特别分庭必须处理的第一个问题是，双方是否已经通过协议
确定了领海、专属经济区和 200 海里以外的大陆架的海洋边界
线。正如加纳所称，特别分庭需要宣布两国之间存在既定的海洋
边界。或者如科特迪瓦所主张的那样，特别分庭必须就有关争议
海域的划界做出决定以解决重叠的冲突。④ 虽然双方一致认为，
它们没有正式缔结关于共同海洋边界的划界协议，但对它们之间
是否存在商定的海洋边界存在分歧。双方都接受了以等距离线
原则作为划定海洋边界的公平方法，而且在 50 多年的时间里，双
方都承认并尊重其边界是沿着一条等距离线。加纳将这条线称

---

① International Tribunal for the Law of the Sea. Dispute concerning Delimitation of
the Maritime Boundary between Ghana and Côte d'Ivoirein the Atlantic Ocean（Ghana/
Côte d'Ivoire），Judgment，ITLOS，no. 23，2017，p. 38，Para. 94. COUNTER-
MEMORIAL OF THE REPUBLIC OF CÔTE D'IVOIRE[VOLUME I，2017.p.64（3.3）.

② See Dispute Concerning Delimitation of the Maritime Boundary between Ghana
and Côte d'Ivoire in the Atlantic Ocean（Ghana /Côte d'Ivoire），Judgment，ITLOS，no.
23，2017，p.38，para. 95.

③ See Dispute Concerning Delimitation of the Maritime Boundary between Ghana
and Côte d'Ivoire in the Atlantic Ocean（Ghana /Côte d'Ivoire），Judgment，ITLOS，
no. 23，2017，p.38，para. 93.

④ See Dispute Concerning Delimitation of the Maritime Boundary between Ghana
and Côte d'Ivoire in the Atlantic Ocean（Ghana /Côte d'Ivoire），Judgment，ITLOS，
no. 23，2017，p.39，para. 100.

为"习惯等距离边界"。① 这条线反映了双方对海上边界存在的默示协议。因此,确认习惯等距离边界为双方之间的海洋边界。这不是一个海洋划界案,而是要求宣布双方长期以来在实践中因此而商定和划定的边界的存在。② 双方之间的海洋边界仍有待划定,因为没有关于划定边界的正式默示协议。加纳提出的试图确定存在共同海上边界默示协议的论点是没有根据的,特别是考虑到两国正式承认没有划定共同海上边界,而且科特迪瓦一贯拒绝承认以加纳石油特许权的西部界限为边界。科特迪瓦一直表示,希望通过谈判就双方的海洋边界达成协议,并一贯反对加纳通过开采石油"危害或阻碍"双方达成协议的做法。特别分庭认为,划界判决具有构成性,因此否定了加纳在双方都可以善意主张权利的争议水域活动的非法性和由此产生的责任。③

第二节　争端国的主张与反主张

本案中科特迪瓦认为,因为加纳关于默示协议的论点完全是基于双方的石油特许权做法,即使接受这种做法,也不能延伸到海

---

① See Dispute Concerning Delimitation of the Maritime Boundary between Ghana and Côte d'Ivoire in the Atlantic Ocean (Ghana /Côte d'Ivoire), Judgment, ITLOS, no. 23, 2017, p.40, para. 102.

② See Dispute Concerning Delimitation of the Maritime Boundary between Ghana and Côte d'Ivoire in the Atlantic Ocean (Ghana /Côte d'Ivoire), Judgment, ITLOS, no. 23, 2017, p.40, para. 102.

③ 张新军:《划界前争议水域油气开发的国家责任问题——以加纳/科特迪瓦海域划界案为素材》,《国际法研究》,2018 年第 3 期,第 26 页。

床上层水域,而且加纳的石油特许权也不可能延伸到它所主张的边界那里。因为加纳的石油特许权最多只能延伸到距离陆地边界终点约 87 海里的地方,这还不到加纳主张的边界线长度的一半,而它的实际石油活动更少,距离陆地边界终点只有 54.5 海里。[①] 无论如何,加纳未能证明其石油活动构成了,甚至就是符合大陆架的划界协议。石油实践不能确立关于"国家间所有目的的国际海洋边界"的默示协议。[②] 国际法院和法庭一直不愿意将石油惯例作为存在海洋边界的证据。对科特迪瓦来说,石油惯例对沿海国在专属经济区和大陆架上的任何其他主权权利、管辖权和义务都只字未提。此外,加纳所依据的石油惯例不仅"含糊不清",而且与科特迪瓦和加纳本身的行为相矛盾。科特迪瓦提到国际法院在喀麦隆诉尼日利亚案中所做的声明,即只有在石油特许权和油井建立在当事方之间明示或默示协议的基础上时,才予以考虑。[③] 因此,必须先证明存在这样一项协议,以便为石油特许权提供有效的支持,进而明确海上边界的存在。双方对这一区别的理解清楚地反映在这样事实上——它们一再提议就划定国际海洋边界进行谈判,将各自有权拥有的海域分隔开来,并最终进行了这场谈判。

对此,科特迪瓦回顾说,该国 1970 年建立了第一个近海石

① See Dispute Concerning Delimitation of the Maritime Boundary between Ghana and Côte d'Ivoire in the Atlantic Ocean (Ghana /Côte d'Ivoire), Judgment, ITLOS, no. 23, 2017, p.42, para. 109.

② See Dispute Concerning Delimitation of the Maritime Boundary between Ghana and Côte d'Ivoire in the Atlantic Ocean (Ghana /Côte d'Ivoire), Judgment, ITLOS, no. 23, 2017, p.42, para. 109.

③ See Dispute Concerning Delimitation of the Maritime Boundary between Ghana and Côte d'Ivoire in the Atlantic Ocean (Ghana /Côte d'Ivoire), Judgment, ITLOS, no. 23, 2017, p.44, para. 119.

油区块,而且划定这个区块是为了不与加纳 1968 年建立的区块重叠。科特迪瓦认为自己的行为属于一种克制的行为,旨在避免与邻国发生冲突。① 此外,它一贯的做法是在石油特许权合同中列入一项声明,即石油区块的坐标是指示性的,在任何情况下都不能被视为科特迪瓦国家管辖权的界限。如果已经有了划定的海洋边界,这种措辞就没有了存在的理由。加纳在 2011 年 10 月 19 日的信中应加纳许可的一家石油公司的澄清要求,确认科特迪瓦和加纳之间没有完成海洋边界。② 加纳能源部长在信中以最明确的措辞确认没有就海洋边界达成协议。

科特迪瓦认为,加纳的请求书没有提到任何现有的边界,也没有提到其位置。请求书所附的地图中也没有提到边界,也没有标明存在边界的图例,其中唯一的指示性信息是加纳的特许权。特许权只是提到海上边界附近的地区,而没有提到是否存在关于边界的协议或其确切位置。这种答复表明,位于争议地区某处的理论上的海洋边界尚未划定。因此,这些换文只表明科特迪瓦在正式划定其海洋边界之前对加纳的领土要求表现出了适当的谨慎态度,以期维持睦邻关系。除此之外,没有任何其他表示。偶尔对一方的地震勘探提出请求和授权反映了在未划定区域的不确定情况下的谨慎,而不是跨越划定边界的正式请求或授权。1992—2007 年,特别是在 1993 年胡福伊特·博伊尼总统去世

---

① See Dispute Concerning Delimitation of the Maritime Boundary between Ghana and Côte d'Ivoire in the Atlantic Ocean (Ghana /Côte d'Ivoire), Judgment, ITLOS, no. 23, 2017, p.45, para. 121.

② See Dispute Concerning Delimitation of the Maritime Boundary between Ghana and Côte d'Ivoire in the Atlantic Ocean (Ghana /Côte d'Ivoire), Judgment, ITLOS, no. 23, 2017, p.45, para. 123.

后,科特迪瓦发生国内冲突,使其注意力从海洋边界问题转移开。加纳对这一局势特别熟悉,因为它在协助解决科特迪瓦危机方面发挥了积极作用。继 2007 年在朱比利油田和 2009 年 3 月在十号油田发现石油露头后,加纳从 2009 年开始加强在争议地区的石油活动。与 2009 年之前只有四次钻探作业不同,2009—2014年进行了不少于 34 次的钻探作业。① 科特迪瓦主张无论是在 Ivoiro-Ghanaian 联合委员会内,还是通过直接写信给加纳控制经营的石油公司,其都表达了对这些事态发展的抗议。科特迪瓦之所以没有对加纳方面的默示主张提出抗议,理由很简单,也很充分,因为加纳在 2011 年之前从未提出过这样的主张,当时正在进行划界谈判。② 科特迪瓦还主张,与加纳一再声称的相反,石油活动的历史并非是"在双方相互同意的情况下进行了 50 年之久的密集且持续的活动",其行为也可以用现代国际法,特别是海洋法的一项基本原则来解释,即必须保持克制,以最大限度地增加通过和平手段解决争端同时避免冲突的可能,这一点反映在《公约》第 74 条第 3 款和第 83 条第 3 款中。科特迪瓦认为,它不应因遵循"谅解与合作精神"而处于不利地位。

科特迪瓦认为,《公约》第 15 条主张使用等距离线划定领海,但如果存在特殊情况,基本规则可能会有例外。由于存在特殊情况,分庭有必要采用等距离线以外的方法划定领海。平分线法是本案比较适当的方法,并请特别分庭根据从 55 号界标起 168.7°

---

① See Dispute Concerning Delimitation of the Maritime Boundary between Ghana and Côte d'Ivoire in the Atlantic Ocean (Ghana /Côte d'Ivoire), Judgment, ITLOS, no. 23, 2017, p. 48, para. 134.

② See Dispute Concerning Delimitation of the Maritime Boundary between Ghana and Côte d'Ivoire Côte d'Ivoire in the Atlantic Ocean (Ghana /Côte d'Ivoire Côte d'Ivoire), Judgment, ITLOS, no. 23, 2017, p. 48, para. 134.

的方位线划定科特迪瓦—加纳在领海、专属经济区和 200 海里大陆架以内的海洋边界。科特迪瓦认为，采取这一立场的依据是，存在特定的地理和地貌特征，因此有理由采用等分线法。同时进一步认为，同样的地理和地貌特征适用于领海和领海以外海域的划界。作为一项补充性原则，如果分庭选择等距离线/相关情况法，本案也确实存在客观情况，有必要调整临时等距离线以实现公平的结果。

科特迪瓦以特殊情况为由，主张在划定领海时像划定专属经济区和大陆架时一样采用角等分线法。特别分庭注意到，在划定专属经济区和 200 海里以外的大陆架方面，双方在适当划界方法上同样存在分歧。双方没有根据《公约》第 15 条就领海划界问题给出全面的论据。加纳强调，既不存在历史性权利，也不存在特殊情况，因此没有理由违背"历史商定的界线"，而且也没有任何地理或地质特征支持偏离等距离边界。科特迪瓦则认为，由于存在特殊情况，在划定领海时采用等分线法是合适的，同时也主张对专属经济区和 200 海里以外大陆架采用这种方法。① 特别分庭注意到，科特迪瓦提到的特殊情况只限于在划定专属经济区和 200 海里内外大陆架时。科特迪瓦认为国际法院和法庭的判例在海洋划界方面赋予地图的证明价值是相当有限的，并且还认为国际法院和仲裁法庭的判例虽然地图在某些情况下可能有用，但充其量只是作为辅助证据。同时科特迪瓦还提起了国际法院分庭在边界争端(布基纳法索/马里共和国)一案中的声明，即地图

---

① International Tribunal for the Law of the Sea. Dispute concerning Delimitation of the Maritime Boundary between Ghana and Côte d'Ivoire in the Atlantic Ocean (Ghana/Côte d'Ivoire), counter Memorial of Côte d'Ivoire, Judgment, ITLOS, no. 23, 2017, p. 81, para. 258.

没有比其他补强证据具有更高的法律价值,地图的唯一价值是作为辅助性或补强性证据。

加纳提到的习惯海洋边界反映了存在着一条具体的边界线,双方在 50 多年来通过相互、持续和一致的行为承认和尊重这条边界线。习惯海洋边界线反映了双方关于存在一条遵循等距离线的海上边界的默示协议,这有别于正式的边界条约。双方就共同海洋边界达成的默示协议是双方几十年来相互承认和接受存在这一边界的结果(图 3-2)。① 双方石油开采权的界限正是基于并反映了这条"预先存在的"海洋边界,正如它向特别分庭提交的证据所表明的那样,对这些程序所涉的整个海区,即领海、专属经济区和 200 海里以外的大陆架,都存在着关于边界的默示协议。鉴于上述情况,加纳对领海、专属经济区和 200 海里以外大陆架划界的主张是基于双方多年来的石油活动中所形成或确认的默契。②

关于习惯等距离线位置的默示协议最明显的反映,是在双方 50 多年来的石油开采实践中。加纳认为,这种石油实践包括石油特许权、地震勘探以及勘探和钻井活动。加纳进行的或根据加纳的许可进行的石油和天然气活动是在该边界加纳一侧的地区,而科特迪瓦的类似活动则限于该边界以西。双方都没有抗议或反对对方的任何这些活动。从 20 世纪 50 年代到 2009 年,双方都提出并授予了关于等距离边界的特许权,而且任何一方都没有在任何

---

① See Conciliation between The Democratic republic of Timor-Leste and The Commonwealth of Australia (Timor-Leste and The Commonwealth of Australia), Decision on Competence, P.C.A. 2016, p.17, para. 68.

② See Dispute Concerning Delimitation of the Maritime Boundary between Ghana and Côte d'Ivoire in the Atlantic Ocean (Ghana /Côte d'Ivoire), Judgment, ITLOS, no. 23, 2017, p.42, para. 112.

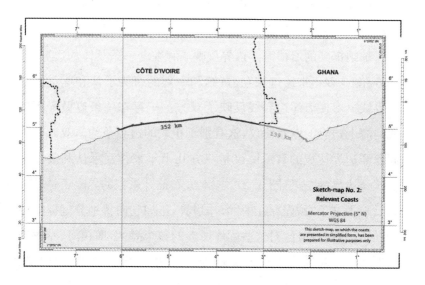

图 3-2 加纳与科特迪瓦之间"习惯海洋边界线"

场合反对另一方提出或授予关于该边界的特许权。加纳主张的第
一个石油特许权是 1956 年授予的,涵盖陆地和水域,科特迪瓦第一
个涉及近海地区的特许权可追溯到 1957 年。根据加纳的立场,它
的第一个特许权以等距离线为界向西延伸。随着技术的改进,双
方的特许权逐渐向外海延伸,其特许区块也多次重新发放和重新
配置。然而,西部边界始终保持不变,而且为科特迪瓦所知。加纳
在书面和口头诉状中提供了双方石油特许权的全部细节。① 在 52
年的时间里,科特迪瓦提供的特许权没有一项转到加纳一方,加

---

① See https://www. itlos. org/fileadmin/itlos/documents/cases/case _ no. 23 _
merits/pleadings/C23_Memorial_Ghana.pdf. International Tribunal for the Law of the
Sea. Dispute concerning Delimitation of the Maritime Boundary between Ghana and Côte
d'Ivoire in the Atlantic Ocean (Ghana/Côte d'Ivoire Côte d'Ivoire), counter Memorial
of Côte d'Ivoire Côte d'Ivoire[R]. Hamburg: I T L O S, 2017. Judgment, ITLOS, no.
23, 2017, p.44, para. 117.

纳提供的特许权也没有一项转到科特迪瓦一方。如果这不是基于两国间现实存在的默示协议，真的很难理解什么叫默示协议。①

基于此，加纳指出，20 世纪 70 年代末给予菲利普斯石油公司的特许经营权极具说服力，因为科特迪瓦和加纳都授予该公司平行的特许权。② 对加纳来说，这表明双方相互承认习惯的等距离边界。所谓的习惯等距离线早在特许权之前，即 1956 年和 1957年就已经存在。两国都进行了多次地震勘探，将习惯上的等距离线作为海上边界。双方与地震勘探请求有关的行为清楚地证明它们承认和尊重习惯等距离线。两国在越过边界线之前都向对方提出了进行此类勘测所需的请求，且两国都批准对方越过边界线进入各自的水域以便调头。2007 年科特迪瓦通过科特迪瓦石油公司 PETROCI 提出请求，要求加纳政府授权其在进行地震勘探时跨越习惯等距离线。请求书附有坐标和地图，显示习惯等距离线沿科特迪瓦在该地区的特许权范围延伸并超出该范围，该线东侧有"加纳"字样。这证实了在等距离线之后存在一条两国公认和商定的海洋边界。③

加纳认为，过去几十年来，双方在相互承认和商定划分各自

---

① See https://www.itlos.org/fileadmin/itlos/documents/cases/case _ no. 23 _ merits/pleadings/Counter_Memorial_final_Vol.I_Eng_TR.pdf. International Tribunal for the Law of the Sea. Dispute concerning Delimitation of the Maritime Boundary between Ghana and Côte d'Ivoire in the Atlantic Ocean（Ghana/Côte d'Ivoire Côte d'Ivoire），counter Memorial of Côte d'Ivoire Côte d'Ivoire[R]. Hamburg：ITLOS, 2017. Judgment，ITLOS，no. 23,2017，p.44，para. 117.

② See https://www.itlos.org/fileadmin/itlos/documents/cases/case _ no. 23 _ merits/pleadings/C23_Memorial_Ghana.pdf.

③ Dispute concerning Delimitation of the Maritime Boundary between Ghana and Côte d'Ivoire in the AtlanticOcean（Ghana/Côte d'Ivoire），Provisional Measures，ITLOS，Order of 25 April 2015，para. 108.

海区的海洋边界的基础上开展了各种活动，任何一方都没有对另一方的行为提出抗议。科特迪瓦从来没有反对过加纳在其默认的边界线一侧的各种活动。加纳长期在科特迪瓦也承认的海域内、直到最近才提出权利主张的地区钻井 20 多口，而之前科特迪瓦从未对这些活动提出过任何抗议。至于科特迪瓦声称在 1992 年提出的抗议，文件中使用的措辞根本不是抗议，而是"希望"，并且从未采取任何后续行动。加纳提请特别分庭注意科特迪瓦现在声称拥有主权的地区的五口油井。这些油井是石油公司分别在 1970 年、1989 年、1999 年、2002 年和 2008 年根据其许可证开采的，有关钻探的信息已经公布并在很多地方可以获取，但科特迪瓦从未提出抗议或反对。① 直到 2009 年，在与加纳商定的边界以东发现大量石油储藏之后，科特迪瓦才放弃其长期立场，并开始提出各种抗议。②

加纳拒绝接受科特迪瓦关于内部冲突使其无法集中精力处理海洋边界问题的论点。加纳认为，这显然与事实不符。在此期间，科特迪瓦各部门都在运转。科特迪瓦授予特许权，修订了石油法和税法，并与国际石油业及其邻国加纳广泛接触。自 20 世纪 50 年代以来，双方在广泛的石油勘探活动中绘制了大量地图，每张地图都显示了双方以习惯上的等距离线为国际边界，直到科特迪瓦改变立场，于 2011 年公布新的特许权地图。两国绘制的这些官方地图向国际社会表明，双方相互承认并接受习惯等距离

① See Yoshifumi Tanaka. "Unilateral Exploration and Exploitation of Natural Resources in Disputed Areas: A Note on the Ghana /Côte d'Ivoire Order of 25 April 2015 before the Special Chamber of ITLOS." *Ocean Development & International Law*, Vol. 46, Issue 4, 2015, p.326.

② Ghana, Declaration relating to article 298 of UNCLOS, 22 September 2014, CMCI, vol. Ⅲ, Annex 51.

线为国际边界。虽然科特迪瓦以同样的方式对待加纳提交的所有地图,但这些地图的证明价值差别很大,①例如在加纳提交的62 幅地图中,有 24 幅地图附有文件,如特许权协议、国家立法、报告或信函,具有特殊的证据价值。② 因此,它们构成了"关于双方行为的补充证据来源,反映了双方对习惯等距离线作为国际边界的承认、尊重和使用"。在加纳提交的 62 幅地图中,有 22 幅地图的海洋边界用虚线表示,延伸到石油特许权的海洋界限之外,边界线两边分别标有一方或双方的名称。故而,这些地图不仅反映了石油特许权的界限,而且反映了双方之间"独立于特许开采权界限之外"的公认海洋边界。③ 加纳还驳斥科特迪瓦的说法,即 PETROCI 的行为与科特迪瓦政府没有关系,特别是在划定陆地和海洋边界方面。PETROCI 是一家国有石油公司,其在1988—2001 年期间的活动也是这样进行的,其基本性质并没有因为 2001 年转变为"公众参与的公司"而改变。对加纳来说,关键不在于 PETROCI 是否有权划定国家边界,加纳承认自身没有这样的权力,关键在于科特迪瓦国家石油公司的行为是否能代表科特迪瓦当局对海洋边界的存在及边界位置的看法。在确定科特迪瓦的立场时,加纳在这些问题上的行动和立场"非常有说服力"。特别分庭注意到,加纳援引的证据表明,双方许可的石油特

---

① Report of the Food and Agriculture Organization of the United Nations, *Vue Générale du secteur des pêches national — La République de Côte d'Ivoire*, January 2008, p.2, CMCI, vol. Ⅶ, Annex 164.

② R. Coulibaly. "Analyse de la contribution de la pêche à l'économie ivoirienne." *Programme de formation engestion de la politique économique*, 2010, p.14, CMCI, vol. Ⅴ, Annex 99.

③ Report of the Food and Agriculture Organization of the United Nations, *Vue Générale du secteur des pêches national — La République de Côte d'Ivoire*, January 2008, pp.10—16, CMCI, vol. Ⅶ, Annex 164.

许区与其声称的等距离线一致。①

双方在领海划界问题上意见不一。加纳认为，《公约》第 15 条规定"协议优先，否则适用等距离原则"。只有在因历史所有权或其他"特殊情况"而有必要的前提下，才有可能偏离等距离线原则。虽然没有在海洋划界条约中正式确定，但自 20 世纪 50 年代末以来，加纳和科特迪瓦已经相互承认、商定并实施了以 BP 55 为起点的等距离领海。特别分庭收到的令人信服的证据，加上既定的惯例，反映了 1982 年《公约》第 15 条具有约束力承诺的含义。加纳指出由于没有任何历史性权利或其他特殊情况——这里不存在任何情况——没有理由背离加纳和科特迪瓦 50 多年来一贯行为所反映的历史上默示的边界线，即没有任何地理或地质特征支持偏离等距离线的边界。关于以科特迪瓦提出的两种划界方法中的任何一种来划定领海边界，在事实或法律上都是没有依据的。平分法只在非常有限和不寻常的情况下使用，但在这种情况下，传统方法显然不合适或不可能适用。

特别分庭认为，根据双方提交的材料得出双方均认为，应对整个划界进程采用同样的划界方法，即为专属经济区和大陆架划界制定方法。因此，特别分庭在处理双方专属经济区和大陆架划界问题时，将讨论适当的划界方法问题。然而，特别分庭强调，根据《公约》，领海的划界与专属经济区和大陆架的划界适用不同的规则。② 在领海

---

① Y. Koffie-Bikpo. "La pêche maritime en Côte d'Ivoire face à la piraterie halieutique." *Les cahiers d'OutreMer*, July-September 2010, pp.323—324, CMCI, vol. V, Annex 100.

② Nicholas A. Ioannides. "A Commentary on the Dispute Concèrning Delimitation of the MaritimeBoundary between Ghana and Côte d'Ivoire in the Atlantic Ocean (Ghana /Côte d'Ivoire)." *Maritime Safety and Se-curity Law Journal*, Issue No. 3,2017, pp.57—58.

划界时，必须牢记有关沿海国的权利不是功能性的，而是领土性的，因为这些权利涉及对海床、上层水域和上层空气的主权。①国际法院在卡塔尔和巴林之间的海洋划界和领土问题（卡塔尔诉巴林）一案中强调了这一点。②然而，加纳和科特迪瓦都没有就它们之间的领海界提出与主权有关的考虑。双方请求特别分庭为其领海、专属经济区和大陆架划定单一的海洋边界，并默示同意对上述海洋空间采用同样的划界方法。在此基础上，特别分庭认为，在200海里范围内和以外的双方领海、专属经济区和大陆架的划界宜采用同样的方法。虽然1982年《公约》第74条和第83条没有具体规定为实现公平解决争端应遵循的方法，但等距离线/相关情况法是现在的标准方法。如果特别分庭不接受加纳主张的默示协议，海洋划界程序的第一步将是确定一条临时等距离线。加纳/科特迪瓦的海岸线是两国之间的海洋边界遵循等距离线的典型案例。因为一条几乎完全笔直的海岸线，似乎是以等距离线为基础划定边界的理想环境。

关于科特迪瓦提出的采用角平分线方法划边界的建议，这是没有国际法依据的。在两个国家的海岸相邻的情况下，首先要考虑的是等距离线是否可行，如果可行，则无需考虑角平分线或其他任何划界方法。在实体裁决中，特别分庭承认，在未划界海域，国家将本国的石油特许开采区和邻国的石油区块相连接是很正常的，因而不会产生重叠区域。这样做的动机具有多样化，尤其

① G. Aphing-Kouassi. "Le tourisme littoral dans le sud-ouest ivoirien." *Thèse de doctorat de géographie*, Université d'Abidjan, 2000, p. 7; see also p. 170 *et seq.*, CMCI, vol. V, Annex 93.

② G. Aphing-Kouassi. "Le tourisme littoral dans le sud-ouest ivoirien." *Thèse de doctorat de géographie*, Université d'Abidjan, 2000, p. 7; see also p. 170 *et seq.*, CMCI, vol. V, Annex 93.

是出于谨慎考虑，避免冲突，保持与邻国的友好关系。①

第三节　油气资源对海洋划界的影响

一、油气资源问题在海洋划界中的复杂性

科特迪瓦与加纳关于石油活动的相似做法并不表明双方对此有相同的理解，即不代表双方之间存在默示的划界协议。加纳提到了由私人和公共主体绘制的若干石油特许权地图，但是这些地图对界定相关地区的海洋边界缺乏权威性。因此，这些地图不能作为证实加纳主张的有力证据，即双方清楚地认识到它们之间只存在默示的划界协议。与双方石油活动有关的做法是否足以为200海里以外的领海、专属经济区和大陆架划定单一的海洋边界，是令人质疑的问题。涵盖此类活动的法律制度并不涉及有关沿海国对200海里以内大陆架上方水体的主权权利。② 此外，双方的石油活动发生在距离基线不到200海里的地方。因此，令人怀疑的是，这些活动如何能对200海里以外的大陆架划界产生影响。

双方承认等距离线方法划定海洋边界的首要性，并接受以等距离线为基础的边界，这一点在其立法中均明确提及。1957年7

---

① 徐奇：《试析加纳/科特迪瓦划界案的实体裁决——兼论对我国海洋争端解决的启示》，《亚太安全与海洋研究》，2018年第6期，第25页。

② Report of the Food and Agriculture Organization of the United Nations. *Rurality in motion in West Africa*, March 2007, pp.9—12, CMCI, vol. Ⅵ, Annex 162.

月 29 日,法国部长会议主席代表当时的殖民地科特迪瓦颁布的法令,是首例承认双方之间存在以等距离线为基础的海洋边界划分各自领海的立法。科特迪瓦在 1970 年 10 月 14 日颁布的第 70-618 号总统令,是由 Houphouët-Boigny 总统签署的。[①] 总统签署的第 70-618 号法令的颁布,构成"科特迪瓦国家元首明确承认加纳和科特迪瓦之间存在一条沿等距离线的海上边界"。[②] 1977 年 11 月 17 日关于划定科特迪瓦共和国国家管辖范围内海域的第77-926号法律第 8 条中规定:对于相邻的沿海国,本法第 2 条所指的领海和区域(即专属经济区)应按照公平原则,并在必要时使用中线或等距离线,同时考虑到所有相关因素,通过协议方式划定。第 8 条正式承认等距离线原则是科特迪瓦海洋边界划定的最适当方法,可以确认该原则为其与加纳的海洋边界争端提供了公平的解决办法。1977 年的法律至今仍然有效并适用,其内容已在其他国家立法中得到重申,包括渔业和航行以及石油方面的法律。1984 年 6 月 1 日加纳颁布《石油勘探和生产法》,该法第 4 条规定,加纳的特许权地图显示加纳管辖范围内的油田,其官方海图和特许权地图一直显示加纳的专属经济区和大陆架由习惯等距离边界线划定。[③] 1986 年 8 月 2 日《海洋区域(划界)法》第 7 节规定,官方海图上划定的领海、专属经济区和大陆架的界线是领海、专属经济区和大陆架界限的确凿证据。

科特迪瓦否认 1957 年的法令确定了特许权的东部界限(法

① P. W. K. Yankson, M. Bertrand. "Les défis de l'urbanisation au Ghana." *Accra, capitale en mouvement*, 2012, pp.12—13, CMCI, vol. Ⅴ, Annex 103.

② Africa no. 1, *Au Ghana*, pêcheurs et fermiers craignent l'essor du pétrole et du gaz, 8 November 2015, CMCI, vol. Ⅴ, Annex 133.

③ A. B. Blivi and P. Adjoussi. "La cinématique du trait de côte au Togo vue par télédétection." *Geo-Eco-Trop*, 28, 2004, 1—2, p.30, CMCI, vol. Ⅴ, Annex 95.

令中甚至没有提到)遵循的是一条等距离线边界。1970 年 10 月
14 日第 70-618 号总统令作为科特迪瓦承认所谓的习惯等距离
线边界的证据,具有相当重要的意义,但该总统令并未提及这一
边界或任何其他公认的边界。该法令的唯一目的是为科特迪瓦
组织勘探其石油储备服务的,这种谨慎的措辞反映了其海洋边界
的不确定性和缺乏一致性。该法令第 1 条使用了相同的措辞来
描述科特迪瓦与加纳的东部边界和西部与利比里亚的边界。该
条规定,"如果接受加纳声称有长期协议,寻求与科特迪瓦建立新
的海洋边界的立场,将有效地导致特别法庭在科特迪瓦和利比里
亚之间建立新的边界"。这种立场不能合法地得到支持。

1975 年 10 月 29 日的第 75-769 号法令延长了 1970 年授予
埃索公司领导的财团的油气勘探许可证。法令第 2 条明确指出,
特许权的界限肯定不代表科特迪瓦的海洋边界。至于 1977 年的
法律,科特迪瓦声称加纳对第 8 条的解读是不正确的。第 8 条规
定,科特迪瓦的海洋边界必须根据公平原则以协议方式划定,如
有必要则采用等距离线/相关情况法。[①] 因此,它只是反映了海
洋划界法的现状。国家立法作为一国的单方面行为,对证明存在
协商一致的海洋边界意义有限。在本案中,加纳援引的双方立法
在这方面没有做出足够明确的说明。1957 年的法令涉及的是石
油活动的特许权,而不是领海边界的确定。[②] 本案争端双方在向
国际机构,特别是向大陆架界限委员会(CLCS)所做的声明中,都
接受习惯等距离线为国际边界。在这方面,加纳提请特别分庭注

---

① Agence béninoise de Gestion Intégrée des Espaces Frontalières, *Frontières maritimes*, undated, p.31, CMCI, vol. Ⅵ, Annex 185.

② UEMOA, *Programme régional de lutte contre l'érosion côtière*, 2007, p.3, CMCI, vol. Ⅵ, Annex 160.

意双方向 CLCS 提交的划界案。加纳认为科特迪瓦的划界案只在与加纳的等距离线边界以西 200 海里以外提出主张，而加纳的划界案同样只在等距离线边界以东提出主张。这表明双方似乎都接受习惯上的等距离线延伸到 200 海里以外，包括外大陆架在内的全部海洋权利。然而，加纳认为这种在争端开始几年后才提交的修订划界案，对于特别分庭评估双方之间是否存在默示协议和确定公平的海洋边界而言，没有什么证明价值。①

　　关于海洋划界的双边谈判最终于 2008 年 7 月开始，科特迪瓦和加纳之间的科特迪瓦-加纳海洋划界联合委员会（下称"海洋划界委员会"）举行了 10 次会议，于 2014 年 5 月结束。在 2008 年 7 月 16 日和 17 日的第一次会议上，加纳首次提出了划界建议，大意是国际石油公司和本国公司目前使用的边界应在双边协议的框架内正式确定并承认为两国之间的海上边界。这是加纳非常明确地承认石油特许权与海洋划界之间的区别。② 在 2009 年 2 月 23 日给加纳的信函中，科特迪瓦"重申其在 1988 年和 1992 年已经阐明的立场，即只有根据《公约》通过明确协议才能划定其海洋边界"，拒绝了这项建议。科特迪瓦指出，石油公司为避免边界争端而使用的拟议界线并不构成两国之间的正式协议。在这次会议上，科特迪瓦再次要求各方不要在拟划定的区域内进行任何活动。此外，加纳于 1980 年在两国海洋边界区进行了重要的勘探和评估工作。尽管科特迪瓦在 1988 年和 1992 年向加纳提出交涉，要求加纳停止在邻国海上边界的任何地方单方面活

　　① Central Intelligence Agency World Factbook，https://www.cia.gov/library/publications/resources/the-worldfactbook/index.html，accessed on 29 March 2016.

　　② C. Hauhouot. "Le littoral d'Assinie en Côte d'Ivoire：dynamique côtière et aménagement touristique." *Les Cahiers d'Outre-mer*，no. 251，July-September 2010，p. 314，CMCI, vol. Ⅴ，Annex 101.

动,直到两个沿海国之间的海上边界以协商一致的方式确定。作为回应,科特迪瓦指出,它在 2010 年 5 月 31 日的来文中就加纳的立场提出了更详细的意见,其中解释了拒绝等距离线法的理由,也就是说截断效应不仅不利于科特迪瓦,而且也会造成巨大的截断和封闭影响。科特迪瓦还重申了使用子午线法的建议。加纳在 2011 年 8 月 31 日的答复中重申了关于采用"其石油特许权限作为海洋边界"的建议,并首次提出,它应该是一条向东调整的等距离线,这构成了"相关情况"。[①]

二、海洋划界中的油气资源

在本案中,科特迪瓦试图主张油气资源的分布位置构成了"相关情况",认为由于塔罗沉积盆地的特殊地质历史,油气资源主要集中在争议海域,加之本案特殊的地貌因素,科特迪瓦几乎完全失去了获取油气资源的机会,然而,加纳却可以获取大多数的油气资源。由于加纳推行控制争议海域的霸权政策,科特迪瓦被剥夺了获取油气资源的机会。在以往的国际司法裁决中,争端当事国经常试图主张资源分布构成"相关情况",但鲜有能获得国际司法机构的支持。[②] 本案争端双方都意识到了石油特许权界限和海洋边界之间的区别,且双方都试图通过谈判划定海洋边界,从 1988—2014 年的多场谈判活动都清楚

---

① M. Robin, C. Hauhouot, K. Affian, P. Anoh, A. Alla Della and P. Pottier. "Les risques côtiers en Côte d'Ivoire." *BAGF-Géographies*, 2004, p.301, CMCI, vol. V, Annex 96.

② 张华:《争议海域油气资源开发活动对国际海洋划界的影响——基于"加纳与科特迪瓦大西洋划界案的思考"》,《法商研究》,2018 年第 3 期,第 165 页。

地反映了石油特许权限制和海洋边界是不同的。双方向 CLCS
提交的划界提议也反映了这一点。特别分庭认为，正如其石油
特许权合同的规定所述，科特迪瓦在确保其石油特许权区块的
界限不同于其海洋管辖区的界限方面特别谨慎。加纳并非不
知道这种区别，其在 2011 年给 Tullow 公司的信函就证明了这
一点。① 关于 1988 年和 1992 年的双边交流，特别分庭注意到，
双方一致认同这些交流，但对具体内容和对争端的意义存在分
歧。因此特别分庭认为，这些双边交流确实发生过，这一点很
重要，因为这表明双方认识到有必要划定它们之间的海洋边
界。② 随后，2008—2014 年在海洋划界委员会举行的双边谈判
证实，双方承认彼此之间没有海洋边界。在这个方面，特别分
庭回顾了加纳提出的论点，即双边交流和谈判的目的只是为了
正式确定双方在实践和原则中已经商定的内容。特别分庭认
为，即使这可能是加纳的意图，但并没有证据表明这也是科特
迪瓦的意图。相反，科特迪瓦对石油特许权界限和海洋边界进
行了区分。

具体而言，加纳及其许可证持有者所做的巨额投资将遭受
严重损失，特别是在包含 TEN 油田的深水塔诺区块。因此，禁
止反言的条件已经满足，科特迪瓦也不得撤销其对等距离线和
习惯等距离线边界的长期承认和接受，因为它因此而获得了利
益。加纳关于禁止反言的论点似乎是对默示协议的一种替代，
而它无法证实这种默契的存在。即使承认禁止反言是国际法

① See Conciliation between The Democratic republic of Timor-Leste and The
Commonwealth of Australia（Timor-Leste and The Commonwealth of Australia），
Decision on Competence, P.C.A. 2016，p.27，para. 97.

② RFI, La lente disparition de Grand-Lahou, 18 September 2007，CMCI, vol.
V，Annex 116.

所接受的,加纳可以在本案中援引,但显然不符合承认禁反言所需的累积条件。[①] 科特迪瓦认为自己不仅从未默许以石油特许权为基础的边界,而且自 1988 年以来就提出了不同的边界,并经常反对加纳在争议地区进行的活动。因此,禁止反言存在的第一个必要条件没有得到满足。

科特迪瓦没有通过其言语、行为或沉默表明它同意以等距离线为基础的海洋边界。科特迪瓦的石油特许区块确实与加纳的石油特许区块在等距离线上一致,而且科特迪瓦的石油活动没有越过等距离线的加纳一侧。此外,科特迪瓦还谨慎地表示,其石油特许区块的界限与其海洋管辖权的界限是不同的。它对在尚未划定的地区继续进行石油活动密切关注。因此,不能认定科特迪瓦的行为承认禁止反言所需的明确、持续和一贯的表述。[②] 由于不符合禁止反言的第一个条件,特别分庭认为没有必要确定加纳在海洋边界问题上是否善意地依赖科特迪瓦的行为和陈述,也没有必要确定加纳是否因科特迪瓦行为的改变而受到损害。因此,特别分庭驳回了加纳关于科特迪瓦违反习惯等距离线边界的主张。

但是,特别分庭也注意到,双方在有关领海、专属经济区和大陆架划界的若干问题上也存在分歧。特别分庭认为,这些分歧可归纳如下。首先,对于是将等距离线/相关情况法视为划定专属经济区和大陆架的主要方法(其实也是更可取的办法),还是角度

---

① C. Hauhouot. "Le littoral d'Assinie en Côte d'Ivoire: dynamique côtière et aménagement touristique." *Les Cahiers d'Outre-mer*, no. 251, July-September 2010, pp. 313—314, CMCI, vol. Ⅴ, Annex 101.

② Conciliation between The Democratic Republic of Timor-Leste and The Commonwealth of Australia (Timor-Leste and The Commonwealth of Australia), Decision on Competence, P.C.A. 2016, p.28, para. 99.

平分线法原则上也同样适用,双方意见不一。① 其次,双方对本案的普遍情况是否需要采用角平分线法有不同意见。关于这些问题,双方从有关国际判例和划界协议中得出了不同的结论。特别分庭将依次讨论这两个问题。在这样做的时候,特别分庭意识到,双方有分歧的问题是相互关联的,而且为证明采用等距离线/相关情况方法以外的划界方法是合理的而提出的一些论点,也可能与处理"相关情况"有关。关于选择划定专属经济区和大陆架的适当方法,特别分庭注意到,《公约》第74条第1款和第83条第1款没有规定具体方法。适当的划界方法——如果有关国家不能达成一致意见——则留待争端解决机制根据每一案件的情况公平解决。法庭在关于孟加拉湾(孟加拉国/缅甸)海洋边界划界案的判决中强调了这一点,实现公平结果的目标必须是指导法庭在这方面行动的首要考虑。在这方面,特别分庭还想进一步强调,整个划界过程的透明度和可预测性也是要考虑的目标。② 然而,特别分庭注意到,科特迪瓦也承认等距离线/相关情况法具有几何特征。事实上,角平分线和临时等距离线的确定都具有几何学基础。最后,特别分庭不同意科特迪瓦的看法,即与等距离线/相关情况方法不同,角平分线方法不受主观因素影响。③ 特别分庭现在要处理科特迪瓦赞成采用角平分法的论点,即这种方法将有可能考虑到有关地区的"宏观地理"。特别分庭必须指出,这种

---

① See Dispute Concerning Delimitation of the Maritime Boundary between Ghana and Côte d'Ivoire in the Atlantic Ocean (Ghana /Côte d'Ivoire), Judgment, ITLOS, no. 23, 2017, p.162, para. 591.

② Agreement concerning the Delimitation of the English and French possessions on the West Coast of Africa, 10 August 1889, article Ⅲ, CMCI, vol. Ⅲ, Annex 3.

③ Central Intelligence Agency World Factbook, https://www.cia.gov/library/publications/resources/the-worldfactbook/index.html, accessed on 29 March 2016.

考虑与《公约》第 74 条和第 83 条的适用无关。特别分庭的任务是就加纳和科特迪瓦之间的海洋划界做出决定，而且这种划界对双方来说必须是公平的。①

就科特迪瓦援引国际判例作为适用角平分线方法的理由而言，特别分庭不同意对这个判例的评估。第一，特别分庭要强调，大多数划界案件，特别是近年来裁决的案件，都采用了等距离线/相关情况法。正如法庭在孟加拉湾海洋边界的划定（孟加拉国/缅甸）一案中所述：法庭注意到，判例法的发展有利于等距离线/相关情况法。国际法院和法庭在审理的大多数划界案件中都采用这种方法。第二，特别分庭认为，如果国际性法院和法庭在某些案件中采用了角平分线法，那是由于这些案件的特殊情况适用此法。此外，特别分庭认为，科特迪瓦不能援引尼加拉瓜和洪都拉斯在加勒比海的领土和海洋争端案。因为在该案中，国际法院认为，由于格拉西亚斯阿迪奥斯角（Cape Gracias a Dios）的陆地边界终点站的构造非常不稳定，因此无法划定等距离线。此外，国际法院认为，由于陆地边界终点在格拉西亚斯阿迪奥斯角的地形、可可河（River Coco）河口的高度不稳定，以及对位于河口的几个小岛和沙洲的主权有争议，确定一条等距离线是不可行的。② 由于这些情况，国际法院不得不采用角平分线法。特别分庭确信，这些因素或至少是类似的因素与本案无关。

此外，在大陆架（突尼斯/阿拉伯利比亚民众国）案中，对划界

---

① D.O. Anim, P.N. Nkrumah, N.M. David. "A rapid overview of coastal erosion in Ghana." *International Journal of Scientific and Engineering Research*, Volume 4, no. 2, February 2013, p.2, CMCI, vol. V, Annex 104.

② Dispute Concerning Delimitation of the Maritime Boundary between Ghana and Côte d'Ivoire in the Atlantic Ocean (Ghana /Côte d'Ivoire), Judgment, ITLOS, no. 23, 2017, p.171, para. 628.

线的第二段采用角平分线方法是出于地理因素的考虑，而国际法院审查了这些因素。特别分庭认为，这些因素在本案中并不存在。该判决的动机是国际法院判决只对凯尔肯纳群岛（Kerkennah Islands）产生一半的影响。特别分庭认为，由于该案的特殊性，援引该判决书来支持在其审理的案件中适用角平分线法不能令人信服。出于同样的原因，国际法院分庭对缅因湾地区海洋边界划定（加拿大/美利坚合众国）一案的判决不能作为可引用的先例。①

　　在几内亚和几内亚比绍之间海洋划界案，有人对等距离线方法是否适用于海洋划界表示怀疑。仲裁庭本身认为等距离线法只是众多方法中的一种，没有义务首先使用它或给予它优先权。② 相反，仲裁庭认为必须考虑到这一地区的海岸构造，更加重视海岸线走向的好处。科特迪瓦不能依靠该仲裁裁决的判例来支持其赞成在加纳和科特迪瓦之间的海域划界中适用角平分线法，必须考虑到，几内亚和几内亚比绍沿海的海域地理复杂，而加纳和科特迪瓦的海岸是笔直的，不是凹凸不平的；它们没有岛屿和低潮高地，而在几内亚和几内亚比绍之间海洋划界案中，这些岛屿和低潮地使得等距离线方法难以适用。③ 此外，特别分庭指出，后来的国际判例没有遵循该裁决所采取的方法。鉴于这两

---

① R.B. Naim, K.J. MacIntosh, M.O. Hayes, G. Nai, S.L. Anthonio, W.S. Valley. "Coastal Erosion at KetaLagoon, Ghana — Large Scale Solution to a Large Scale Problem." *Coastal Engineering*, 1998, pp.3194—3195, CMCI, vol. V, Annex 92.

② K. Appeaning Addo. "Detection, Measurement and Prediction of Shoreline Change in Accra, Ghana." *ISPRS Journal of Photogrammetry & Remote Sensing*, April 2008, p.15, CMCI, vol. V, Annex 97.

③ K. Appeaning Addo. "Detection of coastal erosion hotspots in Accra, Ghana." *Journal of Sustainable Development in Africa*, Volume Ⅱ, no. 4, 2009, pp.256—257, CMCI, vol. V, Annex 98.

个因素，该裁决不能令人信服地用来抵消关于海洋划界方法的国际判例。特别分庭没有评估这些划界条约是否使用了角平分线法来划定有关国家的海域。这些条约中规定的划界可能是以加纳和科特迪瓦所不存在的特定地理环境为指导的，而且可能受到尚未披露的法律以外的考虑因素的影响。

关于海域划界的国际判例原则上赞成等距离线/相关情况的方法。采用角平分线法的国际裁决判决是出于对每个有关案例的特殊情况的考虑。这一国际判例证实，在没有任何令人信服的理由导致不可能或不适合划定临时等距离线的情况下，应选择等距离线/相关情况方法进行海洋划界。正如法庭在孟加拉湾海洋边界的划定（孟加拉国/缅甸）一案中所述，每个案件都是独特的，需要具体处理，最终目标是达成公平的解决方案。① 在本案中偏离国际法院和法庭近几十年来普遍采用的划界方法，有悖于上文所援引的透明度和可预测性原则。特别分庭现在要讨论的问题是，在本案中是否存在科特迪瓦所援引的特殊理由，是否需要选择其他方法来划定加纳和科特迪瓦之间的海洋空间。② 这些情况表明有理由适用等距离线的替代方法。海岸线的不稳定，导致相关的基点也处于变化中，这给依据这些基点确定的海洋边界的可靠性造成了严重的威胁。③

然而，特别分庭注意到，双方对于如何将该陆地边界终点与低潮线上的一点连接起来构成双方海上边界的起点，存在分歧。

---

① Ministry of Finance — Ghana, Government secures 68 million Euro for Ada sea defence wall, undated, CMCI, vol. Ⅴ, Annex 152.

② United Nations. *World Economic and Social Survey 2005*, 2007, extracts, Explanatory Notes, p.ⅹⅹⅶ, CMCI, vol. Ⅵ, Annex 161.

③ World Bank, Côte d'Ivoire — Country Overview, 22 October 2015, CMCI, vol. Ⅵ, Annex 168.

加纳建议在低潮线上选择一个离 BP 55 最近的点,而科特迪瓦则建议将 BP 54 与 BP 55 之间的陆地边界方向延长,直至到达低潮线上。特别分庭注意到,根据 BA1383 号图,特别分庭审查了 1905 年联合王国和法国之间的有关边界条约(《法国-安哥拉关于科特迪瓦和黄金海岸在海面和纬度 11°之间的边界的协议》)。但是,该条约没有明确指出应如何界定低潮线的海洋边界起点 (图 3-3)。对双方建议的两个海洋边界起点进行审查后得出的结论是:它们对海岸 12 海里范围内的任何等距离线方向的影响微乎其微,就专属经济区和大陆架的划界而言,不存在影响。[①] 特别分庭不相信加纳提出的论点,即选择从 BP 55 到低潮线最近点的线是符合逻辑的。特别分庭认为,更准确地反映上述条约缔约国意图的做法是沿 BP 55 上的陆地边界走向,直至到达低潮线。相比之下,如果采纳加纳的建议,就意味着在 BP 55 处创造一个新的转折点,而这在 1905 年联合王国和法国签订的《边界条约》中是没有任何依据的。[②] 特别分庭在此处提到低潮线时,加纳和科特迪瓦海岸线的低潮线只能在某些地方看到,因为它太靠近海岸线,因此,在需要使用低潮线的地方,特别分庭以海岸线为指导。基于上述考虑,特别分庭决定将陆地边界的方向从 BP 54 延伸到 BP 55,直到到达低潮线。[③]

　　海岸的凹凸不平和加纳海岸的凸出可作为一种"相关情况"。

---

① United Nations, MINUCI, Background to the mission, extract from the Report of the Secretary-General on Côte d'Ivoire, S/2003/374, March 2003, CMCI, vol. Ⅵ, Annex 158.

② UNDP, National Human Development Report 2013, Employment, Structural Changes and Human Development in Côte d'Ivoire, 2013, p.27, CMCI, vol. Ⅵ, Annex 166.

③ Agreement concerning the Delimitation of the English and French possessions on the west coast of Africa, 10 August 1889, article Ⅲ, CMCI, vol. Ⅲ, Annex 3.

特别分庭注意到，在何种情况下，这种性质的地理情况可被视为构成"有关情况"。临时等距离线切断了科特迪瓦海岸大部分地区，特别是位于阿比让与 55 号界桩之间的部分向海延伸。从陆地边界终点来看，加纳主张的海洋边界是东北/西南方向，明显侵犯了科特迪瓦的沿海海域权利。科特迪瓦还认为"由于大陆架可以延伸超过 200 海里，所以不会产生切断效应"的说法是不充分的。切断效应更值得注意，因为加纳声称的边界线会影响到阿比让港的进出，当一条临时等距离线以不合理的方式切断一方对另一方的沿海预测时，必须对其进行调整。在提到法庭对孟加拉湾案（孟加拉国/缅甸）的判决时，构成"相关情况"的不是凹陷本身，而是它导致的截断效应。在本案中，截断的原因是科特迪瓦和加纳海岸分别呈凹凸状，正是这两种形态的结合导致等距离线产生了明显的截断效应，损害了科特迪瓦的利益。[①] 科特迪瓦沿海所谓的凹陷不能构成科特迪瓦和加纳边界划定的"相关情况"，因为假定的凹陷对等距离线没有任何影响。习惯上的等距离线边界使科特迪瓦的有关海岸能够不受阻碍地向海延伸，从而无限制地进入外大陆架和其他地区。[②] 然而，这不是真正的截止点，当然也不是需要缓解的截断。这种截断可以通过在该点偏离习惯的等距离线边界而完全消除。

在考虑是否对临时等距离线进行调整时，相关地区存在的岛

---

① Joint minutes of the meeting of the Commission established by agreement between the Government of Ghanaand the Government of Côte d'Ivoire to consider unlawful logging in the area of the boundary between the twocountries, 10 December 1963, CMCI, vol. Ⅲ, Annex Ⅱ.

② Minutes of the 15th regular Session of the Joint Commission on Redemarcation of the Boundary between Côte d'Ivoire and Ghana, 18—20 July 1988, p.5, CMCI, vol. Ⅲ, Annex 12.

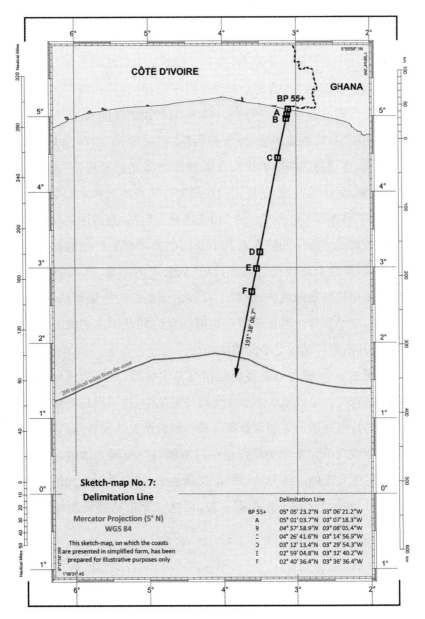

图 3-3　推定的边界线

179

屿也是潜在的考量因素。在本案中，不存在截断效应，也不存在岛屿。就相邻国家而言，等距离线几乎总是会产生截断。因此，问题不在于是否有一个截断，而在于截断是否以共同和相互平衡的方式产生影响。[①] 特别分庭现在将审议，科特迪瓦海岸的凹凸不平是否构成有利于科特迪瓦调整临时等距离线的"相关情况"。海岸的构造，特别是凹陷，经常被当作"相关情况"加以援引。在这方面，特别分庭回顾了法庭在孟加拉湾海洋边界划界（孟加拉国/缅甸）案中的判决，法庭指出在划定专属经济区和大陆架的界线时，凹陷本身不一定是一个"相关情况"，但是，当两国之间划定的等距离线因海岸凹陷而对其中一国的海洋权利产生截断影响时，可能需要对该线进行调整，以达到公平的结果。[②] 仲裁法庭关于孟加拉湾案的裁决，证明了有理由调整临时等距离线，这种截断效应必须首先阻止该国在国际法允许的范围内扩大其海洋边界，其次促成达成公平的解决办法。

在本案中，获得石油资源的情况非常特殊，足以构成划界的"相关情况"。争议地区的油气资源异常集中，这可以用塔诺沉积盆地的特殊地质历史加以解释。有些地貌情况非常特殊，导致一方完全或几乎完全无法获得这些沿海的自然资源。加纳之所以能够对所发现的大部分油田提出权利主张，仅仅是因为加纳对乔莫罗（Jomoro）这块土地拥有主权，而这一地带已被证明能构成

[①] Minutes of the meetings of the Technical Committee responsible for gathering and updating information onthe delimitation of the maritime boundary between Ghana and Côte d'Ivoire, 16—18 March 1992, CMCI, vol. Ⅲ, Annex 14.

[②] See Conciliation between The Democratic republic of Timor-Leste and The Commonwealth of Australia (Timor-Leste and The Commonwealth of Australia), Decision on Competence, P.C.A. 2016, p.17, para. 68.

"特殊情况"。科特迪瓦的目标是取得公平划界份额，将争议地区油气资源的存在视为"特殊情况"并在判例中被接受。科特迪瓦声称，划界所带来的潜在灾难性后果——仅在渔业活动方面由法院和法庭评估，因为其与石油活动没有任何共同之处。科特迪瓦的国计民生从未依赖这些水域（或海床），因此，调整后的等距离线不会对其造成任何灾难性影响。正是由于加纳控制争议地区的霸权政策，科特迪瓦被剥夺了获得该地区所含油气资源的机会。因此这种划界不能说明科特迪瓦在经济上的依赖性。根据事实，即就矿产资源的分配而言，加纳不同意科特迪瓦的意见。科特迪瓦拥有大部分油气资源，在 2009 年之前的 10 年里，科特迪瓦每天的石油产量是加纳的 70 倍。没有法院或仲裁庭曾裁定油气资源的存在是一种"相关情况"，或根据有争议地区油气资源的存在调整了等距离线或任何其他临时划界线。没有任何案例表明，调整界线是为了让一个国家获得它以前从未享有的资源。[①]

只有在需要改变边界以避免对有关国家人民的生计和经济福祉造成灾难性影响的情况下，才会考虑自然资源。在 Jan Mayen 案中，法院裁定这一具体要求应得到满足，因为如果不调整边界线，丹麦将无法获得其渔民生存所依赖的鱼类资源。科特迪瓦竭力表明获得油气资源的机会应与获得鱼类资源的机会区别对待，并在没有灾难性影响的情况下，或在以前没有获得这些资源因而没有被剥夺的情况下，将其视为"相关情况"。科特迪瓦

---

① See Dispute Concerning Delimitation of the Maritime Boundary between Ghana and Côte d'Ivoire in the Atlantic Ocean (Ghana /Côte d'Ivoire)，Separate opinion of Judge Paik，ITLOS，no. 23，2017，para. 9.

不能表明，它甚至没有声称如果习惯的等距离线边界得到确认，它将遭受灾难性的后果。① 事实上，这不会有任何影响，因为不能剥夺一个国家从一开始就从未获得的东西。科特迪瓦从未在有争议地区进行任何与石油有关的活动，而且科特迪瓦人民从未依赖这些水域（或海床）赚取收入。② 因此，不可能对其人民造成任何灾难性影响。有关地区大多属于科特迪瓦盆地（Ivorian basin），其开发油气资源的潜力尚不完全清楚，这进一步加剧了这些疑虑。③

根据国际判例的标准，双方的行为，包括在与石油有关的事项上的行为，并不能证明存在一种可能构成"相关情况"或事实界线。科特迪瓦不同意加纳对大陆架（突尼斯/阿拉伯利比亚民众国）案的解读，但国际法院确实按照突尼斯和利比亚在地震勘探和多次钻探中遵守的事实线划定了第一段海洋边界。国际法院之所以选择事实上的界线，是因为事实上的界线确认了一种在两国独立之前就已具体化的模式。临时措施不是来自石油特许权本身，而是来自的黎波里塔尼亚/利比亚和突尼斯之间的一条分界线，意大利在 1919 年提出了这条线，法国非但没有提出异议，反而严格遵守了这条线，突尼斯和利比亚在独立后也采用这一界

---

① Note verbale no. 7472/AE/AP/RB-AF/2 from the Ministry of Foreign Affairs of Côte d'Ivoire to the Embassy of Ghana in Abidjan, 4 September 1992, CMCI, vol. Ⅲ, Annex 23; Official telegram sent by the Ministry of Foreign Affairs of Côte d'Ivoire to the Embassy of Côte d'Ivoire in Accra relating to the dispatch of a survey team to the boundary area with Ghana, undated, CMCI, vol. Ⅲ, Annex 22.

② Communication from the Ivorian Party, second meeting of the Côte d'Ivoire-Ghana Joint Commission on delimitation of the maritime boundary between Côte d'Ivoire and Ghana, 23 February 2009, CMCI, vol. Ⅲ, Annex 30.

③ Ghana, Declaration under article 298 of UNCLOS, 16 December 2009, CMCI, vol. Ⅲ, Annex 35.

线作为事实上的界限。① 大陆架（突尼斯/阿拉伯利比亚民众国）案是在海洋划界问题上承认临时措施的唯一案例，需要"高标准的证据"。然而，本案中并没有出现这种事实界线，原因已在存在默示协议的情况下解释过。法院在突尼斯/利比亚案中确定的临时性界线并没有适用三阶段方法。因此，对科特迪瓦来说，加纳援引这一判决是基于断章取义的分析。②

　　虽然国际法院承认仅在当事方在石油特许权、捕鱼或警察巡逻等各个领域的活动方面存在临时措施，但在本案中，加纳仅以石油特许权和活动作为其临时措施主张的依据，而且，后来的判例证实——石油活动特别是石油特许权，本身并不构成与划界有关的"相关情况"，除非它们达成过协议。因此，根据既定判例，双方在本案中的石油特许权和活动不能构成划界的"相关情况"。此外，鉴于本案的普遍情况，它们不能适用临时措施。特别分庭注意到，加纳将默示协议、禁止反言和当事方行为作为"相关情况"的论点，基本上是以双方几十年来的相同声明、行为和不行为为依据。特别分庭已经指出，双方的行为不足以证明双方之间存在关于海洋边界的默示协议，也不足以证明满足禁止反言的条件。特别分庭必须考虑双方的行为是否仍可被视为需要调整临时等距离线的"相关情况"，③在这方面，特别分庭认为，大陆架

---

　　① Minutes of the tenth meeting of the Côte d'Ivoire-Ghana Joint Commission on the Côte d'Ivoire-Ghana maritime boundary delimitation，26—27 May 2014，p. 4，CMCI, vol. Ⅲ，Annex 48.

　　② See Dispute Concerning Delimitation of the Maritime Boundary between Ghana and Côte d'Ivoire in the Atlantic Ocean（Ghana /Côte d'Ivoire），Separate opinion of Judge Paik，ITLOS, no. 23，2017，para. 9.

　　③ Case concerning territorial and maritime dispute between Nicaragua and Honduras in the Caribbean Sea（Nicaragua v. Honduras），Judgment，I. C. J. Reports 2007，p.748，para. 294.

（突尼斯/阿拉伯利比亚民众国）案与这个问题特别相关。特别分庭还注意到，每一方都做出了相当大的努力，以论证大陆架（突尼斯/阿拉伯利比亚民众国）案能支持其观点。[①] 特别分庭指出，在大陆架（突尼斯/阿拉伯利比亚民众国）一案中，1977 年 6 月 10 日双方缔结的特别协议第 1 条要求国际法院确定可适用于大陆架区域划界的国际法原则和规则，并在此过程中考虑到公平原则、该区域的"相关情况"以及第三次海洋法会议所接受的新趋势。另一方面，在本案中，特别分庭被要求划定一条划定领海、专属经济区和大陆架的通用的海洋边界。因此，大陆架（突尼斯/阿拉伯利比亚民众国）案划界的主题和方法与本案不同。[②]

据国际法院称，意大利在 1919 年更正式地发展了这一路线，发布了《关于监督的黎波里塔尼亚和塞雷尼亚水域的海上捕鱼的指示》。这条线成为一种"临时措施"，负责突尼斯对外关系的法国当局方面保持沉默，没有提出抗议。第二个考虑是，从阿吉迪尔角（Ras Ajdir）北面以东同一角度存在一条事实上的线，这是双方最初为特许海上勘探和开采石油、天然气的结果，且多年来一直默契地遵守了这条线。第三个考虑因素是，该线垂直于该段海岸。在这方面，国际法院回顾说，在领海划界方面，国际法委员会专家委员会 1953 年审查的划界方法之一是，在海岸线与陆地边界的交叉点上画一条垂直于海岸线的线。因此，采用 26°线，不仅

---

① Maritime Dispute (Peru v. Chile)，Judgment，I. C. J. Reports 2014，p. 69，para. 192. See also Maritime Delimitation in the Black Sea (Romania v. Ukraine)，Judgment，I.C.J. Reports 2009，p.129，para. 210.

② Land and Maritime Boundary between Cameroon and Nigeria (Cameroon v. Nigeria：Equatorial Guinea intervening) Judgment，I.C.J. Reports 2002，pp.433—448，paras.272—307.

仅是因为存在着"临时措施"，无论其定义是什么，都要考虑到上述三个因素的共同作用。① 正如国际法院所认为的，这条相邻特许权的线多年来一直受到默许，而且与过去一直被视为事实上的海洋界限的边界点与海岸垂直的线大致一致，在法院看来，这确实构成了与划界有重大关联的情况。

此后，国际法院和法庭一直不愿意将石油特许权和石油活动视为调整临时划界线的"相关情况"。特别分庭已经指出，双方在本案中的对于石油资源的做法并非毫无争议，然而，即使双方开展石油活动的地区之间存在事实上的界线或临时措施，特别分庭也不认为目前的情况与大陆架（突尼斯/阿拉伯利比亚民众国）案的情况相似。

在本案中，并没有像大陆架（突尼斯/阿拉伯利比亚民众国）案那样，将殖民时期的临时措施或事实上的海洋界限与嗣后相应的石油惯例混为一谈。② 此外，与石油实践有关的事实界限或临时措施本身不能成为划定上覆水域以及海床和底土的通用海洋边界的"相关情况"。特别分庭认为：双方的行为不足以证明它们之间沿等距离线存在默示的海洋边界。关于同一行为构成了"相关情况"，需要调整临时等距离线，以符合"习惯等距离线边界"的提议，似乎是企图通过规避存在默示协议所需的证明标准，以恢复被特别分庭驳回的默示海洋边界。③

---

① https://www.itlos.org/fileadmin/itlos/documents/cases/case_no.23_merits/23_published_texts/C23_Judgment_20170923.pdf.

② See Dispute Concerning Delimitation of the Maritime Boundary between Ghana and Côte d'Ivoire in the Atlantic Ocean（Ghana /Côte d'Ivoire），Separate opinion of Judge Paik，ITLOS，no. 23，2017，paras. 11—14.

③ https://www.itlos.org/fileadmin/itlos/documents/cases/case_no.23_merits/23_published_texts/C23_Judgment_20170923_SepOp_Mensah.pdf.

第四章
海洋划界中的复杂因素：以罗马尼亚诉乌克兰黑海划界案为例

第一节 案情与争议事项

罗马尼亚和乌克兰之间的争端涉及在黑海划定一条单一的海洋边界，以确定两国之间的大陆架和专属经济区界限。两国于1997年6月2日缔结《罗马尼亚和乌克兰睦邻友好合作条约》时，还通过了《附加协定》，即两国应签署一项关于划定大陆架和黑海专属经济区的协定。缔结这种协定的谈判将在《睦邻友好合作条约》生效之日起三个月内尽快开始。《睦邻友好合作条约》于1997年10月22日生效，大陆架和专属经济区划界谈判于1998年1月开始，最后一轮于2004年9月举行，其中专家级的谈判就举行了10轮，但尽管进行了24轮谈判，最终还是未能达成划界协定。在这种情况下，2004年9月16日罗马尼亚向法院书记官处提出对本案提起诉讼的申请。①

2003年6月17日，《罗马尼亚和乌克兰关于罗马尼亚-乌克兰国家边界问题、边界事务协作和互助条约》（以下简称《国家边界条约》）签署，该条约于2004年5月27日生效。双方同意，法院管辖权的所有条件在申请完成时均已满足，因此法院有权对案件做出裁决。然而，它们在赋予法院的管辖权的确切范围方面存在分歧。罗马尼亚认为，法院进行划界的适当方式是确定这两个点之间的边界，然后着手确定两国尚未划定界线的其他部分的划界线。乌克兰认为，划界必须从两国领水的外部边界开始，法院划定的分界线应是一条完全划分大陆架和专属经济区地区的线，而不是一条一国领海与另一国专属经济区的分属分界线。

根据国际法，原则上不能有一条划界线——将一国领海与专属经济区和另一国的大陆架分隔开来。事实上，法院在其关于海洋划界的最新判决中确定了这条线。乌克兰完全依赖《附加协定》第4款(h)项的条款，认为该段文字表明缔约方没有预期法院不会在蛇岛周围划定一个通用的海洋边界，以及乌克兰领海的外部界限。《附加协定》第4款(h)项的措辞指向的是大陆架和专属

---

① https://www.icj-cij.org/public/files/case-related/132/14697.pdf.

经济区的划界问题应由联合国国际法院解决，而对于是否必须在整个划界线两侧都有这些区域只作了中立性表述。法院认为，它必须根据《附加协定》的目的和宗旨及其上下文，来解释赋予法院管辖权的《附加协定》第 4 款（h）项的规定。① 该协定与《罗马尼亚和乌克兰睦邻与合作条约》于同一天缔结，条约第 2 条第 2 款规定缔约国应就两国间的边界制度缔结一项单独的条约，并应根据两国部长换文商定的原则和程序解决其大陆架和黑海专属经济区的划界问题，该事务应与条约签署同时进行。本换文所载的谅解性内容应与本条约同时生效。②

《附加协定》具体规定了对上述《睦邻友好合作条约》第 2 条第 2 款所述双方承诺生效的方式。双方特别在《附加协定》的第 1 段中具体指出，应自 1997 年 10 月 22 日《睦邻友好合作条约》生效之日起两年内缔结两国边界条约。③ 在同一协定的第 4 段中，双方具体规定，关于划定黑海大陆架和专属经济区的协定应由双方进行谈判。法院认为双方打算以全面的方式解决它们之间所有的边界问题，无论是陆地的还是海上的。根据对乌克兰的狭义解释，如果法院不为乌克兰找到实质性的解决办法，那么两国之间的划界问题就不能有效解决。法院注意到，《国家边界条约》于 2003 年 6 月 17 日缔结，即是在《睦邻友好合作条约》生效后六年内缔结，而不是原先设想的两年。在 2003 年的《国家边界条约》第 1 条中，描述了双方之间的边界线不仅包括陆地上的，也包括

---

① https：//www.icj-cij.org/public/files/case-related/132/14699.pdf.

② Exchange of Letters dated 2 June 1997 (English translation and Romanian and Ukrainian originals).

③ Treaty on the Relations of Good NeighbourIiness and Cooperation Between Romania and Ukraine 1997 (English translation and Ukrainian original).

领海的。①

虽然双方没有就划定黑海地区的大陆架和专属经济区达成协议，但《附加协定》第 4 款（h）项设想的在这种情况下，缔约方任何一方均可要求法院就划界问题做出裁决。因此，法院的裁决将替代双方之间关于大陆架和专属经济区划界问题未达成的协定，并解决双方尚未解决的所有此类事项。在履行任务时，法院将适当考虑双方之间关于划定各自领海的协定。然而，罗马尼亚认为，双方同意罗马尼亚和苏联于 1949 年、1963 年和 1974 年缔结的《条约》是具有法律约束力的协定，这些协定确定的海洋边界的最初部分，应作为《海洋法公约》第 74 条第 4 款和第 83 条第 4 款所称的划界协定考虑。另一项此类协定是 2003 年的《国家边界条约》，其中所划定的领海外部界限在罗马尼亚领海与围绕蛇岛周围作 12 海里圆弧的交汇点处。罗马尼亚认为，在 1997 年的《附加协定》中，双方承认的原则既适用于两国之间的外交谈判，也适用于法院最终解决争端的目的。罗马尼亚在提到这一规定时声称，无论是谈判，还是与缔约方可能的诉诸于解决划界问题的其他程序，其实没有区别。罗马尼亚认为，《睦邻友好合作条约》和《附加协定》载有罗马尼亚和乌克兰之间达成的法律承诺，根据这项承诺，罗马尼亚正式确认蛇岛属于乌克兰，乌克兰接受了《附加协定》规定的划界原则，以公平解决划界问题。②

罗马尼亚认为，两国在 1997 年已经达成一致意见，除了对双

---

① Treaty Between Ukcaine and Romania on the Regime of the Ukrainian-Romanian Stace Border, Collaboration and Mutual Assistance in Border Matters 2903 (English translation and Ukrainian original).

② Nore verbale No. 72122-431-2399 from the Ministry of Foreign Affairs of Ukraine to the Ministry of Foreign Affairs of Romania dated 18 October 2002.

方领海划界已经产生的影响之外，不能产生其他任何效力。乌克兰认为，法院有义务按照《国际法院规约》第 38 条第 1 款所规定的国际法裁决争端。关于海洋划界问题、关于本案缔约方之间的问题，适用的国际法规则主要包括《公约》的规定和法院判例中已经确立的某些具体规则。1997 年的《附加协定》是一项对缔约方具有约束力的国际条约，但其规定并不包括与目前程序有关的协定，其中所解释的原则作为双方谈判划界协定的基础，但双方并未同意它们适用于随后的司法程序。与此同时，乌克兰承认，其中一些原则可能作为国际法既定规则的一部分而适用，但不是作为任何双边协定的一部分。乌克兰指出了声明与保留的区别，并声明不修改有关条约的法律效力，也不要求其他缔约方做出任何答复。因此，乌克兰认为，法院不必考虑罗马尼亚的声明。罗马尼亚声称 1997 年《附加协定》中提及《公约》第 121 条被认为是适用于划界的原则之一，这表明乌克兰接受了罗马尼亚宣言所解释的第 121 条第 3 款对目前局势的适用性。[①] 对乌克兰来说，这种说法是毫无根据的。罗马尼亚和苏联在 1949 年、1963 年和 1974 年缔结的《条约》是否构成《公约》第 74 条第 4 款和第 83 条第 4 款意义上的划界协定，取决于法院将根据罗马尼亚的论点得出的结论，即这些协定确定了海上的最初部分法院必须确定的边界。

法院注意到《附加协定》中所列的原则是由当事国于 1997 年制定的。《公约》于 1999 年在当事国之间生效，这意味着在这种情况下，法院应适用海洋划界原则。根据《公约》第 310 条，在签署、批准或加入《公约》时，不排除一国不得发表声明或说明，只要

---

① Extract from the Resolution of the Cabinet of Ministers of Ukraine No. 415 dated 5 June 1993 (English translation and Ukrainian original).

这些说明和声明无意排除或修改《公约》规定适用于该缔约国的法律效力。因此,法院将根据 1969 年 5 月 23 日的《维也纳条约法公约》第 31 条,采用其判例解释《公约》的有关规定。罗马尼亚的声明本身与法院的解释没有关系。[①] 法院注意到,对于在蛇岛周围是否已存在一个已经商定的适用于所有目的的海上边界,双方意见不一。因此,它们也不同意由法院进行划界的起点。为了澄清所讨论的问题,法院必须区分这两个不同的问题：第一,确定作为双方已经确定的陆地边界和领海边界功能的划界起点；第二,蛇岛周围是否存在商定的海洋边界,这种边界的性质是什么,特别是它是否将乌克兰领海与罗马尼亚大陆架和专属经济区分隔开了,正如后者所声称的那样,但罗马尼亚否认了这一边界。

罗马尼亚表示,1949 年划定的边界是在 1963 年和 1974 年的苏联-罗马尼亚议定书以及 1949 年和 1961 年罗马尼亚与苏联之间的边界条约中确定的。据罗马尼亚称,这些通过继承方式取得对乌克兰具有约束力的协议确立了蛇岛周围 12 海里画弧的海上边界的第一部分。罗马尼亚指出,在 1997 年的《附加协定》和 2003 年的《国家边界制度条约》中,乌克兰明确确认了 1961 年罗马尼亚和苏联之间的边界制度条约所商定的边界的约束力,该条约本身也证实了 1949 年《边界制度条约》的适用性。[②] 从 1949 年《总公报》的文字中可以清楚地看出,双方同意边界将沿着"环绕"

---

① G. Popa-Lisseanu. " Ramanica, Historical, Philological and Archaeological Studies." *Publications of School Society House*, Subsidiary Library N 48, Bucharest, 1925, pp.115, 119—120 (English translation and Romanian original).

② R. Calinescu. "Insula Serpilor. Schita monografica." in *Arzalele Dobrogei Anul XII*, Cernauri, 1931, pp. 47, 53 and 57 (English translation and Romanian original).

蛇岛的 12 海里海洋边界带的外缘划定。此外，罗马尼亚还认为，该协定实现了全面划界，而不限于西部最初的短扇区，并指出在单独的 1949 年关于边界标志 1439 号的示意图上，以及附于 1949 年《一般程序》的 134 号地图上，边界清楚地沿着蛇岛周围 12 海里的弧线划定，直到上述地图的边缘。罗马尼亚声称，示意图是会议记录的一个组成部分，必须给予相应的权重。在其看来，无论是比例尺还是地理位置准确，示意图都证实了《议事规则》的文本含义，即周边界线沿着蛇岛周围 12 海里的弧线延伸到边界标志 1439 之外，并且在整个长度上也具有相同的特征。罗马尼亚补充说，虽然其和苏联之间海上边界的最终点不是由特定的地理坐标确定的，但商定边界的范围由 1949 年《通用程序》本身的语言确定。①

　　法院得出结论，在 1949 年达成一致，从边界标志 1439 所代表的点开始，罗马尼亚和苏联之间的边界将沿蛇岛周围的 12 海里弧线开始，而未指定任何终点。根据 2003 年《国境边境条约》第 1 条，当事国之间的国境终点固定在罗马尼亚的领海边界与乌克兰的领海边界的交点处。正如法院多次声明的那样，主张以事实为依据的当事方必须证明事实。相比之下，在本案中，法院有《1949 年协定》及其后的协定。法院的任务是解释这些协议，而不是对事实进行调查。②

　　国家实践表明，当各国同意将其大陆架边界应用于专属经济区时，通常会导致情况复杂化。土耳其和苏联之间的协议将大陆

---

① The Black Sea and Sea of Azov Sailing Dtrecrioras, Fourth Edition, St Petersburg, 1903, pp.64—65 (English translation and Russian original).

② The Black Sea Sailing Directions, Seventh Edition, Leningrad, 1931, pp.47—48 (English translation and Russian original).

架边界应用于专属经济区边界就是其中一个例子。同样，如果各国打算将先前商定的领海边界稍后再作为大陆架和/或专属经济区的边界，则可以期望它们为此目的缔结新的协定。[①] 尽管 1949年《杜鲁门宣言》及其刺激效果广为人知，但双方都没有在 1949年宣称拥有大陆架，也没有任何迹象表明双方正在准备这样做。国际法委员会尚未开始其关于海洋法的工作，最终导致 1958 年《大陆架公约》和这一概念被广泛接受。国际法中的专属经济区概念还有很长一段时间才确认。双方之间明确规定专属经济区和大陆架划界的唯一协定是 1997 年的《附加协定》，它没有确定一个边界，而是建立了一个确定边界的程序。该协议正是以这些程序为目标，但是对于谈判时需要考虑因素的细节规定，现存的协议里并没有提及。1949 年，双方就专属经济区或大陆架界限的划定没有达成符合《公约》第 74 条和第 83 条内容的协议。

第二节 海洋划界中囊括的复杂因素

本章通过透视海洋划界所囊括的复杂因素，进而论述国家在相关区域的活动可以作为一个"有关情况"加以考虑。例如，1993年、2001 年和 2003 年在乌克兰所主张的大陆架和专属经济区颁发有关石油和天然气的开发许可，作为一项法律原则，有效性和国家活动并不构成划界考虑的因素。此外，三份许可证中有两份

[①] Zou Keyuan. "The Sino-Vietnamese Agreement on Maritime Boundary Delimitation in the Gulf of Tonkin." *Ocean Development and International Law*, Vol. 36，2005，pp.13—24.

是在 1997 年《补充协议》签署的关键日以后颁发的，罗马尼亚对此不断地表示反对。因此，双方并不存在一种默契——乌克兰所提到的有效性并不能否定一条"事实上存在的线"。①

本案中相关海岸是产生海洋权利的海岸。双方所讨论的海岸投射的区域，是两国沿海产生的区域之间的重叠区域。用于确定任何给定相关海岸线的标准是，各方海岸之间的邻接或对立关系，以及这些海岸产生权利重叠的能力。相关海岸线中唯一的主要特征是苏利纳堤坝和多瑙河圣乔治湾的河口，略位于萨卡林半岛北部。萨卡林半岛形成一个狭窄的海角，是这一段的南部界限。从这个半岛开始，海岸向西延伸，直至拉齐姆湖——一个罗马尼亚咸水湖，由一条狭长的陆地与大海隔开。然后海岸线逐渐向南弯曲，并逐渐向南延伸，直至到达与保加利亚的陆地边界，即瓦玛·韦切（Vama Veche）以南。② 在罗马尼亚看来，这与整个罗马尼亚海岸都是相关的，特别是位于罗马尼亚和乌克兰之间陆地/河流边界最后一点与萨卡林半岛外缘之间的海岸段，与划界区的两个部分有关，这两个区域分别具有沿海毗邻和沿海对立的特点。位于萨卡林半岛以南至罗马尼亚/保加利亚陆地边界最后一点的部分仅与以海岸对立为特征的划界区有关。罗马尼亚将其海岸的北段视为相关的"相邻海岸"，然后将整个海岸（即包括北部海岸）作为相关海岸，以便在"相对海岸"之间划界。

对此，罗马尼亚解释说，虽然其海岸对相邻海岸和对向海岸都有作用，但在计算其相关海岸的总长度时，海岸的每一部分只

---

① 张卫彬：《2009 年罗马尼亚诉乌克兰黑海划界案评析》，《中国海洋法学评论》，2009 年第 2 期，第 29 页。

② Treaty of Peace with Romania, 10 February 1947, U.N. Treaty Series No. 645.

计算一次。据乌克兰称，考虑到罗马尼亚沿海的西诺赛人，罗马尼亚海岸的总长度约为 258 千米。如果更普遍地根据海岸测量海岸线，那么海岸线长度为 185 千米。如果参照罗马尼亚的直线基线规则来测量罗马尼亚的海岸线，它的长度大约为 204 千米。为了划界，双方同意整个罗马尼亚海岸构成有关海岸，罗马尼亚的整个海岸都与要划定的地区毗连。从罗马尼亚海岸的大致方向来看，相关海岸的长度约为 248 千米。①

为了划界，法院现在审议与乌克兰有关的海岸问题。罗马尼亚断言，乌克兰海岸的特征是有许多深凹痕，并多次急剧逆转路线，各段彼此面对。乌克兰海岸从与罗马尼亚的陆地/河流边界开始，向北广泛伸展一段短距离，然后向东北方向延伸，直到 Nistru / Dniester 峡湾。南岸与海岸相交的点标志着乌克兰海岸与罗马尼亚海岸邻接的那部分的尽头。从这一点来看，乌克兰海岸的变化方向是朝北向北，直到敖德萨。在敖德萨，它最初向北，然后向东弯曲，直到海岸到达第聂伯河峡。② 从这里开始，海岸的总体方向是第一个向南的方向，然后从 Yahorlyts'ka 海湾的底部开始是向东，直到到达 Karkinits'ka 海湾的底部，接着，海岸急剧向后转，沿着 Karkinits'ka 海湾的南部海岸向西南延伸，直到到达塔坎昆特角。最后一个区域包括塔坎汉特角和萨雷奇角之间的克里米亚海岸，该海岸是凹形的，其总体方向被一个显著

---

① Protocol Concerning Adjustment of the Traversal of the State Border Llne Between the Union of the Soviet Socialist Republics and the Romanian People's Republic dated 4 February 1948 and Annexed Maps, Collection of Valid Treaties, Agreements and Coaventions Concluded by the USSR with Foreign States, Issue ⅩⅢ, pp.266—269, No. 519 (English translation and Russian original).

② Nore verbale No. DPU1371193 from the Ministry of Foreign Affairs of Ukraine to the Embassy of Romania dated 31 May 1993 (English translation and Ukrainian original).

的凸起所打断,最西端是赫尔松斯角①。罗马尼亚认为,乌克兰海岸由八个不同的部分组成,这由海岸方向的明显变化所决定。尤其是不应将克里米亚半岛北部以北的卡金提斯卡海湾的海岸线算作相关海岸,也不能"在卡金提斯卡海湾的上方或内部划定一条封闭线作为与其不相关海岸的替代品"。这种北部海岸所作的投影实际上已超过了从塔尔汉库特角至萨里奇角的乌克兰海岸的西向投影。蛇岛不构成缔约方沿海结构的一部分,它只是一个小的海洋地貌,位于离缔约方海岸相当远的海面上。②

乌克兰的有关海岸由三个不同的部分组成,每个部分都产生了一个大陆架的权利,并在该区域内划定了专属经济区。第一部分从与罗马尼亚的边界一直延伸到敖德萨以北的一个点。在敖德萨以北的为第二部分,乌克兰海岸向东弯曲,并包括黑海西北部的朝南沿海。然后,海岸延伸到海湾。第三部分包括克里米亚半岛的西海岸,从海湾的最东端到 Sarych 角。乌克兰海岸的这一部分的特征是,卡金尼斯卡海湾和卡拉米兹卡海湾不太明显。乌克兰沿海地区的所有三个区域都产生 200 海里的权利,这些权利延伸到由罗马尼亚划定的整个区域。事实证明,罗马尼亚试图压制的其朝南的海岸在这种情况下,在整个关注地区产生了 200 海里的应享权利。③ 乌克兰声称蛇岛构成地理环境的一部分,其

---

① Ukraine's Succession Act 1991 (English translation and UkrainE an original).

② Note vevbale No. 72122 - 432 - 2337 from the Ministry of Foreign Affairs of Ukraine to \ i the Ministry of Foreign Affairs of Romania dated 30 June 2003 (English &-anslation 1 and Ukrainian original).

③ Letter from the Romanian Permanent Mission to the United Nations to the Secretary — General dated 18 June 1997 Annexing the Geographical Co-ordinates of the Points Between Which Romania has Drawn its Straight Baselines (English version).

海岸构成乌克兰相关海岸的一部分。①

　　法院在审议有争议的问题时,会回顾其在这一问题上相关判例的两个原则:第一,"陆地支配海洋"使得沿海向海方向的预测产生了争端;第二,海岸为了被认为与划界的目的有关,必须产生与另一方海岸的预测重叠的预测。② 因此,法院不能接受乌克兰关于海湾海岸是相关海岸的一部分的论点。这个海湾的海岸相互对峙,它们的潜在延伸线不能与罗马尼亚海岸线重叠。因此,法院不会进一步审议这些海岸。出于同样的原因,亚霍利茨卡湾和第聂伯湾的海岸线也将被排除在外。③ 但是,法院在计算乌克兰相关海岸的总长度时并未包括这条线,因为这条线"取代"了卡尔金尼斯卡海湾的海岸线。这些海岸线本身并没有投影在要划定的区域上,因此也不会产生关于大陆架和专属经济区的任何权利的地区。④ 因此,法院将乌克兰海岸的这些部分视为相关海岸。蛇岛的海岸如此之短,以至于双方的相关海岸的总长度没有真正的不同。

　　在南部,该地区以相邻的罗马尼亚和保加利亚海岸之间的等距离线、相对的罗马尼亚和土耳其海岸之间的中线,及苏联和土耳其商定的划界线为边界,乌克兰已经签署了这一协定。在东南部,该地区以子午线为边界,萨里奇角与乌克兰和土耳其之间的

---

　　① The International Chart Series INTl Symbols and Abbreviations Terms Used on Charts,The International Hydrographic Organisation,Monaco,1992.

　　② Romanian Nautical Chart of the Black Sea,published in 1994.

　　③ E.D. Clxke. *Travels in Various Countries of Europe*,*Asia and Africa*,Third Edition,Printed for T. Cadell and W. Davies Strand,London,1813,pp.648—650.

　　④ S. B. Okhotnikov. Odesa National University,Notes of she Facully of Hisrory,Odesa,1996,pp.46—59(English translation and Russian original).

划界线相连。在西部和东部，该地区的边界由罗马尼亚和乌克兰相关海岸组成。根据罗马尼亚的说法，相关地区是指有关海岸的投影所产生的所有水域，不论对方是否声称拥有主权。位于乌克兰和土耳其之间的东南三角洲也构成了相关地区的一部分，因为它距离罗马尼亚海岸线只有200海里。乌克兰争辩说，相关区域的西部界限对应于罗马尼亚与保加利亚和乌克兰之间的陆地边界以及从与罗马尼亚的边界一直延伸到敖德萨以北的某个点的乌克兰海岸段之间的罗马尼亚海岸线。①

当被要求划定大陆架或专属经济区，或划出一条单一的划界线时，法院将按确定的阶段进行。在最近几十年，已经精确指定了这些单独的阶段，这些阶段在有关大陆架的案例中被广泛的解释。首先，法院将采用几何上客观的方法，也适用于进行划界区域地理的方法，确定一条临时划界线。就相对的海岸而言，临时划界线将由两个海岸之间的中线组成。使用"中线"和"等距离线"这两个术语不会产生法律后果，因为二者的划界方法是相同的。等距离线和中线应从相关国家海岸上最适当的点开始，并特别注意那些最靠近定界区域的隆起的沿海点。法院在其他地方考虑了在构建单一目的划界线时可在多大程度上偏离当事双方为其领土海域选择的基准点。当要求在相邻国家之间建立一条临时等距离线时，法院在为此目的选择自己的基准点时将考虑双方的海岸线。这样采用的路线很大程度上取决于自然地理和两个海岸最向海的地点。根据其关于海洋划界的既定判例，法院第一阶段的做法是确定临时等距离线。在临时等距离线施工的最

---

① Brochures of the Museum of Odesa and Pictures of the Artefacts（English translation and Ukrainian and Russian originals）.

初阶段,法院尚未考虑可能获得的任何"相关情况",该线是根据客观数据严格按照几何标准绘制的。

在罗马尼亚与保加利亚接壤的海岸线上,国际法院将首先考虑萨卡林半岛。在这一点上,罗马尼亚海岸从罗马尼亚和保加利亚之间的边界开始几乎垂直地转向北方。在这个地方,罗马尼亚和乌克兰的海岸是相对的。萨卡林半岛在基点选择方面的重要性遭到乌克兰的质疑,乌克兰将其描述为一片汪洋。然而,法院认为,该半岛属于陆地,是罗马尼亚大陆的一部分——因为在涨潮时,它是永久性的,不存在争议。半岛的地貌特征及其可能的沙质性质,与海洋划界有关的自然地理要素没有关系。国际法院认为,根据第29条的规定,在罗马尼亚半岛上设立一个基准点是恰当的。法院接下来将考虑是否可将罗马尼亚的穆苏拉湾海岸点作为基点。这个海湾的南部岬角是罗马尼亚海岸向克里米亚方向最突出的地方,也是两国海岸毗邻的地区。这两个特点是其选择建立临时等距离线的依据。① 然而,由于在南部岬角修建了一条7.5千米长的出海堤坝,这也相应地增强了这一特点,因此有必要选择堤坝向海的一端或它与大陆毗连的一端。② 在这个方面,法院注意到,在划界工作第一阶段中考虑的几何性质导致它将海岸地理在划界时确定为自然现实的那些点作为基点。这一地理现实不仅包括地球动力学和海洋运动产生的物理因素,而

---

① S.B. Okhotnikov, A.S. Ostsoverkhov. "Anchorage of Achilles' Sanctuary on LRuke (Zmiin yi) Island." in *Archaeology Science Journal*, 2002, No. 2 (English translation and Ukrainian original).

② I.V. Tunki na. *Russian Science on Classical Antiquities of zhe Russian South* (XVZJMid XIX Centuries), St. Petersburg, 2002, pp.401—450 (English transIation and Russian original).

且还包括存在的任何其他物质因素。①

鉴于专属经济区和大陆架的宽度是根据测量领海的基线来测量的，法院必须首先考虑苏利纳堤是否可以根据《公约》第11条的规定，将其视为涉及领海划界的"永久性港口工程"。术语"工程"表示为特定目的而安装的设备、结构和设施的组合。在《日内瓦关于领海和毗连区的公约》或《公约》中没有定义"港口工程"一词"构成港口系统的组成部分"，这些通常是允许船舶进入港口，维护或修理的设施，并允许或方便乘客上船和下船以及货物的装卸。但是，法院注意到，堤坝的功能与港口的功能不同。②法院由此得出结论：有理由根据具体情况进行诉讼，《公约》第11条和准备工作条款并不排除限制性解释港口工程概念的可能性，以避免或避免减轻了国际法委员会识别的长度过长的问题。在问题是对领海向海区域划界的问题之一时，尤其如此。关于使用苏利纳堤作为目前划界的基点，法院必须考虑罗马尼亚根据《公约》第16条向联合国做出通知的相关性——罗马尼亚将苏利纳堤的海底作为绘制领海基线的基准点。乌克兰没有反对这种基点的选择。

一旦划定了临时等距离线，法院应"然后考虑是否有因素需要调整或转移该线，以实现公平结果"。自北海大陆架（德意志联邦共和国/丹麦）案以来，法院的判例通常将这些因素作为"相关情况"提及。它们的作用是根据案件核实特殊情况，用几何方法

① D. K. S teklescu. "Insula Serpi lor, azil pentru deportati police." in *Ac fiauvtea*, 25 March 1998, (English translation of relevant excerpt and Romanian original).

② P. Dogam. Serpents' Island in the Way of Shark, Bucharest, 1996, p. 69 (English translation and Romanian original).

从当事方海岸上确定的基点画出的临时等距离线不被视为不公平。如果是这种情况，法院应调整界线，以便按照《公约》第74条第1款和第83条第1款的要求实现"公平解决"。缔约方建议并讨论了他们认为与案件可能相关的几个因素，得出了不同的结论。在"相关情况"下，需要通过将临时路线移近罗马尼亚海岸来调整其临时等距离线，因此，在分析当事双方认为与案件有关的情况时，国际法院重点关注的不是罗马尼亚或乌克兰所划的界线。乌克兰为证明其主张——应通过将划界线移近罗马尼亚海岸而调整临时等距离线的理由是比例原则。鉴于特定的地理背景，沿海的总体构造可能构成可以考虑的"相关情况"，以调整等距离线。① 但是，特别是在双方海岸长度之间存在任何不均衡时，在海洋划界中，双方海岸之间的差异很少会成为"相关情况"。此外，在本案中，罗马尼亚和乌克兰各自的沿海长度没有明显的差距。在任何情况下，都应仅在确定了由于采用公平原则/特殊情况方法而产生的界限之后才处理相称性。所谓的乌克兰在该地区的地理优势和当事方沿海长度之间的差距不应视为本案的"相关情况"。关于沿海配置可能发挥的作用，在"相关情况"下其范围有很大的升值空间。②

在国际法庭处理的几乎所有的海洋划界案件中，相关海岸长度的比较都占有相当重要的地位，甚至在做出的许多决定中起着决定性作用。因此，缔约双方海岸长度之间明显的不均衡是在划

---

① Dutse Alexandru. "Lighthouses Belonging to the European Danube Commission (EDC) and Located in the Danube Delta and on Zmiinyi Island (1856—1939)." Extract from the Annual Collection Association of Prakfiov Povit History, Vol. VIJI, pp.105—110, Ploieshti, 1996.

② Resolution of the Cabinet of Mrnisters of Ukraine No. 1009 dated 1 December 1995 (English translation and Ukrainian original).

定界线时要考虑的"相关情况"，并应影响临时等距离线的偏移，以达到公平的结果。各自海岸线的长度在确定临时等距离线方面不起作用。在临时等距离线的初步确立中，没有任何比例原则。在海岸长度差异特别明显的情况下，法院可以选择将地理事实视为需要对临时等距离线作一些调整的"相关情况"。关于喀麦隆和尼日利亚之间的陆地和海洋边界一案，法院承认"当事方各自海岸线的长度有很大差异可能是被考虑的一个因素"，以调整或改变临时划界线，尽管它发现在这种情况下没有理由改变等距离线。在格陵兰岛与扬马延岛地区之间的海洋划界案（丹麦诉挪威）中，法院认为扬马延岛与格陵兰岛海岸长度之间的差异构成"特殊情况"，需要通过将临时中线移近扬马延岛海岸来进行修改，以免对大陆架和渔业区造成不公平的影响。但是，应该明确的是，考虑到沿海地区的长度差异，并不意味着对格陵兰岛东部沿海地区的长度与扬马延岛地区的长度之间的关系进行直接的数学计算。①

如果这样精确地使用比例，那么确实很难确定还有其他考虑的余地，因为这将立即成为享有大陆架权利的原则以及将这一原则付诸实施的方法。但是，它作为论点的基础的弱点在于，在国家实践中，尤其是第三次联合国海洋法会议在公开表达观点时，希望在国家实践中使用相称性作为一种方法。关于海洋法或法学的会议，在缅因州湾地区（加拿大/美利坚合众国）海域划界案中，分庭认为在某些情况下，任何不平等可能受制于各种因素。分庭认识到，提出这一概念主要是为了检验根据其他标准确定的

① Maritime Delimitation in the Area between Greenland and Jan Mayen (Denmark v. Norway)，Judgment，I.C.J. Reports，1993，para.64.

最初临时划界——通过使用与该概念无关的方法，是否可以认为令人满意的有关特定案例的某些地理特征，以及是否合理地进行相应纠正。①

第三节　如何研判海洋划界中的复杂因素

　　本案的最大特征在于，诸多复杂的因素制约着海洋划界的抉择。黑海的封闭性质也是一个"相关情况"，这是考虑到拟划定区域地理环境的更广泛要求的一部分。在考虑等距离线的公平性时，必须评估黑海的一般海洋地理因素。这一地理因素应与任何先前存在的划界协定一起考虑，以便任何新的划界都不会大大偏离以前在其他沿岸国之间同一海域使用的方法，以免导致不公平的结果。黑海缔结的所有划界协定都使用等距离线作为划定大陆架和专属经济区的方法，其确定过程取决于随后的讨论，其原因是缔约方希望避免损害第三方利益，并且他们想到了罗马尼亚。

　　黑海是一个封闭的海，面积相当小，加上现行划界协定中确定的商定解决办法构成了一个相关的情况，在罗马尼亚和乌克兰海域的划界过程中必须加以考虑。② 罗马尼亚就黑海被认定为封闭海的特点，以及先前与其接壤的某些国家之间缔结的海洋划界协定的重要性的论点在法律上或事实上均不支持，没有仅仅因

---

① Resolution No. 652 of the Cabinet of Ministers of TTk. raajn dated 18 June 1996 (English translation and Ukrainian original).

② Direction No. 568-r of the Cabinet of Ministers of Ukraine dated 13 December 2001, (English translation and Ukrainian original).

为这种性质就在封闭的海域中进行划界的特别制度。因此，黑海的封闭性质"本身并不是一种应被视为与划界有关的情况"，并且与本程序中适用的划界方法无关。一般而言，双边协定不能影响第三方的权利，因此，黑海现有的海洋划界协定不会影响两国的争端。① 只有在有限的意义上，第三国在待划定地区附近的存在才能被视为"相关情况"。然而，这与实际划界方法的选择或海洋的性质（不论是否封闭）无关。第三国的存在只在法院可能必须采取预防措施确定划界线的确切终点时才有意义，以避免对位于划界区外围的国家造成潜在的损害。在早些时候简要介绍划界方法时曾暗示：它将确定一条临时等距离线。这一选择并不是因为在所有关于黑海的划界协定中都使用了这种方法。②

1987年，罗马尼亚和乌克兰在1978年协议中达成的大陆架边界也将构成其专属经济区之间的边界。③ 1991年底苏联解体后，1978年的《协定》和通过换票达成的《协定》不仅对俄罗斯联邦仍然有效，因为该国继续保持苏联的国际法人资格，而且继承国毗邻黑海的苏联国家就是其中之一。第二项协定是土耳其和保加利亚于1997年12月4日签署的关于确定雷佐夫斯卡/穆特卢德尔河河口地区边界和划定两国在黑海海域的协定。④ 但法

① Order No. 54 of the Ministry of Natural Environment Protection of Ukraine dated 25 January 2005, and Regulation No. 54 on the General Zoological Reserve of National Importance "Island Zmiinyi" dated 27 January 2005 (English translation and Ukrainian original).

② Case Concerning the Land and Maritime Boundary between Cameroon and Nigeria, Judgment of 10 October 2001, para. 288.

③ Decree No. 1341198 of the President of Ukraine dated 9 December 1998 and Relevant "Provisions" (English translation and Ukrainian original).

④ "Plan for Withdrawing of the Wluainian Armed Forces Elements from Zmiinyi Island", Approved by the Ministry of Defence of Ukraine on 18 May 2002 and Annexes (Organizational Structure) 1-9 (English translation and Ukrainian original).

院认为，鉴于上述划界协定和黑海的封闭性质，不需要对临时划定的等距离线进行调整。

双方对蛇岛的适当定性以及这一海洋特征在划定大陆架和双方在黑海的专属经济区方面应发挥的作用存在分歧。蛇岛有权拥有的海域不超过 12 海里，并且不能用作绘制超出 12 海里界限的界线基准点。蛇岛是无法维持人类居住或自身经济生活的岩石，因此没有《公约》第 121 条第 3 款所规定的专属经济区或大陆架。蛇族的岛屿被称为"岩石"，从地貌上讲，它是一块岩石。它没有天然水源，几乎没有土壤、植被和动物。岛上人类生存需要的淡水需要其他地方供应，自然条件不支持经济活动的发展。某些人的存在，因为他们必须执行诸如维护灯塔之类的职责，并不等同于持续的人类居住。蛇岛不属于缔约方的海岸配置，因此，为了划界，其海岸不能被认定为是乌克兰的相关海岸。然而，在当前情况下，与已经同意的 12 海里领海带的蛇岛存在可能是一个"相关情况"。根据国际判例和国家惯例，由于岛屿的不平等作用，无论其法律特征如何，小岛屿在划定大陆架、专属经济区或其他海域时，经常产生很大的影响，甚至颠覆预期设想。因此，在本案中，应在缔约双方有关大陆海岸之间划定临时等距离线，只有在稍后阶段才视情况考虑相关的小型海上编队。鉴于其位置，蛇岛只能在毗邻海岸的划界区域的扇区中被视为"相关情况"。由于蛇岛远离乌克兰克里米亚海岸，因此无法在与之相对的地区划界中发挥任何作用。尽管蛇岛可能属于"相关情况"，但在 12 海里以外没有任何影响。[①] 因此，就划界而言，该岛的海岸是乌

---

① Eremy Benton，Exploration History of the Black Sea province，in Regional and Petroleum Geology of the Black Sea and Surrounding Region，Edited by A. C. Robinson，American Association of Petroleum Geologists 1997，pp.8—9.

克兰有关海岸的一部分，不能仅限于在划定临时等距离线之后的划界进程的第二阶段才考虑有关情况。根据《公约》第 121 条第 2 款，蛇岛无疑是一个"岛"，而不是"岩石"。

有证据表明，蛇岛可以维持人类的居住，并且可以完全维持自身的经济生活，特别是该岛拥有植被和充足的淡水供应。蛇族岛"是一个为活跃人口提供适当建筑物和住宿的岛"。《公约》第 121 条第 3 款与该划界无关，因为该款不涉及划界问题，只是一项权利规定，该规定对海域没有任何实际适用性，无论如何，位于专属经济区和大陆沿海大陆架 200 海里以内。在确定海上边界线时，如果不违反《公约》第 74 条和第 83 条所指的任何划界协议，法院可应有关情况建议调整临时等距离线，以确保取得公平的结果。① 正如判例所表明的那样，如果这种方法对所考虑的划界线产生不成比例的影响，则法院可能决定不考虑非常小的岛屿，或者决定不给予它们充分的潜在海域权利。蛇岛不能作为双方海岸之间临时等距离线施工的基点，法院是在划界过程的第一阶段绘制的，因为它不构成海岸总体配置的一部分。法院现在必须在划界的第二阶段查明，海洋划界区内的蛇岛是否构成要求调整临时等距离线的"有关情况"。

关于黑海西北部的地理环境，法院适当考虑到乌克兰海岸位于该地区的西部、北部和东部。② 在本案中，所有划界区域都位于双方大陆海岸形成的专属经济区和大陆架，而且都在乌克兰大陆海岸 200 海里以内。蛇岛位于乌克兰大陆海岸以东约 20 海里

---

① Note verbale No. UB-12-723 from the Embassy of the Republic of Bulgaria in Ukraine to the Third Territorial Directorate of the Ministry of Foreign Affairs of Ukraine dated 3 October 2002 (English translation and Ukrainian original).

② Sun Pyo Kim. *Maritime Delimitation and Interim Arrangements in North East Asia*. The Hague: Martinus Nyhoff Publishers, 2004, pp.199—200.

的多瑙河三角洲地区。考虑到这一地理结构以及与罗马尼亚的划界，再结合法院确定的划界区南部界限，蛇岛可能产生的任何大陆架和专属经济区权利都不能超出乌克兰大陆海岸产生的权利。此外，由蛇岛向东产生的任何可能的权利完全包含在乌克兰西部和东部大陆海岸产生的权利中。乌克兰虽然认为蛇岛属于《公约》第 121 条第 2 款的管辖范围，但由于在划界区内有蛇岛，因此没有将有关区域扩大到其大陆海岸所产生的界限之外。鉴于这些因素，蛇岛的存在并不需要调整临时等距离线。因此，法院不需要审议蛇岛是否符合《公约》第 121 条第 2 款或第 3 款的条件，也不必考虑其与本案的关系。

　　根据双方之间的协议，12 海里的领海归属于蛇岛。就本案而言，除了该海域的特殊地理特征外，蛇岛不应对本案的划界产生影响。双方的行为（石油和天然气特许经营权、渔业活动和海军巡逻）、有关地区的国家活动构成有利于乌克兰提出的大陆架/专属经济区索赔线的"相关情况"。它并不是指当事方的这种行为表明存在着一种默契或临时居间方式。相反，乌克兰试图根据各方的实际行为评估当事方的主张。① 此外，罗马尼亚在争议地区没有任何可比的行动，这与罗马尼亚在法院诉讼程序中采取的立场不符。在 1993 年、2001 年和 2003 年，罗马尼亚许可了与在本案中乌克兰所称的大陆架/专属经济区范围内的石油和天然气矿藏勘探有关的活动。这些许可证的存在表明，乌克兰在 1997 年《附加协定》之前和之后均已授权开展与在这些诉讼中罗马尼亚所主张的大陆架地区的油气藏勘探有关的活动。② 报告补充

----

①　Case concerning the continental shelf（Tunisia/Libya Arab Jamahiriya），Judgment of 24 February 1982，para.71.

②　Note verbale No. 145197 from the Embassy of the Republic of Turkey to the Ministry of Foreign Affairs of Ukraine dated 12 March 1947（English translation and Ukrainian original）.

道,在 2001 年之前,罗马尼亚从未抗议乌克兰在罗马尼亚现在宣称拥有主权的地区进行的石油和天然气活动。乌克兰在这一点上得出的结论是,其与石油有关的活动与其划界线是一致的,应与其他有关情况,特别是自然地理因素一起考虑,以实现公平解决。乌克兰声称的专属经济区和大陆架边界一般符合双方专属渔业区的限制,罗马尼亚和乌克兰在黑海西北部的渔业管理中都尊重这一点。

积极维持该地区治安的是乌克兰,而不是罗马尼亚。① 罗马尼亚既没有表现出对在该地区巡逻的兴趣,也没有反对乌克兰海岸警卫队全权负责拦截非法捕鱼船只,并在可能的情况下将其护送出乌克兰专属经济区或采取任何其他适当措施。关于罗马尼亚提出的关键日期的概念,即使假定存在一个关键日期,而且这一关键日期将在海洋划界中发挥作用,它也是罗马尼亚提出申请的日期。国家在有关地区的活动,即石油和天然气的勘探和开采许可证以及鱼类捕捞活动,并不构成"相关情况"。根据法律原则,效力或"国家活动"不能构成划定海洋划界的要素。为了将其排除在一般规则的例外之外,只有在关键日期之前的国家活动才有意义,并且它们必须能够证明"存在默契"。

乌克兰提出的效力并不能表明存在事实路线或行为模式,以证明当事方之间达成一种或另一种协议,或者罗马尼亚默认了与海上有关的任何方式的划界。在有争议的领域,所有有关"国家活动"的证据都表明乌克兰未能证明这些国家活动实际上或在法律上发生了,并可能将它们转变为能够对划界产生影响的"相关情况"。根据 1997 年的《附加协定》,双方以书面形式明确承认存

---

① https://www.icj-cij.org/public/files/case-related/132/14701.pdf.

在关于海洋划界的争端,并为今后缔结划界协定的谈判确定了框架。该协定关于争端存在的规定仅仅是对已经存在了很长时间的事实情况的确认。① 因此,在 1997 年的《附加协定》缔结之后发生的任何与石油有关的行动在目前的诉讼程序中都是无关紧要的,因为事后的争端已经具体化。

乌克兰的石油特许权做法不支持后者声称的划界:第一,乌克兰特许权所涵盖的地区甚至与它在本诉讼程序中提出的主张根本不符;第二,三份执照中有两份是 2001 年和 2003 年,即是在 1997 年这一关键日期之后颁发的。② 此外,罗马尼亚一贯反对乌克兰的碳氢化合物活动。关于渔业活动,双方的做法对本案的海洋划界没有任何影响,因为双方在经济上都不依赖于鱼类资源有限的中上层地区的渔业活动。乌克兰援引的做法是最近才出现的,只涵盖了一小部分有争议的地区;它一直受到罗马尼亚的挑战,从未得到第三国的承认。关于海军巡逻,即使可以将其视为"相关情况",但乌克兰报告的所有海军事件都是在发生关键日期之后,因此也都是无关的。

划定大陆架和双方专属经济区的各方之间没有生效的协定。乌克兰不能依靠国家活动来证明当事方之间在将各自专属经济区和大陆架分隔开来的默契或临时居间方式,它指的是国家为了破坏罗马尼亚声称的界线而进行的活动。上述国家活动在这一海洋划界中没有任何特殊作用。正如巴巴多斯与特立尼达和多巴哥之间的仲裁庭所说,与资源有关的标准在国际法院和法庭的

① Promotional materials on Serpents' Island, publicly available at the exhibition organised on the occasion of the 3rd Investment and Innovations Forum (Odessa, 1—3 June 2006).

② Thomas J. Schoenbaum. *Admiralty and Maritime Law*. New York: Thomson / West, 2004.

裁决中会被更为谨慎地对待,这些法院和法庭一般没有将这一因素作为"相关情况"进行适用。[①] 由于法院不认为上述国家活动构成本案的相关情形,因此对当事人讨论的关键日期问题不需要做出答复。

其拟议的海上边界并没有切断罗马尼亚或乌克兰的大陆架和专属经济区的权利。乌克兰的划界线导致罗马尼亚的海上应享权利被切断,特别是在苏利纳堤坝和萨卡林半岛之间的海岸北部地区。乌克兰提倡的划界线将使罗马尼亚很难进入苏利纳港口和多瑙河的海上分支,而这都是商品运输的重要航道。[②] 简而言之,根据罗马尼亚的说法,乌克兰声称的界限会导致罗马尼亚海岸附近的海域急剧缩减,而乌克兰沿海的每一段投影在各个方向上都畅通无阻,没有对立或相邻的罗马尼亚领土。

罗马尼亚的分界线导致乌克兰的海上应享权利减少了1/2。首先,由于没有分配大陆架和专属经济区,因此大大削弱了蛇岛的海上应享权利。其次,乌克兰的朝南大陆海岸被剥夺了其合法拥有的地区,最终结果显然是不公平的,这也表明了是对乌克兰应有的大陆架和专属经济区的根本侵犯。[③] 因此,乌克兰认为罗马尼亚的等距离线方法对乌克兰沿陆地边界以北的沿海前沿的投影产生了明显的截断效应。此外,罗马尼亚的防线不仅侵犯了乌克兰东南面沿海地区的延伸或投影,而且还对乌克兰敖德萨以外的西南面沿海地区的投影产生了截断效应。尽管罗马尼亚的

---

① Document No. 452, sent by the captain of the Sulina Port to the European Danube Commission, 7 May 1921, General Department of the National Archives, Galatzi, Romania, European Danube Commission, 726/1921—1923.

② https://www.icj-cij.org/public/files/case-related/132/14703.pdf.

③ See Bin Cheng. *General Principles of law as Applied by Inrernational Courts ands Tribunals*. Stevens & Sons, London, 1953. pp.34—36.

防线完全尊重不侵犯他国原则，也反映了地理上的事实情境，即要划定边界的乌克兰沿海地区基本上向三个方向发展，而罗马尼亚沿海地区基本上向一个方向——东南方向发展。双方提出的划界线，特别是第一部分，每一条都大大限制了另一方的大陆架和专属经济区的权利。罗马尼亚线阻碍了乌克兰与罗马尼亚相邻海岸产生的权利，乌克兰北部海岸却又进一步加强了这一权利。同时，乌克兰线限制了罗马尼亚海岸线产生的权利，特别是位于苏利纳堤坝和萨卡林半岛之间的第一个区域。相比之下，法院划定的临时等距离线避免了这样一个缺点——因为它允许当事方的相邻海岸以合理和相互平衡的方式产生其对海洋权利的影响。①

没有足够的证据表明罗马尼亚提出的划界将对乌克兰的安全利益产生不利影响，包括拥有 12 海里海洋空间带的蛇岛。乌克兰的划界线靠近罗马尼亚海岸线是不合理的，侵犯了罗马尼亚的安全利益。乌克兰认为分界线绝不会损害罗马尼亚的任何安全利益，因此乌克兰的分界线未侵犯罗马尼亚的大陆架地区和海岸线以外的专属经济区。② 在这方面，乌克兰对安全和其他事项的主要兴趣，取决于其在黑海沿海岸三侧的这一部分的地理位置，并坚持认为乌克兰是唯一有权行使警察权防止该地区的非法捕捞和其他活动的国家。在这个方面，它的要求与当事方行为是一致的，而罗马尼亚的要求则与之不符。因为双方的合法安全考虑可能在确定最终划界线方面发挥作用。在本案中，它所划定的

---

① Statement of Borys Antonovych SHEVCHENKO, dated 23 May 2007 (signed Ukrainian original, with English translation).

② Statement of Gennadiy Mykolaiovych ROSOLOVSKY, dated 29 May 2007 (signed Ukrainian original, with English translation).

临时等距离线与罗马尼亚或乌克兰所划定的线有很大不同。法院确定的临时等距离线，充分尊重任何一方的合法安全利益。因此，没有必要在这种考虑的基础上调整边界线。

罗马尼亚和乌克兰都非常明确地指出，它们各自的划界线将超出 2003 年《国家边界制度条约》第 1 条规定的界限，双方在这方面的立场不同。就双方期待的海洋划界结果而言，显然不符合比例原则。永远都不存在彻底重塑自然的问题，而是解决由特定地理构造或特征所造成的不成比例和不公平影响的问题。大陆架和专属经济区的分配不应与相应海岸线的长度成比例分配，相反，法院会事后检查所划定的划界线是否符合公平原则。已经使用了多种技术来评估海岸长度，但国际法对于应遵循真实的海岸线——使用的基线或是否应排除与内部水域有关的海岸，没有明确的要求。① 多年来，各个法庭以及法院就沿海长度的哪些差异会构成明显的不成比例问题得出了不同的结论，这表明划界线是不公平的，仍然需要调整。在具体情况下，这仍然是法院要考虑的问题，它将参考该地区的整体地理因素来考量。鉴于最后阶段的目的是确保没有明显的不均衡性，因此这些测量值是近似的，但这并不意味着这条线需要根据"相关情况"做出调整。②

---

① https://www.icj-cij.org/public/files/case-related/132/132 - 20090203-JUD - 01-00-EN.pdf.

② https://www.icj-cij.org/public/files/case-related/132/132 - 20041119-ORD - 01-00-EN.pdf.

第五章
海洋划界与低潮高地：
以孟加拉国诉印度海洋划界案为例

第一节 争端的历史背景与焦点

孟加拉国诉印度海洋划界案的争端源于英国 1947 年颁布的《印度独立法》。该法案将英属印度分为印度和巴基斯坦两个邦，同时，该法案第 2 节特别规定，新成立的东孟加拉邦省成为巴基斯坦的一部分，而新成立的西孟加拉邦省仍然是印度的一部分。① 此外，该法第 3 节划定了东孟加拉邦和西孟加拉邦之间的临时边界，其中，第 3 段规定最终边界将由印度总督任命的边界委员会（即以拉德克利夫为主席的边界委员会）裁决确定。1971 年 3 月 26 日，孟加拉国宣布脱离巴基斯坦独立，继承前东巴基斯坦领土及其边界。② 独立后的孟加拉国与印度在孟加拉湾领海、专属经济区和 200 海里以外的大陆架的海洋边界划界问题上逐渐产生争端，因此两国展开了特定争端事项的协商。双方一致认为，专属经济区和大陆架的划界应该分别适用《公约》第 74 条和第 83 条的管辖和调整。然而，两国对《公约》第 74 条和第 83 条的解释和适用有不同意见。

孟加拉国与印度主要争议体现在以下两个方面。第一，双方对拉德克利夫裁决的解释以及由其确定的陆地边界终点的位置存在分歧。孟加拉国在其最后陈述中请法庭裁定并宣布：孟加拉国和印度之间的海洋边界沿着一条大地方位角为 180°角的直线，从陆地边界终点位于 21°38′14″N—89°06′39″E 至 17°49′36″N—89°06′39″E 的点。第二，从后一点来看，孟加拉国和印度之间的海洋边界线的大地方位角为 214°，一直到大陆架界限委员会建议确定的孟加拉国大陆架外部界限为止。③

而印度的请求以图形方式描述如下：法庭现在将着手确定印度和孟加拉国之间在孟加拉湾的陆地边界终点的确切位置，因为法庭必须从这一点着手划定双方之间的海洋边界。如上所述

---

① http://www.pcacases.com/pcadocs/Bangladesh_Memorial_Vol_III.pdf.

② See generally on the importance of maritime boundary delimitation in accessing offshore hydrocarbons, G. Blake, M. Pratt, C. Schofield, J. Brown (eds.) *Boundaries and Energy: Problems and Prospects*, *Kluwer Law International*, London (1998).

③ G. Blake, R. Swarbrick. "Hydrocarbons and International Boundaries: A Global Overview." in: *Blake* et al., op. cit. supra note 1, pp.3—28.

并经双方同意,陆地边界终点站的位置将根据 1947 年拉德克利夫裁决确定,该裁决划定了印度和新巴基斯坦国之间的边界。如上所述,独立前印度政府任命西里尔·拉德克利夫(Cyril Radcliffe)爵士担任孟加拉边界委员会主席,该委员会的任务是划定印度与将成立的东巴基斯坦的边界。根据 1947 年《印度独立法》第 3 节的规定,在五名成员协商未达成一致意见的情况下,拉德克利夫拥有唯一的决定权。法庭的职能不是审议总边界线,而是审议与陆地边界进入孟加拉湾的点有关的那一部分。双方同意,在土地边界终点区域内,拉德克利夫裁决采用了库尔纳(Khulna)和 24 帕尔甘纳(24 Parganas)区之间分区前的地区边界。①

孟加拉国辩称,拉德克利夫地图的副本没有精确地描绘陆地边界终点(图 5-1)。拉德克利夫地图只不过是孟加拉制图局 1944 年编制的一般参考地图,它显示了政治分区,但没有显示水文或水深信息。孟加拉绘图局显然在 1944 年的地图上画了拉德克利夫裁决所描述的界线,以说明领土的划分。这是一条归属线,大致表明哪个国家拥有哪些领土,而不是划界线。② 根据孟加拉国的说法,要划定河口的边界,拉德克利夫和孟加拉制图局需要更大比例尺的海图,而不是小比例尺的通用参考地图。③

---

① Government of Bengal, Notification 964 Jur. (24 January 1925), reprinted in The Calcutta Gazette at p.178 (29 January 1925).

② Commodore Md. Khurshed Alam, 'Delineation of outer limits of the continental shelf', The Daily Star, 15 September 2006, available at: http://www.thedailystar.net/strategic/2006/09/02/ strategic.htm.

③ G. Tanja. *The Legal Determination of International Maritime Boundaries*. Kluwer Law and Taxation Publishers, Deventer (1990), p.306.

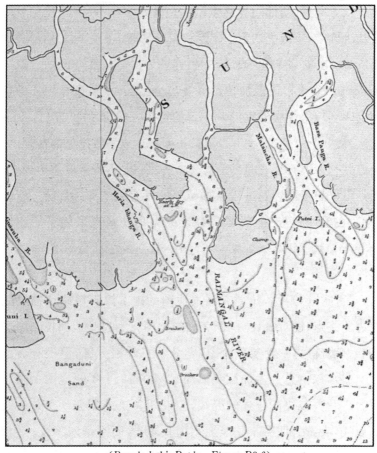

（*Bangladesh's Reply*，*Figure R*3.6）

图 5-1　孟加拉国关于地图信息的回应

　　法庭注意到,拉德克利夫地图是该裁决不可分割的一部分,可以作为关于边界真实且权威的说明。[1] 印度认为,作为拉德克利夫裁决的附件,地图构成了《维也纳条约法公约》第 31 条意义

————————

　　① Sayed Zain Al-Mahmood. "Troubled Waters." *The Daily Star Weekend Magazine*，Vol. 8，Issue 94，13 November 2009，p. 4. available at：http://www.thedailystar.net/magazine/2009/11/02/ current_affairs.htm.

上的裁决背景的一部分。① 据印度称，孟加拉国误解了拉德克利夫裁决对边界描述和地图比较价值的处理。印度表示，应当将拉德克利夫裁决理解为表明，如果地图上的边界线与附录 A 中对边界的描述没有分歧，地图对裁决文本的含义应具有决定性意义。② 同时，印度也认为，地图上描绘的陆地边界并未偏离拉德克利夫裁决所描述的边界，而是描绘了南塔帕蒂/新摩尔岛（South Talpatty/New Moore Island）以东的主航道。为了支持其观点，印度以边界争端案为依据，因为国际法院在该案中讨论了地图的证据价值，并指出当地图附于正式文本并构成其不可分割的一部分时，可能具有法律判决效力。因此印度认为拉德克利夫地图已经获得了这样的法律效力。③

国际法院最近在布基纳法索/尼日尔做出的裁决中对地图证据的处理中保留了这一判例。谈到拉德克利夫地图在本报告中的用处，印度拒绝接受"粗略绘制"的说法。印度强调这不是拉德克利夫亲自绘制的示意图，而是孟加拉绘图局于 1944 年发布的专业编制的政府地图。孟加拉邦制图办公室在最初的印刷品中，以黑色印刷并以绿色突出显示地区边界。关于拉德克利夫地图的比例尺，印度认为，孟加拉国在本案中误解了拉德克利夫地图的证据相关性。④ 地图的功能清楚地表明了一点——它不是显

---

① S. M. Masum Billah. "Delimiting Sea Boundary by Applying Equitable Principles." *The Daily Star*, 17 October 2009, available at：http://www.thedailystar.net/law/2009/10/03/ index.htm.

② See R. Platzoeder. "Third United Nations Conference on the Law of the Sea：Documents, Oceania." New York, Vols. 3 and 4 (1984).

③ See V. Prescott, C. Schofield. *The Maritime Political Boundaries of the World*, 2nd ed. Martinus Nijhoff Publishers, Leiden (2005), p.303.

④ Harun Ur Rashid. "Law of maritime delimitation." *The Daily Star*, 10 May 2008；available at：http://www.thedailystar.net/pf_story.php? nid=35825.

示沿主河道正中的边界确切位置,而只是确定主河道。根据印度的说法,主河道的正中位置当时正在波动,直到今天一直保持着流动性。

为了确定陆地边界终点站的位置,孟加拉国将 1931 年印刷的英国海军部(BA)海图 859 作为"最权威的海图",并指出在 1947 年拉德克利夫裁决生效之前,这张海图是"可用的和最新的"。根据孟加拉国的资料,这张图清楚地显示了莱曼加尔(Raimangal)河口的两条截然不同的河道:哈里班加河的河道(河口西侧)与莱曼加尔和贾姆纳(Jamuna)河形成的河道。1953年的 BA 图 859 和 1959 年的 BA 图 829 也显示了河口河道的分离。① 孟加拉国认为,BA 图 859 弥补了拉德克利夫地图本身所缺乏的细节,并使其能够像 1947 年的裁决那样能确定陆地边界的终点。在孟加拉国看来,拉德克利夫地图"仅仅描述了陆地边界的走向,它没有提供坐标;它告诉我们如何找到终点,但却没有告诉我们终点在哪里。如果要精确地定位它,就必须查阅当时可用的其他同时代的图表和资料"。

孟加拉国认为,这种做法符合国际法院关于类似河流的做法。法院一贯通过使用与国际河流边界确定的关键日期同期的证据来确定国际河流边界的位置,特别是同时代的海图。除非目前的河道与过去是相同的,在这种情况下,现代证据可用于确定独立之日河流边界的位置。

在贝宁/尼日尔一案中,国际法院依据同期证据确定边界遵循独立之日尼日尔河的主要通航航道和梅克罗河的中线。在这

---

① Commodore Khurshed Alam. "The issue of South Talpatty." *The Daily Star*, 12 May 2006, p.13, available at: http://www.thedailystar.net/.

种情况下,后来证明独立后河流边界情况的证据被认为是无关紧要的,除非它可以作为双方同意的证据。[①] 在卡西基利/塞杜杜岛(Kasikili/Sedudu Island)的案件中,国际法院以确定边界的特定条约时存在的丘比河(Chobe River)作为参照点。虽然国际法院查阅了现代文件,但这只是因为双方都认为,这些航道在这段时间内保持了相对稳定。[②] 同样,在萨尔瓦多/洪都拉斯案中,国际法院在做出最后裁定时,审议了当时该河河道的同期证据,并认为由于重要的是 1821 年的河道,必须更加重视接近该日期的证据。[③] 孟加拉国还声称,巴格法庭在确定同样由拉德克利夫裁决确定的其他河流边界的位置时也采用了同样的方法。

印度指出,关于卡西基利/塞杜杜岛问题,国际法院使用现代文件是因为所涉河道河流的流向没有改变。此外,印度辩称,萨尔瓦多/洪都拉斯的国际法院对 1821 年附近的证据给予了重视,特别是因为双方都承认,戈阿斯科兰河(Goascorán River)的河道随着时间的推移发生了变化。[④] 印度还对贝宁/尼日尔判决的相关性提出了质疑,特别是在尼日尔河岛屿属于哪一方的问题上,必须根据目前的实际情况来评估。为了证明有关航道的位置,印

① See S. Jagota, Maritime Boundaries, Martinus Nijhof, Dordrecht, 1985, p. 208; see also Eritrea vs. Yemen Maritime Delimitation Arbitration Award of 1999, PCA, available at: www. pca-cpa. org; Case Concerning Maritime Delimitation in the Area between Greenland and Jan Mayen (Denmark vs. Norway), 1993 (ICJ) available at: http://www.icj-cij. org/docket/index. ph p?sum＝401&code＝gjm&p1＝3&p2＝3&case＝78&k＝e0&p3＝5.

② Prescott and Schofield, op. cit., supra note 16, pp.220—21.

③ R. Churchill, A. Lowe. The Law of the Sea, 3rd ed., Manchester University Press, Manchester (1999), p.187.

④ P. Weil. "Geographic Considerations in Maritime Delimitation." in: J. Charney and L. Alexander (eds.), International Maritime Boundaries, The American Society of International Law (1993), pp.115—130.

度提交了河口的卫星图像（图 5-2）。孟加拉国认为，对现代卫星图像的依赖表明了对 1947 年拉德克利夫裁决的同期海图的无视，而且无论如何都是没有定论的。卫星图像不显示水深（仅显

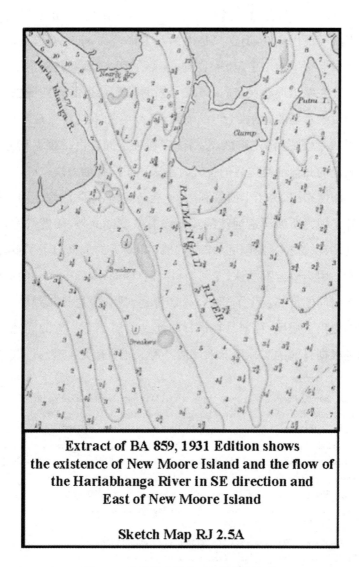

図 5-2　印度提交的关于河流位置变化

示其颜色），无法识别主航道。① 然而，这幅图像清楚地显示了哈里班加河（Haribhanga River）的河道向西延伸，完全与莱曼加尔/贾穆纳（Raimangal/Jamuna）水道相分离。印度提出，1947 年以后的地图和卫星证据是可以作为证明被接受的。此外，与 134 年前使用的最基本的水文、水深和制图方法相比，如果该地区没有变化，但有更好的数据，人们肯定会倾向于使用更新更精确的数据。② 2013 年 2 月 4 日的卫星图像以最引人注目的方式显示——主航道位于新摩尔岛以东，所有海图（包括孟加拉国自己的海图）的水深测量正是该岛的所在地。然而双方在边界与孟加拉湾的交汇点上又存在分歧。③ 根据对拉德克利夫裁决的解释，孟加拉国根据 BA 图 859 绘制的闭合线，确定了哈里班加主航道与孟加拉湾的交汇点。根据当时的惯例，到 1947 年英属印度的内水与海洋的分界线是横跨莱曼加尔河口（Raimangal Estuary）的封闭线。孟加拉国提出，图中（图 5-3）水平线与岬角相交的点的精确坐标为（21°38′09.8″N，89°05′15″E）和（21°38′09.8″N，89°11′01″E），参考了 BA 图 859。

孟加拉国对封闭线的描述如下：印度同意孟加拉国关于断层间地形学说的适用性，但根据 2011 年发布的印度海图绘制了其封闭线。④ 印度提出，水平线与岬角相交的点的精确坐标为（21°37′56.0″N，89°05′10.6″E）和（21°39′00.2″N，89°12′29.2″E）

① Badrul Imam，'Why Bangladesh should win the arbitration'，The Daily Star，28 October 2009，available at：http://www.thedailystar.net/newDesign/news-details.php?nid=111566.

② M. Shah Alam. "Maritime border delimitation." The Daily Star，9 February 2009，p.11，available at：http://www.thedailystar.net/.

③ L. Nelson. "The Roles of Equity in the Delimitation of Maritime Boundaries." 84 American Journal of International Law（1990），pp.837—858.

④ 1982 ICJ Reports 18 at 92，para. 132.

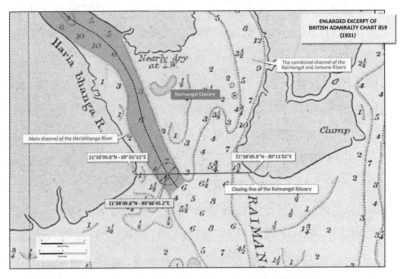

图 5-3　判决书中孟加拉国提供的文件（原判决书中编号 Tab 4.7）

（WGS - 84），同时注意到，它不能遵循孟加拉国提供的 1984 年现代世界大地测量系统（表 5-1）坐标，将闭合线从 BA 图 859 中转换过来。印度认为，在三张现代海图上，曼达巴利亚岛（Mandarbaria Island）的终点现在在海上，而这反过来会影响陆地边界的终点。[1]

法庭将分别处理领海、专属经济区和 200 海里以外的大陆架的划界问题。然而，在这样做之前，宜先讨论基点在海域划界中的作用及要如何选择这些基点的问题。尽管双方对领海、专属经济区和大陆架划界的适当方法意见不一，但双方都提出了根据临时等距离线建造基点的建议。孟加拉国就本国海岸和印度海岸

① E. Smith，J. Dzienkowski，O. Anderson，G. Connie，J. Lowe，B. Kramer. *International Petroleum Transactions*，2nd ed. Rocky Mountain Mineral Law Foundation，Denver，CO (2000)，pp.312—313.

提出以下基点(表 5-1)。①

表 5-1 印度和孟加拉国海岸基点坐标

No.	Location	Latitude	Longitude
B-1	Clump Island	21°38′56.0″N	89°12′41.8″E
B-2	Clump Island	21°38′57.4″N	89°14′47.6″E
B-3	Putney Island	21°37′32.7″N	89°20′25.5″E
B-4	Andar Char Island	21°38′00.5″N	90°33′32.0″E
B-5	Shahpuri Point	20°43′38.6″N	92°19′30.2″E
I-1	South Talpatty/New Moore Island	21°37′50.7″N	89°08′49.9″E
I-2	South Talpatty/New Moore Island	21°35′30.0″N	89°09′40.6″E
I-3	West Spit-Dalhousie Sand	21°22′47.6″N	88°43′43.7″E
I-4	Devi Point	19°57′33.1″N	86°24′20.0″E

孟加拉国反对印度的基点 I-1、I-2、I-3、B-3 和 B-4,理由是它们位于所谓的低潮高地上,特别是对 I-1 和 I-2 基点的反对尤其尖锐。首先,孟加拉国对南塔尔帕蒂/新摩尔岛的存在提出了异议。孟加拉国认为,该岛在 20 世纪 80 年代末或 90 年代初永久消失在海面以下,②1989 年以后,在任何卫星图像上都看不到南塔尔帕蒂/新摩尔岛,尽管多次前往该地区查看,但在实地考察期间都只看到了碎浪。即使南塔尔帕蒂/新摩尔岛确

---

① Bangladesh's Reply, paragraph 4.57; Letter from Bangladesh dated 5 March 2013 (correcting coordinates of Shahpuri Point).

② Harun Ur Rashid. "Law of Maritime Delimitation." *The Daily Star*, 10 May 2008, http://www.thedailystar.net/.

实存在低潮高地，但也在任何可想象的边界线的孟加拉国一侧，因此不适合作为基点。① 在这方面，孟加拉国注意到，在卡塔尔诉巴林案中，国际法院认为，为了划出等距离线，必须忽略位于重叠请求区域的低潮高地。孟加拉国和缅甸都尊重这一做法，因此在划定领海时没有提议将低潮高地设置为基点。孟加拉国认为，对南塔尔帕蒂/新摩尔岛的主权只能参照划界线来确定，因为沿海国对位于其领海内的低潮高地拥有主权。孟加拉国注意到尼加拉瓜诉哥伦比亚案中关于不得占用低潮高地的裁决，以及在马来西亚/新加坡和尼加拉瓜诉洪都拉斯案中，法院拒绝对有争议的低潮高地的主权做出裁决。②

此外，南塔尔帕蒂/新摩尔太微不足道，其稳定性也令人大为怀疑，因此在本划界案中不予重视。孟加拉国援引黑海和缅因湾的裁决，辩称国际法院已多次明确表示，其在判决中所指的次要地理特征不应作为划定海洋边界的依据。③ 孟加拉国进一步指出，特别是在黑海案中，国际法院拒绝在比南塔尔帕蒂/新摩尔更大、更突出的蛇岛上设立基点。在利比亚/马耳他和

---

① 25 ILM (1986) 251 at pp.289—290.

② James Crawford. *The International Law Commission's Articles on State Responsibility: Introduction, Text and Commentaries*. Cambridge: Cambridge University Press(2002), p.162.

③ Legal Consequences of the Construction of a Wall in the Occupied Palestinian Territory, Advisory Opinion, I. C. J. Reports 2004, p. 136 at para. 63; Oil Platforms (Islamic Republic of Iran v. United States of America), Judgment, I. C. J. Reports 2003, p.161, at para. 100; Legality of Use of Force (Serbia and Montenegro v. Belgium), Preliminary Objections, Judgment, I. C. J. Reports 2004, p. 279: in this case Belgium raised the question of clean hands in its preliminary objections (Preliminary Objections of the Kingdom of Belgium, Legality of Use of Force (Serbia and Montenegro v. Belgium), (5 July 2000), available at http://www.icjcij.org/docket/files/105/8340.pdf), but the Court did not address the argument in its judgment.

尼加拉瓜诉哥伦比亚一案中，类似的小岛也是被忽略的。[①]孟
加拉国对印度提议的I-3、B-3和B-4基点提出了类似的反对
意见，对每一个所谓的低潮高地的存在提出了异议。孟加拉国
也注意到，在实地考察期间没有观察到任何低潮高地，因此，很
明显，这些基点都在海上（图5-4）。[②]

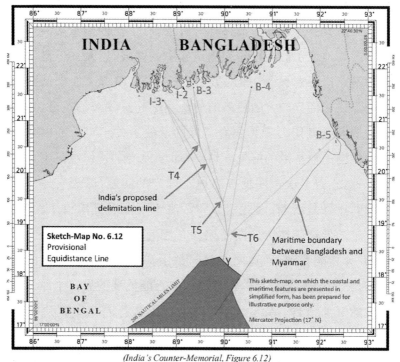

(India's Counter-Memorial, Figure 6.12)

图5-4　低潮高地与基线基点的选择

①　Legal Status of Eastern Greenland，P. C. I. J. Series A/B，No. 53，p. 95
(Dissenting Opinion of Judge Anzilotti).

②　Diplomatic and Consular Staff，Judgment，I. C. J. Reports 1980，p. 3，
(Dissenting Opinion of Judge Morozov) [emphasis in original].

尽管不在低潮高地，但孟加拉国仍然反对印度提议的 B-1 和 B-2 基点的位置。尽管孟加拉国自己在曼德尔巴利亚/丛普岛（Mandarbaria/Clump Island）上设立了基点，但它认为，由于不断地受海水侵蚀，该岛正在后退，使印度各点的坐标处于水下。① 与印度反复无常和主观地确定基点的做法不同，它提出的所有基点都位于海岸线上。此外，孟加拉国指出，由于孟加拉三角洲被大规模侵蚀，本身具有不稳定性。② 印度反对孟加拉国对其基点选择的批评并辩解道，有广泛的国家实践支持在低潮高地使用低潮线作为测量领海的基线，以及在低潮线上使用基点进行划界。③ 印度援引《公约》第 13 条：如果低潮高地全部或一部分与大陆或岛屿的距离不超过领海的宽度，该高地的低潮线可作为测算领海宽度的基线。关于实地考察期间印度低潮高地基点的能见度情况，印度提交了三份意见书。印度声称，它曾多次声明低潮高地不确定的问题，因为实地考察的时间正好是新潮，因此双方和法庭不可能看到南塔尔帕蒂/新摩尔的低潮高地。低潮高地只有在上午 6 时 30 分和下午 6 时 30 分才能看到，而这两个时间都不在法庭访问该地区的时间内。④ 此外，印度声称，低潮高地缺乏能见度的另一个原因是恶劣的气象条件。无论如何，根据海图选择基点是普遍的做

---

① Military and Paramilitary Activities in and against Nicaragua（Nicaragua v. United States of America），Merits，Judgment，I. C. J. Reports 1986，para. 272 (Dissenting Opinion of Judge Schwebel)（"Nicaragua"）.

② Nicaragua，Merits，Judgment，I. C. J. Reports 1986，paras. 269—270 (Dissenting Opinion of Judge Schwebel).

③ Diversion of Water from the Meuse，P. C. I. J. Series A/B，No. 70，para. 77 (Individual Opinion by Judge Hudson).

④ Diversion of Water from the Meuse，p. 78（Individual Opinion by Judge Hudson).

法,所有现代海图都将南塔尔帕蒂/新摩尔描绘为低潮高地。[1]据印度称,南塔尔帕蒂/新摩尔多年来一直稳定,从 1970 年起一直是一个岛屿,根据 2012 年的卫星图像,现在是低潮高地。一旦法庭确定了陆地边界终点的位置,则南塔尔帕蒂/新摩尔岛的主权将变得明晰,任何因主权争议引起的关注都将烟消云散。[2] 印度认为,国际法院在卡塔尔诉巴林案中无视低潮高地的决定是针对该案的具体情况做出的,特别是在有争议的主权问题上,但在印度看来,这样的担忧在本案并不适用。[3]

关于其基点 B-1 和 B-2,印度辩称,这些基点在曼德尔巴利亚/丛普岛低潮线以南,某种程度上也证明了海岸线的相对稳定性。印度认为,缔约方在岛上不同位置的基点反映了不同的源数据、测量技术的差异,以及从当地基准到全球 WGS-84 基准转换过程中产生的误差,而不仅仅是侵蚀。双方关于基点的立场完全不同。孟加拉国在请求中指出,确定基点是不可行的,划定临时等距离线也不合适,并认为,海岸的不稳定性排除了在海岸线上或低潮高地上确定基点的可能性。[4] 因此,孟加拉国采用 180°角平分线进行划界。相比之下,印度在其答辩状中划定了临时等距离线,选择了一些离海岸有一定距离的低潮高地作为基点。

在国际海洋法法庭就孟加拉湾孟加拉国和缅甸之间的海洋边

---

① Eritrea-Ethiopia Claims Commission, Partial Award, Jus ad Bellum: Ethiopia's Claims 1—8 (19 Dec. 2005), 45 I.L.M. p.430 (2006), para.10, online.

② 3 Cameroon/Nigeria, Judgment, I.C.J. Reports 2002, p.303.

③ Transcript, pp.573—574, citing Bruno Simma, ed., The Charter of the United Nations: A Commentary, p.587 (2nd ed., 2002).

④ Legality of the Threat or Use of Nuclear Weapons, Advisory Opinion, I.C.J. Reports 1996, p.226, para.47. Scholarly opinion is in line with this proposition: see Ian Brownlie, International Law and the Use of Force, p.364 (1964).

界做出裁决之后，孟加拉国在反驳中改变了立场。孟加拉国在反驳中的主要论点仍然是——角平分线是最适当的划界方法，但它在备选方案中增加了自己的临时等距离线，将其基点设在有关海岸的低潮线上，并提议调整临时线。在口头程序之前，法庭查阅了当事双方移交给国际法院的判例，并表示将欢迎当事双方就基准点的选择提出进一步的论点。法庭特别提到黑海案的裁决——该裁决指出，等距离线应由两个国家海岸上最适当的点划定，并特别注意那些位于距离应划定区域最近的隆起的沿海点。在该裁决中，国际法院进一步将适当的点确定为标志着海岸方向发生重大变化的点，以使连接所有这些点的线形成的几何图形反映海岸线的总方向。对此，印度提到了《公约》第 13 条和第 15 条，并坚持选择位于低潮高地的基点。① 孟加拉国确认其选择的基点位于有关海岸的低潮线上。孟加拉湾海域划界与陆地边界终点位置的确定不同，法庭的任务不是像 1947 年那样确定地理特征和海岸线。双方都不认为拉德克利夫裁决旨在划定领海，更不用说专属经济区和大陆架了。②

孟加拉国认为，海岸线的不稳定性是不利于使用临时等距离线/有关情况方法的一个主要因素，特别是考虑到孟加拉湾气候变化和海平面上升的潜在影响。在几年内，印度选择的低潮高地可能已经改变或消失。法院注意到，在划界工作第一阶段中考虑的几何性质导致它将海岸地理在划界时确定为地理现实的基点作为基点，这种地理现实不仅包括地球动力学和海洋运动所产生

---

① Fisheries Jurisdiction (Spain v. Canada), Jurisdiction of the Court, Judgment, I.C.J. Reports 1998, p.432 ("Fisheries Jurisdiction")

② See S.S. "I'm Alone" (Canada/United States), R.I.A.A. Vol. 3, p.1615; Red Crusader (Commission of Enquiry, Denmark-United Kingdom), 35 I.L.R. p.199; Saiga, Judgment, ITLOS Reports 1999, p.7.

的物理因素，而且还包括其他物质因素。气候变化的前景及其可能的影响不会危及世界各地大量已定的海洋边界，这同样适用于国家间商定的海洋边界和通过国际裁决确定的海洋边界。当大陆架资源的勘探和开发受到威胁时，稳定和明确的海洋边界的重要性就更加重要。这种资源对一个人口稠密、自然资源有限的国家十分重要。法庭认为，沿海国的主权权利，以及它们之间的海洋边界，必须精确确定，以便进行发展和投资。法庭还注意到，现代技术大大简化了这一问题。① 过去主要依靠永久性海岸特征来确定海上边界，但现在卫星导航系统允许海洋使用者轻松地定位任何大地测量点，而无需借助划界之日使用的实际物理特征。

无论如何，上述各种主张与抗辩，归根到底都是属于低潮高地是否能够成为海洋划界基点的问题。

第二节　低潮高地在海洋划界中的地位

低潮高地，是在低潮时四面环水并高于水面，但在高潮时没入水中的自然形成的陆地。如果低潮高地全部或一部分与大陆或岛屿的距离不超过领海的宽度，那么该高地的低潮线可作为测算领海宽度的基线。② 如果低潮高地全部与大陆或岛屿的距离超过领海的宽度，则该高地没有自己的领海。然而，这并不一定意味着低潮高地应被视为法院或法庭在划定相邻海岸线之间海

① James Crawford. The International Law Commission's Articles on State Responsibility: Introduction, Text and Commentaries (2002).

② Cameroon/Nigeria, Judgment, I.C.J. Reports 2002, para.319.

洋边界时使用的适当基点，它不涉及在海岸相邻或相对的国家之间的海洋划界中使用低潮高地的问题。[①] 法庭认为，设在低潮高地上的基点不符合国际法院在黑海案中拟定并在最近几起案件中得到证实的标准。国际法院对基点的选择作了如下说明：等距离线和中线将从两个有关国家海岸上最适当的点开始划定，并特别注意紧邻被定界区域的那些凸起的海岸点。当需要在相邻国家之间划定临时等距离线时，法院在为此目的选择基点时，要考虑相关双方海岸线的有关因素。[②] 因此，采用的路线在很大程度上取决于两个海岸的自然地理和最向海的点。在划界工作的这一阶段，法院将确定当事方有关海岸或标志海岸方向发生重大变化的点，使连接所有这些点的线所形成的几何图形反映海岸线的总体走向。因此，在每个海岸选择的点将对适当考虑地理因素的临时等距离线产生影响。

法庭和双方代表的实地考察证实了双方确定的孟加拉国和印度各自海岸线上的基点的位置、能见度和凸起程度。它没有确认位于低潮高地的基点的能见度，除位于南塔尔帕蒂/新摩尔岛上的基点之外，[③] 在该区域观察到的碎浪区确实表明了一个特征

---

① Myron H. Nordquist, ed. United Nations Convention on the Law of the Sea 1982: A Commentary, Vol. Ⅱ., p. 815（Nijhoff）（"Virginia Commentary"）；Rainer Lagoni, Interim Measures Pending Delimitation Agreements, 78 Am. J. Int'l L. p. 345, (1984).

② Thomas A. Mensah. Joint Development Zones as an Alternative Dispute Settlement Approach in Maritime Boundary Delimitation, in Rainer Lagoni & Daniel Vignes, Maritime Delimitation, p. 143（Nijhoff 2006）；the Convention, preamble.

③ Rainer Lagoni. Report on Joint Development of Non-living Resources in the Exclusive Economic Zone, I. L. A. Report of the Sixty-Third Conference, p. 509, para. 511—512（1988）, quoted in Mensah, Joint Development Zones as an Alternative Dispute Settlement Approach in Maritime Boundary Delimitation, in Rainer Lagoni and Daniel Vignes, Maritime Delimitation, p. 143（Nijhoff, 2006）.

的存在,尽管不清楚该特征是否永久性淹没或构成低潮高地,①
但无论如何,任何存在的特征都不能被视为是在海岸线上,更不能
被视为凸起的海岸点。法庭认为,南塔尔帕蒂/新摩尔岛的地理特
征不适合作为基点。② 在本案中,法庭将不依据位于低潮高地与海
岸分离的基点来划定双方领海的界线。因此,报告的结论认为,印
度拟议的基点Ⅰ-1、Ⅰ-2和B-3的位置是不被接受的。③

关于领海中线,法庭拒绝了孟加拉国的观点,即"特殊情况"
要求采用中线和等距离线以外的方法。法庭也认为,孟加拉国没
有给出充分证明其论点的事实,即存在需要调整领海划界中线的
特殊情况。因此,在领海12海里的范围内,孟加拉湾海岸线的凹
凸不平并不会产生需要调整中线的重要界线。④ 但是,法庭注意
到,它参照拉德克利夫裁决所确定的陆地边界点,并非是在与法
庭选定的领海划界基点等距离线上的一点。有关海岸的概念在
海洋划界过程中具有多重作用,一般划界的有关海岸的确定和采
用角平分线法时对海岸总方向的描绘是两种截然不同的操作。

---

① North Sea Continental Shelf, Judgment, I.C.J. Reports 1969, p.3.

② Dispute Concerning Delimitation of the Maritime Boundary between
Bangladesh and Myanmar in the Bay of Bengal (Bangladesh/Myanmar), Judgment,
paras. 322, 447.

③ G. Rao et. al., — Crustal Evolution and Sedimentation History of the Bay of
Bengal Since the Cretaceous Ⅱ, Journal of Geophysical Research, Vol. 102, No. B8,
1997, at p.17747. MB, Vol. Ⅳ, Annex B58; R. Bastia, S. Das and M. Radhakrishna, —
Pre- and Post-Collisional Depositional History in the Upper and Middle Bengal Fan and
Evaluation of Deepwater Reservoir Potential along the Northeast Continental Margin of
India Ⅱ, Marine and Petroleum Geology, Vol. 27, 2010, pp. 2051—2061 (Annex
IN-37).

④ D. A. V. Stow, K. Amano, P. S. Balson, G. W. Brass, J. Corrigan, C. V.
Raman, J. J. Tiercelin, M. Townsend and N. P. Wijayananda, — Sediment Facies and
Processes on the Distal Bengal Fan, Leg 116 Ⅱ, in J. R. Cochran, D. A. V. Stow et al.
(eds.), Proceedings of the Ocean Drilling Program, Scientific Results, Vol. 116, 1990,
pp.377—396 (Annex IN-21).

然而，它们在印度海岸线某些部分的相关方面有很大差异。法庭将依次处理每个国家的海岸问题，但是，通过回顾查明有关海岸的不同目的是有益的。正如国际法院在黑海案中指出，有关海岸在划定大陆架和专属经济区方面可能有两个不同但密切相关的法律方面的作用，同时，由于地理位置的原因，一方海岸的任何部分的水下延伸不能与另一方海岸的延伸重叠，否则不会进行进一步审议。因此，在实践中，一方海岸任何部分的相关性取决于对该海岸产生的投影的识别。关于孟加拉国有关海岸的"国际海洋法法庭的结论"在本案中"同样适用"，即使国际海洋法法庭、印度和孟加拉国计算的长度之间存在微小差异，但在适用非比例性检验法时无关紧要。

法庭注意到，双方同意孟加拉国整个海岸都与划界有关。双方在孟加拉国海岸计算的长度的细微差别完全是由于它们对陆地边界终点的位置持不同看法。法庭现在已经确定了陆地边界终点的确切位置，孟加拉国和印度之间关于孟加拉湾的海上边界也将由此划定。孟加拉国海岸线的第一段，将从与印度的陆地边界终点延伸到国际海洋法法庭在其裁决中确定的库图迪亚岛（Kutubdia Island）灯塔；第二段将从库图迪亚岛的上述点延伸至纳夫河（Naaf River）与缅甸的陆地边界终点。

孟加拉国认为，这一做法直接沿用了国际海洋法法庭所采取的办法，该方法计算出缅甸的有关海岸线一直延伸到内格罗斯角（Cape Negrais），包括海岸线的投影只会与孟加拉国主张的 200 海里以外大陆架重叠。[①] 本案没有理由采取不同的做法，但鉴

---

① S. J. Sangode, N. Suresh, T. N. Bagati. "Godavari Source in the Bengal Fan Sediments: Results from Magnetic Susceptibility Dispersal Pattern." *Current Science*, Vol. 80, 2001, pp.660—664 (Annex IN-27).

于本案地理特征的相似性，这样做相当反常。孟加拉国认为，将双方的相关海岸定义为其投影仅在 200 海里范围内重叠，将是"完全虚假的"（Artificial）。本案有争议的地区包括 200 海里以外的大部分地区，事实上，这也是争议中最关键的问题之一。既然如此，相关海岸也必须包括延伸到这些地区的海岸，但这些部分又构成了印度相关海岸的全部。在德维点（Devi Point）和桑迪点之间没有第四段海岸存在的依据，因此选择这一段是"完全武断的"。特别是，国际海洋法法庭在孟加拉国/缅甸的裁决中不支持孟加拉国为确定与印度有关海岸而采取的办法。① 尽管国际海洋法法庭确实认为缅甸 200 海里以外的海岸线是相关的，但 200 海里以外大陆架重叠的事实并不影响相关海岸的计算。

　　尽管国际海洋法法庭没有进一步说明其认为缅甸海岸这一段是相关的原因，因为仅从一段海岸划出一条线与另一国海岸的投影重叠，不足以使该海岸具有相关性，但比夫角和内格莱斯角之间的海岸却被认为是相关的，因为它面向"相关地区和孟加拉国海岸"。② 此外，虽然从德维点和桑迪点之间的海岸划出的一条线可能与孟加拉国声称的 200 海里以外的大陆架区域重叠，但桑迪点以外的海岸也是如此，它也延伸到了 200 海里以外的大陆架上。在提出这一观点时，孟加拉国在提交的划界案中，声称拥有 200 海里以外的大陆架区域，但是它认为没有必要将印度的海岸延伸到德维点。孟加拉国 200 海里以外的海岸线的投影已经

① Bengal Boundary Commission Report to His Excellency the Governor General of India，12 August 1947（Radcliffe Award）（Annex IN-2）（emphasis added）.

② Report on the Indo-Bangladesh Talks on Maritime Boundary，5 December 1980 reproduced in A. S. Bhasin（ed.），India-Bangladesh Relations：Documents 1971—2002，Vol. IV，2003，pp.1930—1931（Annex IN-15）.

与德维点以北的印度海岸线的投影重叠。[①] 如果在 200 海里内与印度产生重叠预测的孟加拉国海岸在 200 海里以外产生这些投影，那么印度至德维点的相关海岸也可能在 200 海里内外产生重叠的海洋投影(图 5-5)。鉴于此，印度认为没有任何依据来支持其相关海岸线延伸到德维点以外。印度对相关海岸的描述如图 5-5。

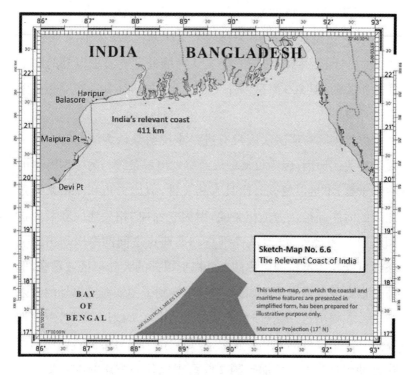

图 5-5　印度提交的相关海岸特点

① See H. Broom. *A Selection of Legal Maxims*, 1884, p. 636（discussing the maxim Ad proximum Antecedens fiat Relatio, nisi Impediatur Sententia）；E. Beal. *Cardinal Rules of Legal Interpretation*, 1908, pp.66—67（2nd ed.）

在评估双方的论点时，法庭回顾其任务是确定"产生与另一方海岸投影重叠的预测"的海岸。根据其认为只有一个大陆架的观点，如果印度海岸的投影与孟加拉国海岸的投影有重叠，那么印度海岸是相关的。无论重叠发生在两个海岸的 200 海里范围内，还是在其中一个海岸的 200 海里范围内和另一个海岸的 200 海里以外，该海岸都是相关的。① 因此，德维点和桑迪点之间的印度海岸是否产生与孟加拉国海岸产生的投影重叠存在不确定性。要确定一国海岸线所产生的投影，重要的是海岸线是否以与划界有关的放射状或定向存在而有争议的地区毗连。在做这一裁决时，正如印度所辩称的那样，德维点以北的印度海岸也可能产生与孟加拉国声称的 200 海里以外海域重叠的投影，然而，这与德维点和桑迪点之间的印度海岸无关。②

从桑迪点以南的一点向东北方向绘制的径向线也将与孟加拉国海岸 200 海里以外的投影重叠。在确定一段海岸线所产生的投影时，有一定的判断余地，在这一点上，以锐角绘制的一条线不能再公平地说代表该海岸的向海投影。③ 在德维点和桑迪点之间，这个问题不会出现，因为重叠的投影从海岸以几乎垂直的线延伸。在桑迪点以外，双方都没有提出与印度海岸线相关。④ 因此，

---

① W. W. Hunter (ed.), The Imperial Gazetteer of India, Vol. 7, 1881, p.483 (emphasis added), MB, Vol. Ⅲ, Annex B37, quoted at MB, para 3.14.

② MB, para. 5.16： — The delimitation of the territorial sea between Bangladesh and India therefore falls to be effected on the basis of the principles set out in Article 15. Ⅱ

③ Dispute Concerning Delimitation of the Maritime Boundary between Bangladesh and Myanmar in the Bay of Bengal (Bangladesh/Myanmar), Judgment, para. 150.

④ Myanmar Counter — Memorial in the Dispute Concerning Delimitation of the Maritime Boundary between Bangladesh and Myanmar in the Bay of Bengal (Bangladesh/Myanmar), paras. 4.51—4.71.

法庭无需确定一条与孟加拉国海岸的投影重叠的线是否代表该海岸的投影。印度安达曼群岛的海岸线也产生了与孟加拉国海岸线重叠的投影,尽管孟加拉国的应享权利不应扩大到与印度基于安达曼群岛享有的权利相冲突的程度,但印度有基于大陆海岸和安达曼群岛的 200 海里以外大陆架的权利。[①] 安达曼群岛北部岛屿海岸的规划与孟加拉国海岸的投影重叠也可以从孟加拉国申请书所附下图中清楚地看到,该图显示了印度大陆海岸和安达曼群岛的各自规划(图 5-6)。

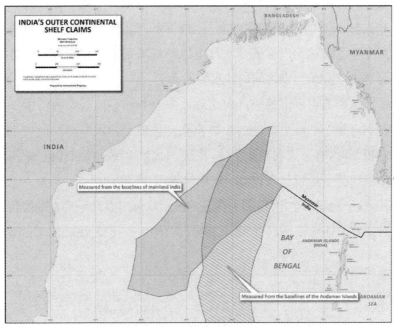

(Bangladesh's Memorial, Figure 7.5)

图 5-6　印度与孟加拉两国提交的海洋区域规划

---

① Delimitation of the Maritime Boundary in the Gulf of Maine Area (Canada/United States of America),Judgment,I. C. J. Reports 1984,p.232.

从安达曼群岛北部岛屿的海岸线规划与印度大陆海岸线的规划重叠来看，在计算相关面积时将考虑这一点。[①] 法庭的结论是，安达曼群岛的有关海岸是岛链北半部的西海岸，从南部的约旦岛到北部的着陆岛（Landfall Island），全长 97.3 千米。与桑迪点以南的印度大陆海岸一样，法庭排除了会客岛（Interview Island）以南的岛链海岸以及南面更远的尼科巴群岛。

在缅因湾案中，国际法院在选择角平分法时指出，将微观地理特征作为确定分界线的基础是不适当的。虽然在该判决中，使用了不同的平分线来划定海洋边界的不同部分，[②]但该判决并不意味着不可能找到基点。在尼加拉瓜诉洪都拉斯一案中，面对非常复杂的不稳定海岸，国际法院采用了角平分线法来确定海洋权利的界限。在不可能或不适合等距离线的情况下，角平分线是一种可行的方法。在尼加拉瓜诉洪都拉斯案中适用的检验标准要求不是"不可能"，而是"不可能"或"不适当"两个标准中任一种。[③] 为了支持其论点，孟加拉国不仅援引法院在尼加拉瓜诉哥伦比亚案中的意见，即并非每一案件都以临时等距离线开始，而且也引用设在孟加拉国/缅甸的国际海洋法法庭的声明，即在不可能或不适用等距离线的情况下，法院和法庭采用了角平分法。孟加拉国还援引了几内亚/几内亚比绍仲裁庭的裁决，即采用角平分线法。仲裁庭打算制定一条适合于公平地纳入西非区域现

① Territorial and Maritime Dispute between Nicaragua and Honduras in the Caribbean Sea，（Nicaragua v. Honduras），Judgment，I.C.J. Reports 2007，p.743.

② Territorial and Maritime Dispute between Nicaragua and Honduras in the Caribbean Sea，（Nicaragua v. Honduras），Judgment，I.C.J. Reports 2007，pp.672—673.

③ Territorial and Maritime Dispute between Nicaragua and Honduras in the Caribbean Sea，（Nicaragua v. Honduras），Judgment，I.C.J. Reports 2007，p.762.

有划界的划界线，以及未来划界仲裁庭在驳回因沿海凹地而采用等距离线法时指出，等距离线法可能导致中间国家被另两个国家包围，从而阻止其在国际法允许的范围内向海延伸其海洋领土。[①]

就像缅因湾极不规则的海岸一样，孟加拉三角洲海岸也因近海岛屿和低潮高地而犬牙交错。通过等距离线将孟加拉国包围的风险类似于几内亚/几内亚比绍的情况，该地区的海岸是凹形的。最后，孟加拉三角洲的活跃形态使人想起尼加拉瓜诉洪都拉斯案中海岸线的变化。事实上，尼加拉瓜诉洪都拉斯案和本案有多重相似之处。在这两种情况下，海岸线都不稳定，难以确定双方一致同意的基点。二者都有凹面，使得等距离线从海岸线延伸得越远就越不合适。[②] 此外，当事方目前关于拉德克利夫裁决的争议又使人想起尼加拉瓜诉洪都拉斯案中关于对可可河（River Coco）河口附近形成的岛屿主权的仲裁裁决的困难。

孟加拉国的结论是，在采用角平分线方法的情况下，它产生了一种更公平的解决办法，因为它更有效地反映了沿海关系，其结果更好地表达了平等划分争端地区的原则。现代海洋划界法的主要权威是黑海案的判决，它对几内亚/几内亚比绍的相关性

---

① Continental Shelf (Tunisia/Libyan Arab Jamahiriya), Judgment, I. C. J. Reports 1982, p. 54, para. 61 (emphasis added). See also: A. H. A. Soons, — The Effects of a Rising Sea Level on Maritime Limits and Boundaries Ⅱ, Netherlands International Law Review, Vol. 37, 1990, pp. 226—229 (Annex IN-20); and Y. Tanaka, — Reflections on Maritime Delimitation in the Nicaragua/Honduras Case Ⅱ, Zeitschrift für ausländisches öffentliches Recht und Völkerrecht, Vol. 68, 2009, pp. 925—926 (Annex IN-33).

② Maritime Delimitation in the Black Sea (Romania v. Ukraine), Judgment, I. C.J. Reports 2009, p.101, para. 116, referring to Territorial and Maritime Dispute between Nicaragua and Honduras in the Caribbean Sea (Nicaragua v. Honduras), Judgment, I.C.J. Reports 2007, p.745.

提出了质疑,因为这是一个特殊案例,虽然后来没有遵循。[1] 印度对孟加拉国关于缅因湾的解释提出了异议,认为最高法院选择角平分线法的主要原因是等距离线将由基点控制,而这些基点本身具有主权方面的争议。印度反对孟加拉国严重依赖国际法院在尼加拉瓜诉洪都拉斯案中的裁决,认为孟加拉国是在断章取义。据印度称,法院决定采用角平分线的主要原因是:针状形态的格拉西亚斯阿迪奥斯角的地理结构使基点的确定变得不可能。根据印度的说法,如果要用任何两个基点来产生一条临时等距离线,国际法院必须选择两个基点。在印度看来,不断变化地理位置的海角,或其形态的动态性,只是法院的次要考虑因素。因为阻碍等距离线绘制的不仅仅是三角洲海岸的存在,三角洲沿岸沉积物的堆积只是表明了使用针状海角的两面作为基点的任意性。[2] 无论如何,海岸的淤积和推进的程度都不像在雷曼加尔河口(Raimangal Estuary)那样。与目前的情况形成鲜明对比的是,尼加拉瓜和洪都拉斯都承认海岸线向前推进的重要性。此外,它们都不主张使用等距离线。在划界进程的这一步,决定性的因素不是当事方的有关海岸在其整个长度上是否稳定的问题,而是能否在这些海岸上划出确定等距离线基点的问题。[3] 放弃国际法院设定的不可能这一高门槛,作为不适用等距离线/相关情况方法的标准,将使人们对海洋划界法更客观和更

---

[1]　Low-tide elevations are also referred to in articles 7（4）and 47（4）of UNCLOS, but these provisions are not relevant in the present case.

[2]　Territorial and Maritime Dispute between Nicaragua and Honduras in the Caribbean Sea,（Nicaragua v. Honduras）, Judgment, I.C.J. Reports 2007, p.744.

[3]　Dispute Concerning Delimitation of the Maritime Boundary between Bangladesh and Myanmar in the Bay of Bengal（Bangladesh/Myanmar）, Judgment, para. 152.

可预测的发展趋势产生质疑，而该趋势是一个艰难且漫长的过程。但幸运的是，海洋划界法已经明确朝着更具有客观性和可预测性的趋势发展了。

无论如何，随着海平面上升，孟加拉三角洲发生的变化正在加速，预计最近到 2100 年海岸线将发生重大变化。国际法院对突尼斯/利比亚的裁决丝毫没有削弱这种关于未来变化的相关性。虽然法院不愿意太重视数百万年前的地质情况，但可预计的三角洲发生的变化将在当代孟加拉国和印度公民的有生之年内发生。① 印度对孟加拉国关于其海岸线不稳定的事实主张提出异议，印度认为孟加拉湾海岸并没有出现海岸起伏的异常情况，而且，多年来一直相对稳定，保持了海岸线的总体格局。更重要的是，印度认为，任何不稳定都与法庭当前的问题无关，正如国际法院在突尼斯/利比亚案中指出的那样，划界需要考虑的是目前的自然环境和当今海岸的地理结构。② 因此，法庭在本案中所要做的是确定适当的基点，以便划出等距离线，不需要确定当事方的有关海岸线在其整体长度上是否稳定。在圭亚那诉苏里南一案中，法庭驳回了苏里南的论点，即沿海不稳定有利于使用角平分线法，与尼加拉瓜诉洪都拉斯相比，孟加拉三角洲沿岸的基点

---

① Among the more colourful are — the transient nature of the coastal geography Ⅱ, — the rapid pace of coastal migration Ⅱ, — a uniquely unstable coastline Ⅱ (all expressions to be found in a single paragraph in the Memorial of Bangladesh, MB, para. 5.17).

② G. Prasetya, — The Role of Coastal Forests and Trees in Protecting against Coastal Erosion Ⅱ, in S. Braatz, S. Fortuna, J. Broadhead and R. Leslie (eds.), Coastal Protection in the Aftermath of the Indian Ocean Tsunami: What Role for Forests and Trees?, Proceedings of the Regional Technical Workshop, KhaoLak, Thailand, 28—31 August 2006, FAO, 2007, notably pp. 104—105, 108 and 120 (available at http://www.fao.org/forestry/13191-0ce216e2fd6097aecc9708480cec2b6d0.pdf) (Annex IN-31).

定位不存在很大的挑战。①

　　针对双方（而不仅仅是孟加拉国）海岸凹坑的观点，孟加拉国强调，印度海岸的凹凸不平不会对边界造成不公平的影响，同时认为，当一国位于另两个国家之间的凹坑中间时，凹坑是有意义的，正如国际法院在北海大陆架案中指出的那样，当中间国家被其他两个国家包围时，采用等距离线的方法会导致边界线偏向凹坑方向。印度的海洋空间不可能被掐断，可以在国际法允许的范围内向海延伸，直至达到斯里兰卡的海上边界。孟加拉国拒绝接受凹坑不再是问题的建议，理由是孟加拉国/缅甸的判决排除了任何切断效果。此外，北海大陆架案直接涉及处于凹坑中的三个国家的情况以及两个不同案件之间的相互作用。在这种情况下，法院认为所讨论的两条线本身都不会产生切断效果，这种效果仅在二者同时存在时产生。

　　孟加拉国接着审查了国际法院和法庭的七项判决——英法大陆架、卡塔尔/巴林、纽芬兰/新斯科舍、迪拜/沙迦、黑海、孟加拉国/缅甸和尼加拉瓜诉哥伦比亚，这些判决中均采取了相关措施来减轻截断的影响。

　　根据这些案例，如果一个特殊的地理特征对划界线产生了过度影响，以致对一个国家的海洋权利造成不公平的分割，在划定最后划界线时，即使该划界线是等距离的，也会被放弃。②

---

①　Dispute Concerning Delimitation of the Maritime Boundary between Bangladesh and Myanmar in the Bay of Bengal（Bangladesh/Myanmar），Judgment，paras. 241—266，especially at para. 244.

②　Maritime Delimitation in the Black Sea（Romania v. Ukraine），Judgment，I. C.J. Reports 2009，p.108，para. 137；Dispute Concerning Delimitation of the Maritime Boundary between Bangladesh and Myanmar in the Bay of Bengal（Bangladesh/Myanmar），Judgment，para. 264.

虽然岛屿不同于沿海凹地，但在判例中对其的处理是一样的，并强调问题的关键是它们是否造成了截断，以及这些截断是否不公平。

此外，在具体研究沿海凹地引起的截断时，孟加拉国注意到，在相关案例（即北海大陆架案例和几内亚比绍/几内亚比绍）中，等距离线法被完全弃用。印度对孟加拉国关于凹地构成"相关情况"的说法提出异议，①在印度看来，双方只同意双方的海岸线是凹的，而且印度强调，凹地本身不一定是一个相关的情况。根据印度的主张，沿海凹地不会仅仅因为一个拥有凹面海岸的国家被"夹"在另外两个国家之间，成为"相关情况"，相反，重要的是有关国家海岸之间的关系。因此，即使一国位于两个其他国家之间，任何凹凸不平都可能对一个邻国构成"相关情况"，而对另一个邻国则不一定如此。只有在有必要进行调整以避免有国家被极不平等的方式对待时，凹地才成为一种"相关情况"。印度特别注意到国际法院在北海大陆架案件中的意见。在喀麦隆诉尼日利亚一案中，国际法院拒绝调整临时等距离线，尽管由于喀麦隆海岸凹凸不平，喀麦隆被截断的程度远远超过孟加拉国在本案中的范围。印度在回顾法院关于该案的意见时发现，法院被要求划定海域的地理布局是既定的，它不是可以由法院修改的要素，而是法院必须在其基础上进行划界的事实。

印度承认孟加拉国的海岸是凹的，但强调印度海岸也是凹的，而不是凸的，巴拉索雷湾是"凹中有凹"。事实上，孟加拉国的海岸凹度与印度海岸的凹度相当。综合起来看，这两个凹面不会

---

① Maritime Delimitation in the Black Sea (Romania v. Ukraine), Judgment, I. C.J. Reports 2009, para. 127.

扭曲按照等距离线划定的界线，也不会导致两国之间的严重不平等。① 相反，等距离线产生的截断影响是由双方共同承担的平衡方式，双方在其海岸线所在地区享有的权利。在不存在严重的不平等或不合理差别待遇的情况下，将凹地视为"相关情况"，并相应地调整等距离线，就等于法庭在重塑地理。尽管印度承认国际海洋法法庭认为孟加拉湾的凹地是孟加拉国/缅甸的一个"相关情况"，但也认为这个情况与本案不同，特别是与孟加拉国/缅甸的情况不同。② 因为印度与孟加拉国的陆地边界终点位于海岸相对笔直的地区，两国都位于孟加拉湾北端。③ 此外，鉴于孟加拉国因海湾的凹凸不平而与外界隔绝，印度认为孟加拉国/缅甸的裁判改善了这一状况。根据国际海洋法法庭的观点，这样的调整纠正了对孟加拉国海岸以及专属经济区和大陆架向南延伸的切断效应。孟加拉国/缅甸的判决也已经允许孟加拉国有权使用200 海里以外的大陆架。

---

① Maritime Delimitation and Territorial Questions between Qatar and Bahrain (Qatar v. Bahrain), Merits, Judgment, I.C.J. Reports 2001, paras. 188—209.

② Dispute Concerning Delimitation of the Maritime Boundary between Bangladesh and Myanmar in the Bay of Bengal (Bangladesh/Myanmar), Judgment, para. 184. See also, appended to that judgment, the declaration of Judge Treves, pp. 2—3 and further the declaration of Judge Wolfrum, p.2.

③ Maritime Delimitation in the Black Sea (Romania v. Ukraine), Judgment, I. C.J. Reports 2009, p.101, paras. 118—122 and Dispute Concerning Delimitation of the Maritime Boundary between Bangladesh and Myanmar in the Bay of Bengal (Bangladesh/Myanmar), Judgment, para. 223.

第三节　相关法理阐释

在 1930 年由国际联盟召集并召开的第一次国际法编纂会议上，一些国家将低潮高地视为岛屿。但也正是从这次会议开始，国际海洋法开始将那些仅在低潮时露水面的海洋地物与永久露于水面之上的岛屿区别开来。在 20 世纪中叶以前，国际海洋法中关于"低潮高地"的概念还没有严谨的定义，而低潮高地往往是以"高地"或其他的别称来泛指。英国海洋法学者丘吉尔和罗威就指出：低潮高地在较为古老的教科书和条约中有时被称为"干出礁"(drying rocks)或"干出滩"。① 虽然在 1951 年的英挪渔业案中英国方面已经提出了"低潮高地"这一术语，但是在 1956 年国际法委员会起草完成的《关于海洋法的最终草案及评注》第 10 条"岛屿"的条款评注中，仍然没有提及"低潮高地"，而是只规定了"仅在低潮时高出水面的高地不被认为是岛屿，不拥有领海"。

海洋划界中的低潮高地的法律地位是一个相当复杂的问题。由于国际司法机构前期积累的判例较少，理论上争论较大，导致仲裁庭在低潮高地是否可作为海洋划界基线基点的问题上态度不甚明确。本案中孟加拉国举出一系列国际法院判决的反对使用低潮高地作为基点的例子，而印度则认为使用低潮高地作为基点具有广泛的国际实践的支持。不仅如此，印度以《公约》第 13 条作为国际法基础展开了相关阐释和论证。然而，本案仲裁庭认为《公约》第 13 条的立法目的，在于应对领海宽度的测量问题，而

---

① Robin Churchill, Vaughan Lowe. *The Law of the Sea*. Manchester: Manchester University Press, 1999, p.48.

不是被用来解决低潮高地作为基点以解决海洋划界问题。故此，本案仲裁庭否定了印度提出的以南达尔帕蒂岛/新穆尔岛作为基点的主张。①

低潮高地能否被据为领土，国际司法实践和国家实践有不同做法。菲律宾认为仁爱礁、美济礁和渚碧礁是低潮高地，不能据为领土，不能产生任何海洋权利，即使是领海。西门礁和南薰礁也是低潮高地，但因为位于高潮地物12海里的范围之内，可以作为测算领海基线的基点。② 各国基于维护本国海洋权利之考量，对于低潮高地是否作为海洋划界基点的关注角度不同。比如，有学者提出，为了规避洋中低潮高地在海洋划界是否作为基线基点带来的困扰或不确定性，主张强调对岛礁所享有的历史性所有权进行强化和固化，进而在整体上确认对诸岛——包括低潮高地的主权，或者强化争议海域中所有岛礁适用的群岛制度，以规避对上述海洋地物——诸如低潮高地的定性。③

某种意义上，低潮高地可以视为"水下地形地物"的一种形态。"水下地形地物"在国际海洋司法实践中的模糊状态不言而喻。在国家间海洋权利争夺白热发展、海洋法原则与规则在实践冲撞中努力调适的情形下，即使是在《公约》框架下最为明确的海洋地形岛屿，在海洋法划界实践中也并非一致地具有完全的效

① 吴士存主编：《国际海洋法最新案例精选》，中国民主法制出版社，2016年，第138页。

② Maritime Delimitation in the Black Sea (Romania v. Ukraine), Judgment, I. C.J. Reports 2009, p.89, para. 77. Similarly, the ITLOS defined the relevant area as — the area of overlapping entitlements of the Parties that is relevant to this delimitation// (Dispute Concerning Delimitation of the Maritime Boundary between Bangladesh and Myanmar in the Bay of Bengal (Bangladesh/Myanmar), Judgment, para. 477).

③ 姚莹：《2014年孟加拉国与印度孟加拉湾划界案评述——兼论对中非南海仲裁案的启示》，《当代法学》，2015年第4期，第159页。

力。就如国际海洋法法庭在孟加拉国和缅甸有关孟加拉湾海洋划界争端案中所言,案例法或国家实践都未显示出关于岛屿在海洋划界中的效力的一般规则的存在,岛屿在划界时被赋予不完全的效力并非没有先例。影响划界的岛屿、小岛和类似地形,可能为全部效力、一半效力或部分效力,这取决于地理现况和个案的特定情况。每一案件都是独特的,要求具体对待,以达到公平解决的最终目标。①

1982 年的《公约》沿袭 1958 年《领海和毗连区公约》的规定,并在此基础上进一步细化了对低潮高地的规定,主要包括直线基线、低潮高地以及群岛基线等。《公约》中低潮高地的概念对不同类型的海洋地物进行了法律上的简化,即《公约》不考虑各种海洋地物具体的地理形态,而仅以是否在高潮时露出水面作为划分岛屿与低潮高地的唯一标准。与此同时,《领海和毗连区公约》第11 条关于低潮高地的规定与《公约》第 10 条关于岛屿的规定实现前后衔接。低潮高地的这一作用主要体现在《公约》第 7 条第4 款以及第 13 条第 1 款的规定。根据前一款规定,如低潮高地上筑有永久高于海平面的灯塔或类似设施,或低潮高地作为划定基线的起讫点已获一般国际认可,则该低潮高地可作为划定直线基线的起讫点。这一规定在事实上承认了低潮高地可成为沿海国的领土,而后一款则规定,全部或者部分位于领海范围内的低潮高地的低潮线可作为测算领海宽度的基线。②

---

① 周江、刘畅:《国际司法实践对"水下地形地物"法律内涵的影响》,《江苏大学学报》(社会科学版),2020 年第 4 期,第 76 页。

② 黄影:《海洋法中低潮高地的领土属性及其确定规则》,《外交评论》,2019 年第 5 期,第 140 页。

第六章
海洋划界中的灰区问题：
以孟加拉国和缅甸海洋划界案为例

第一节　案件背景与"灰区"问题

孟加拉湾是世界上最大的海湾，是一个非常大的水体，东西宽1800千米，从最北端开始向南延伸1500千米，面积超过200万平方千米。根据国际海道测量组织提供的相关资料显示，该海域的北面是孟加拉国和印度海岸，西面是印度半岛和斯里兰卡海岸,东面是缅甸海岸。[1] 该海域西边是印度和斯里兰卡的东海岸,北边是印度和孟加拉国,东北和东边是缅甸。[2] 孟加拉国和缅甸是毗邻孟加拉湾的邻国,两国都对海洋资源有着浓厚的兴趣,这些资源包括天然气和石油储藏。由于没有明确的海洋边界,两国都没有充分开发海洋资源的合法依据。争端发生前夕,孟加拉国正试图与缅甸达成一项协议,以促进在缅甸油田附近的孟加拉湾大陆架上覆水域进行石油勘探和开采活动。为此,两国进行了广泛的谈判,以期就孟加拉湾的海洋边界问题达成一致。[3] 1974 年,两国达成了相关协议。孟加拉国声称,34 年来双方一直遵守相关协议中的条款,而缅甸辩称,该相关协议没有法律效力,因为该相关协议必须经过缅甸政府确认才具有相应的法律效力。而后两国之间的会谈没有再取得实质上的成功。于是,缅甸在 2010 年 11 月 4 日的声明中表示接受仲裁庭的管辖权,以解决与孟加拉国在孟加拉湾的海洋划界的争端(图 6-1)。同样,孟加拉国在 2009 年 12 月 12 日的声明中也以类似的措辞接受了仲裁庭的管辖权。这一争端围绕着双方在复杂问题上存在的严重分歧展开,争端的核心涉及两国在领海、专属经济区和孟加拉湾大陆架的海洋边界的划定。[4]

"灰区"是指距离一国海岸 200 海里以内,但在与另一国的海洋边界之外的区域。在本案中,孟加拉国通过 Crawford 教授提

---

① https://www.itlos.org/fileadmin/itlos/documents/cases/case_no_16/C16_Memorial_Bangladesh.pdf.

② https://www.itlos.org/fileadmin/itlos/documents/cases/case_no_16/C16_Counter_Memorial_Myanmar.pdf.

③ https://www.itlos.org/fileadmin/itlos/documents/cases/case_no_16/C16_Reply_Bangladesh.pdf.

④ https://www.itlos.org/fileadmin/itlos/documents/cases/case_no_16/C16_Rejoinder_Myanmar.pdf.

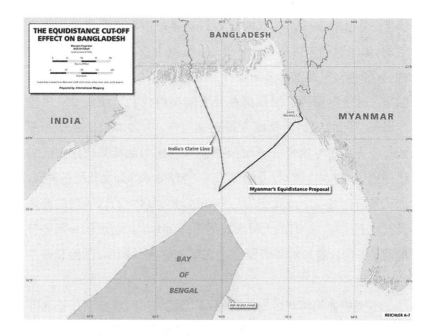

图 6-1　孟加拉国与缅甸海洋区域争端的形成

出，每当偏离等距离线原则时，就会出现这个问题，[1]即采用等距
离线/相关情况方法，而提出了角-双分线方法，在这两种情况下
便出现了"灰色地带"（灰区）。这个问题是一个不确定的问题。
仲裁庭被要求裁定的公平划界不超过 200 海里，因此，不必怀疑
在"灰色地带"会发生什么。[2]　在这个问题上没有任何判例可以

---

① Tung-Yi Lee，Lawrence A. Lawver. "Cenozoic Plate Reconstruction of
Southeast Asia." *Tectonophysics*，Vol. 251（1995）. MB, Vol. IV, Annex 39. See also
J.R. Curray and Ruth Allen, "Evolution, paleogeography and sediment provenance,
Bay of Bengal region, Indian Ocean", in *Golden Jubilee Memoir of the Geological
Society of India*（Gupta，Harsh and Fareeduddin eds.）No.66（2008），pp.487—520.

② M. Alam et al. "An Overview of the Sedimentary Geology of the Bengal Basin
in Relation to the Regional Tectonic Framework and Basin-fill History." *Sedimentary
Geology*，Vol. 155，No. 3—4（2003）.

参考。由于在缅因湾地区海洋边界划界案中没有充分处理这个问题，该问题仍未得到充分解决。仲裁庭也没有在其他案件中处理这个问题，包括巴巴多斯与特立尼达和多巴哥共和国之间的仲裁案。这个问题因孟加拉国在外大陆架的权利与缅甸 200 海里专属经济区的权利重叠而变得更加有趣。① 孟加拉国主张不能通过优先考虑专属经济区，而是要优先考虑大陆架来决定灰区的法律地位，裁判应该对《公约》第 5 部分和第 6 部分展开严格解释，以尽量避免将一个区域变为另一个区域。具体而言，一国的海床及其底土(即大陆架)的上覆水域不得作为专属经济区的一部分分配给另一国。这种解释可能会给海床和底土的捕捞、勘探和开发造成困难。②

本案中如果将灰区划给缅甸，那么孟加拉国将被剥夺进入外大陆架的权利；如果将上述区域划给孟加拉国，那么它对孟加拉湾外大陆架的权利就不会受到侵犯。因此，这不是《公约》有关条款所设想和规定的公平解决办法。如果权利受第 6 部分管辖，而且这些权利位于将划定的区域，那么将以第 83 条为准。在本案的特殊情况下，大陆架权利似乎优先于专属经济区权利，因此，应把"灰区"分配给孟加拉国。但法院和法庭一直不愿意做出明确的声明，也没有处理这个问题。仲裁庭将重点放在关键问题上，并将此问题留待进一步裁决。一个国家在 200 海里以外的大陆架上拥有明确和无可争议的潜在权利，但仅仅因为它位于一个凹地，而且它与外大陆架之间有一小块潜在的专属经济区，这一地

---

① K. Michels, H. R. Kudrass, et al. "The submarine delta of the Ganges-Brahmaputra: cyclonedominated sedimentation patterns." *Marine Geology*, Vol. 149 (1998).

② Joseph R. Curray. "Sediment Volume and Mass beneath the Bay of Bengal." *Earth and Planetary Science Letters*, No. 125 (1994).

理状况就恰巧应永远禁止它获得这一权利。[1] 至于区分水体权利和大陆架权利，孟加拉国认为，《公约》中没有任何文字依据，这种解决办法可能会对实际情况造成极大的不便。这就是为什么国际法庭设法避免这个问题，也是为什么在国家实践中几乎没有采用区域和大陆架的不同归属。缅甸认为，如果将孟加拉国沿海200海里以外的区域分配给孟加拉国，将超越缅甸对专属经济区和200海里以内大陆架的权利。[2] 对200海里以外的大陆架提出非常规假设的主张，侵犯了缅甸根据《公约》第77条自动享有的对这一距离内的大陆架的主权权利，也违背了缅甸将其专属经济区扩大到这一限度的权利。换言之，这既违背了《公约》，也违背了国际惯例。在巴巴多斯与特立尼达和多巴哥之间的仲裁案中，以特立尼达和多巴哥的200海里为界限确定了海洋边界，并明确指出，特立尼达和多巴哥无法进入200海里以外的大陆架。[3] 因此，缅甸认为，划界线扩大到200海里以外，会不可避免地侵犯其无可争议的权利，所以，这将排除孟加拉国对200海里以外大陆架的任何权利。虽然孟加拉国提出的解决办法是站不住脚的，但在本案中不存在"灰区"的问题，因为公平划界的范围不超过200海里。在这种情况下，各国为处理划界所产生的问题并达成协议或合作安排的情况并不少见。《公约》第56条第3款规

---

[1]　S. Kuehl, H. Kudrass, et al. "The Ganges-Brahmaputra Delta." in, *River Deltas — Concepts，Models，and Examples* (L. Giosan & J. Bhattacharya eds., 2005).

[2]　See North Sea Continental Shelf (Federal Republic of Germany/Denmark; Federal Republic of Germany/Netherlands), Judgment, ICJ Reports 1969，p. 3 (hereinafter "North Sea Cases")

[3]　Third United Nations Conference on the Law of the Sea，Informal Single Negotiating Text (Part II)，U.N. Doc. A/CONF.62/WP.8/PART Ⅱ (7 May 1975)，Annex BR-11.

定,沿海国对专属经济区海床和底土的权利应按照《公约》第 6 部分,包括第 83 条行使。仲裁庭还注意到,第 68 条规定,关于专属经济区的第 5 部分不适用于《公约》第 77 条所界定的大陆架上的定居物种。[①]

"灰区"问题源于海洋划界实践。2012 年的孟加拉国和缅甸关于孟加拉湾的海洋划界案(以下简称"孟缅海洋划界案")中一个重要问题便是如何处理出现的"灰区"。[②] 在该案中,国际海洋法庭对"灰区"进行了较为详细的阐释,认为"灰区"是"超过 200 海里的大陆架划界产生的一个面积有限的区域,该区域(图 6-2)位于距离孟加拉国海岸 200 海里以外但距离缅甸海岸 200 海里以内,且在海洋划界线的孟加拉国一侧"。[③] 此种解释得到普遍的认同。

继而,在 2014 年的孟加拉国和印度关于孟加拉湾的海洋划界案(以下简称"孟印海洋划界案")中,仲裁庭依据《公约》,基本上认可了国际海洋法庭关于"灰区"的观点。事实上,"灰区"的精准法律内涵尚未形成,其在具体国际法语境下的含义处于不断发展中。一般而言,"灰区"是指位于大陆架上的区域,该区域位于A 国专属经济区内,但又位于与该国海岸相邻或相对的 B 国的外大陆架上;同时该区域位于两国海洋划界线 B 国一侧的区域内

---

① See North Sea Cases, paras. 19, 39—40, 43; miles. Nordquist et al., eds., United Nations Convention on the Law of the Sea 1982: A Commentary, Vol. Ⅱ (1993), p.846, Annex BM-32.

② Dispute Concerning Delimitation of the Maritime Boundary between Bangladesh and Myanmar in the Bay of Bengal (*Bangladesh / Myanmar*), Case No.16, Judgment of 14th March 2012, para.472.

③ Dispute Concerning Delimitation of the Maritime Boundary between Bangladesh and Myanmar in the Bay of Bengal (*Bangladesh / Myanmar*), Case No.16, Judgment of 14 March 2012, para.463.

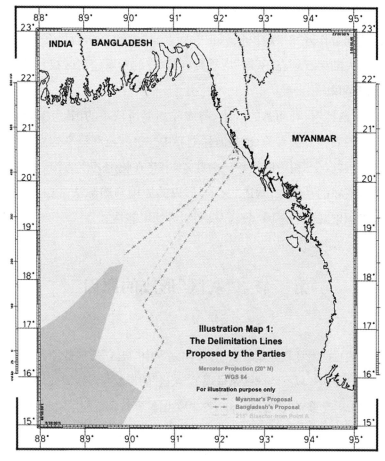

图 6-2　"灰区"的形成原因

（如果是相邻海岸的话）。[1] 虽然海洋划界中因"灰区"问题而引发相关国家间的冲突并不常见，但是，晚近相关海洋划界实践显示，海洋划界中产生的"灰区"具有引发相关国家冲突的潜在趋

---

[1]　See Alex G. Oude Elferink. "Does Undisputed Title to a Maritime Zone Always Exclude its Delimitation：The Grey Area Issue." *The International Journal of Marine and Coastal Law*，Vol. 13，No. 2，1998，p.143.

向。① 在通常的海洋划界案中，多数当事国会选择签订一项协议
或共同合作开发来解决权利重叠问题。"孟缅海洋划界案"中双
方的大陆架权利在"灰区"内重叠，但双方的专属经济区权利并无
任何争议。②

"灰区"权利问题的产生，与海洋划界所依赖的国际法基础、
采用的划界方法有关，也是海洋划界中"灰区"权利分享容易引发
当事国"次生"纠纷的根源。为此，本书将在梳理若干海洋划界案
例和实践的基础上，阐述"灰区"形成的原因与国际法基础，并进
一步探索减少当事国"灰区"权利纠纷的可能性和方式。

第二节 "灰区"形成的原因

晚近的海洋划界实践表明，海洋划界中"灰区"形成的原因比较
单一。图6-3以简约的线条呈现了"灰区"的形成与等距离线划界方
法的采用有重要关联。晚近以来，相关国家日益希望能用"一条稳定
的边界来划分归于它们管辖的各种不同的、部分重叠的海域"。③

---

① 因"灰区"权利分享而引发相关国家间比较严重分歧的典型当属国际海洋法法
庭审理的"孟缅海洋划界案"。该案中的"灰区"问题引发孟加拉国与缅甸对于"灰区"法律
地位和权利划分的严重对立。参见吴士存主编：《国际海洋法最新案例精选》，中国民主法
制出版社，2016年，第209页。同时，亦可参见 https://www.itlos.org/fileadmin/itlos/
documents/cases/case_no_16/published/C16-J-14_mar_12.pdf，visited on 7 Jan.2020.

② Dispute Concerning Delimitation of the Maritime Boundary between
Bangladesh and Myanmar in the Bay of Bengal (*Bangladesh/Myanmar*), Case No.16,
Judgment of 14 March 2012, paras.434—436.

③ Case Concerning Maritime Delimitation and Territorial Question between
Qatar andBahrain (Qatar v. Bahrain), Merits, Judgment of March 16, 2001, para.173,
p.57. https://www.icj-cij.org/files/case-related/87/087 - 20010316-JUD-01 - 00-EN.
pdf，visited on 07 Jan.2020.

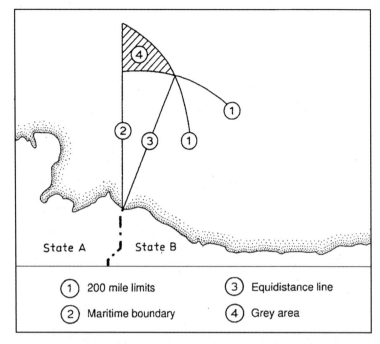

图 6-3　海洋划界中"灰区"形成的一般示意图[1]

海洋划界的简化趋势开始流行。然而，由于海洋划界的技术性、政治意愿、资源诱惑以及国家主权和安全等因素的介入，长期以来稳定、权威的划界方法还未能形成，导致海洋划界的基础性方法一直依赖等距离线或者调整的等距离线。实践中，海洋划界通常不得不考虑复杂的政治因素和地理因素。为此，适度调整等距离线往往成为海洋划界的必然选择。两国海岸相邻时，当并非等距离线的划界线到达一国的专属经济区外部界限，并以同样的方向延伸至另一国专属经济区的外部界限时，就会产生"灰区"，"孟

---

① 本示意图简要描述海洋划界"灰区"的形成示意图。该示意图来源于 Alex G. Oude Elferink. Does Undisputed Title to a Maritime Zone Always Exclude its Delimitation：The Grey Area Issue，p.145.

缅海洋划界案"即是如此。[1] 由于调整等距离线而衍生出"灰区"的国家实践也不少,相关的协议包括 1975 年的冈比亚和塞内加尔共和国海洋划界协议、1975 年哥伦比亚共和国和厄瓜多尔关于海洋和海洋划界及海洋合作的协议、1976 年印度和马尔代夫关于阿拉伯海海洋划界及相关问题的协议等等。[2] 从某种意义上看,"灰区"的形成是调整临时等距离划界线的"副产品"(图 6-3)。[3]

此外,海洋划界中"灰区"的形成与海洋划界当事国的权利主张密不可分。就"孟缅海洋划界案"中的 200 海里外大陆架的权利划分而言,孟加拉国和缅甸的权利主张存在很大分歧,故而,"灰区"问题在该案中是比较重要的敏感问题。《公约》对自然延伸原则和距离标准均有规定,但并未明确规定在适用中谁优先。孟加拉国认为,通过适用的法律,一国专属经济区超出另一国专属经济区的外部延展区域,即使是"一小部分",只要该部分阻断了另一国享有的超过 200 海里的大陆架权利,就很难得到支持。[4] 对此,缅甸主张,将任何 200 海里外的区域分配给孟加拉国,都将造成孟加拉国外大陆架的权利优先于缅甸对其专属经济

---

① Dispute Concerning Delimitation of the Maritime Boundary between Bangladesh and Myanmar in the Bay of Bengal (*Bangladesh / Myanmar*), Case No.16, Judgment of 14th March 2012, para.464.

② Agreement concerning delimitation of marine and submarine areas and maritime co-operation between the Republics of Colombia and Ecuador, 23 August 1975. http://www. un. org/Depts/los/LEGISLATIONANDTREATIES/PDFFILES/TREATIES/COL-ECU1975MC.PDF, visited on 14 August 2018.

③ Leonard Legaultand BlairHankey. "Method, Oppositeness and Adjacency, and Proportionality in Maritime Boundary Delimitation", in Jonathan I. Charney (eds), *International Maritime Boundaries*, Leiden: Martinus Nijhoff Publisher, 2005, pp. 215—216.

④ Dispute Concerning Delimitation of the Maritime Boundary between Bangladesh and Myanmar in the Bay of Bengal (*Bangladesh /Myanmar*), Case No.16, Judgment of 14 March 2012, para.435.

区和 200 海里以外大陆架所享有的权利，这违反《公约》第 77 条。此外，缅甸引用巴巴多斯与特立尼达和多巴哥仲裁案的判决时指出，仲裁庭终止特立尼达和多巴哥 200 海里的海上边界，从而表明特立尼达和多巴哥无法享有 200 海里以外的大陆架权利。[①] 因此，依据缅甸的观点，200 海里以外划界的延伸将不可避免地侵犯缅甸的权利，孟加拉国 200 海里外的大陆架的权利不应得到行使。

第三节　"灰区"的国际法基础与海洋划界的趋向和方法

2012 年"孟缅海洋划界案"加大了国际社会对海洋划界中"灰区"问题的关注程度。然而，"灰区"的国际法基础并非一个新问题，而是与《公约》框架下大陆架的定义和专属经济区的宽度以及大陆架和专属经济区划界息息相关。由于大陆架与专属经济区划界并非僵化不变，而是呈现出阶段性的新趋向和新方法，故而，系统性考察"灰区"的国际法基础与海洋划界的趋向和方法，对于全面认知海洋划界中的"灰区"问题大有裨益。

一、"灰区"的国际法基础

海洋划界中的"灰区"的法律地位问题不同于属于一方的纯

---

①　[2004 - 02], Award of the Arbitral Tribunal (*Barbados /the Republic of Trinidad and Tobago*), 11 April 2006, paras.174—175.

粹的专属经济区或大陆架问题。在这种情况下，"灰区"的实质是沿海国基于距离标准和自然延伸标准在同一区域（"灰区"）产生的权利重叠区。①

在海洋划界实践中，等距离线/相关情况规则发端于 1958 年《大陆架公约》。《大陆架公约》第 6 条第 1 款和第 2 款分别规定海岸相邻国家之间大陆架划分的等距离线方法和海岸相向国家之间大陆架划分的中线方法。然而，1969 年"北海大陆架案"并不承认其习惯法的地位。1982 年《公约》以"海洋宪章"的地位建构了现代海洋秩序，确认了领海、毗连区、大陆架和专属经济区等具有不同法律地位的海域。《公约》第 57 条确定了专属经济区的宽度，第 76 条明确了大陆架的定义。同时，《公约》分别在第 15条、第 74 条和第 83 条规定了领海、专属经济区和大陆架的划界规则。上述规定构成海域及其海洋划界的基本国际法基础。《公约》第 74 条和第 83 条主要受到"北海大陆架案"的影响，这一点在国际法法院的文件中得到证实："划界问题是国家之间的协议所关注的问题，而且这样的划界协议必须根据公平原则达成。"②

《公约》第 74 条的措辞与第 83 条的措辞比较相似。不过，大陆架划界的国际法基础受到《大陆架公约》第 6 条和《公约》第 83条的规制，因此比较复杂。专属经济区的划界则相对简单。大陆架和专属经济区密切关联，二者都是国家管辖范围内海域，都是"与资源有关的区域"，沿海国在这两种海域中都享有主权权利和

---

① 参见吴继陆：《海洋划界中的"灰区"问题》，《国际法研究》，2017 年第 1 期，第 85 页。

② North Sea Continental Shelf Cases (Federal Republic of Germany/ Denmark; Federal Republic of Germany/Denmark), I. C. J Reports, Judgment of 20 February 1969, para.85, p.47, https://www.icj-cij.org/files/case-related/52/052-19690220-JUD-01-00-EN.pdf, visited on 08 Jan.2020.

特定管辖权。从领海基线量起的 200 海里范围内，就海床和底土而言，二者甚至是一个重叠区域。在第三次联合国海洋法会议上，地理不利国主张取消大陆架制度，认为旧的大陆架制度应该为新的专属经济区制度所吸收；然而，地理位置有利的国家则不想放弃根据 1958 年《大陆架公约》和习惯国际法所据有的关于确定大陆架外部界限的权利。根据 1982 年《公约》，大陆架和专属经济区制度在范围上和权利内容上有差异，不仅如此，大陆架对于沿海国而言，属于"固有权利"。沿海国为了行使这种权利，不需要经过特别法律程序。但是就专属经济区而言，沿海国主张和拥有专属经济区必须经过宣告。①

　　上述差异性的实质，在于大陆架的权利基础是沿海国陆地领土自然延伸的反映。作为国际社会治理海洋的重要国际法成果，1982 年《公约》明确规定专属经济区的权利基础是从海岸量起的距离标准，而大陆架的权利基础则是自然延伸和距离两个标准。对自然延伸原则和距离标准之间关系的解释，不仅影响对大陆架和专属经济区一般关系的理解，而且还直接影响海洋划界的法律规则。② 自 1969 年的"北海大陆架案"始，自然延伸原则作为大陆架权利基础的观点逐渐被固化。"北海大陆架案"主张，《杜鲁门公告》中的自然延伸原则是有理由的，这是因为沿海国依据领土主权对自然延伸带来的大陆架享有固有权利。③ 但在 1982 年的"突尼斯与利比亚大陆架划界案"中，国际法院在对《公约》第 76

---

　　① Surya P. Sharma. *Delimitation of Land and Sea Boundaries Between Neighboring Countries*, New Delhi: Lancers Books, 189, p.178.

　　② 高健军：《国际海洋划界论——有关等距离/特殊情况规则的研究》，北京大学出版社，2005 年，第 53 页。

　　③ North Sea Continental Shelf (*Federal Republic of Germanyv. Denmark and Netherlands*), Judgment, I.C.J. Reports 1969, para.47.

条进行阐释时，认为自然延伸原则并非唯一的权利基础。由此可见，国际法院只是对《公约》条款内容的重申，同时回避了各方分别以自然延伸原则和距离标准对大陆架主张权利孰优孰劣的问题。

就海洋划界应该考虑的情况和因素而言，大陆架划界考虑的是底土中的矿产资源，同时也考虑地质和地貌特征；而专属经济区划界不但要考虑底土中的矿产资源，而且要顾及上覆水域的渔业资源，但却不需要考虑地质和地貌的因素。这便形成一个局面，即某种海洋划界安排可能对大陆架划界而言是公平的，但是对专属经济区而言并不公平。[1] 对于 1985 年"利比亚与马耳他大陆架划界案"而言，判决认为"当事国可以主张自海岸线量起 200 海里的大陆架权利，在衡量各方的权利或对各方主张的海洋区域划界时，无需考虑其他因素"，但是这并不表明自然延伸原则完全被距离标准所代替，其与距离标准是互补的，且都为大陆架权利的法理基础。[2] 然而，小田滋法官对此持否定意见，认为二者不仅不是互补的，而且是不相容的。[3] 但也有学者主张以自然延伸原则为主要标准，以距离标准为次要标准。[4] 自然延伸原则需要考虑地质和地貌特征，而距离标准是一个空间概念。对拥有从海岸线量起 200 海里的窄大陆架的沿海国而言，其可采纳距离标准，而非自然延伸原则。但当沿海国的大陆架超过 200 海里时，则可以自然延伸原则为由主张 200 海里外的大陆架，而非依

---

① Ian Brownlie. *The Rule of Law in International Affairs: International Law at the Fiftieth Anniversary of the United Nations*. Leiden：Martinus Nijhoff Publisher，1998，p.175.

② Case Concerning the Continental Shelf (*Libyan Arab Jamahiriya v. Malta*)，Judgment，I.C.J. Reports 1984，para.23.

③ Douglas M. Johnston. *The Theory and History of Ocean Boundary-Making*. Ontario：McGill-Queen's University Press，1988，p.199.

④ 赵理海：《海洋法问题研究》，北京大学出版社，1996 年，第 67—68 页。

据距离标准。据此，二者无优劣之分，各当事国可以根据《公约》规定采取最惠于己的标准。由此可见，海洋划界中的"灰区"具有比较坚实的国际法基础。这也是《公约》或者习惯法框架下大陆架权利基础和专属经济区权利基础的差异使然。

二、海洋划界的趋向和方法

海洋划界"灰区"的国际法基础，为认知海洋划界趋向与方法提供了前提和基础。同时将"灰区"问题置于海洋划界趋向和方法视域下，更有利于全方位理解"灰区"问题。

晚近以来，在海洋划界的国际司法和仲裁实践领域，国家之间倾向于海洋边界的功能不再局限于专属经济区制度，而是向全方位边界（all purpose）扩展。自 1984 年国际法院审理"缅因湾案"始，海洋划界采用单一边界的实践日益丰富，这种为海床、底土和上覆水域划一条单一边界似乎成为了一种趋势，而且绝大数单一划界都是以等距离线为基础的。[①]

不过，单纯依赖单一海洋划界并不能解决"灰区"问题，尤其是在不采用等距离线划界方法的单一划界线延伸到 200 海里以外的大陆架，当专属经济区和外大陆架产生重叠时，其终点并非沿海国主张管辖海域外部界限的交叉点，在这种情况下，就会产生"灰区"。[②] 实践中也不乏此类案例，"缅因湾案"就是如此。为了划界的便捷，当事国大多愿意采取单一界限。最

---

① Kuen-Chen Fu. *Equitable Ocean Boundary Delimitation on Equitable Principles and Ocean Boundary Delimitation*. 123 Information Company，1989，pp. 125—126.

② 吴继陆：《海洋划界中的"灰区"问题》，《国际法研究》，2017 年第 1 期，第86 页。

终,由于该单一界限并非等距离线,且若将该线继续延伸,就会导致"灰区"。

第四节 "灰区"权益分享的实践

一、专属经济区权利的搁置

在 2012 年"孟缅海洋划界案"中,作为该案的焦点问题,即"灰区"内的海床和底土权利应该作何处理。法院认为对于这样特殊的区域,各国要通过适当合作协议来协调和履行各国间的权利及要承担的义务。[1] 显然,裁判机构回避了"灰区"的权利划分以及法理依据。这就是对专属经济区权利的搁置。

专属经济区权利搁置的实践,具有国际法依据。《公约》第 56 条第 3 款规定沿海国关于专属经济区海床和底土的权利应按照第 6 部分的规定行使,其中就包括第 83 条。同时,《公约》第 68 条关于"定居种"的规定并不适用于《公约》第 77 条规定的大陆架定居种的生物[2]。可见,一国所主张的专属经济区的上覆水域和大陆架(海床和底土)在权利内容上并不重叠或冲突。因此,搁置专属经济区的权利,可视为相关当事国依据《公约》规定的相关原

---

[1] Dispute Concerning Delimitation of the Maritime Boundary between Bangladesh and Myanmar in the Bay of Bengal (Bangladeshv. Myanmar), Case No.16, Judgment of 14th March 2012, paras.471—476.

[2] Dispute Concerning Delimitation of the Maritime Boundary between Bangladesh and Myanmar in the Bay of Bengal (Bangladeshv. Myanmar), Case No.16, Judgment of 14 March 2012, para.473.

则和规则对"灰区"权利分享所做的一种妥协性处理。

二、专属经济区权利的让渡

1867 年美国和苏联签订的《阿拉斯加割让条约》（简称《割让条约》），对两国海洋界限具有约束力。该海洋划界并不是严格按照等距离线划界方法进行的，从而导致了四个"特殊区域"（special area）的产生，也即所谓的"灰区"。其中在边界线以东的美国一侧，有三块"东部特殊区域"，均位于苏联 200 海里之内、美国 200 海里之外；在边界线中部苏联一侧，存在一块"西部特殊区域"。苏联认为，由于白令海部分专属经济区位于 1867 年《割让条约》下界限的美国一侧，又位于美国 200 海里以外，故美国应当对该部分苏联专属经济区权利的丧失予以补偿。[1] 1990 年美苏协议约定，将专属经济区的权利和司法管辖权让渡给另一方的做法主要是源于各方的协商一致，并不构成专属经济区的延伸。这实质是一种专属经济区权利的让渡。这表明"灰区"虽然位于一个国家区域之内，但是并不能自然认为该区域归属某个国家所有。这是一种富有政治色彩的权宜之计式的解决方案。[2]

三、外大陆架优先模式

"灰区"权利分享模式中的所谓"外大陆架优先模式"，主张

---

[1] B.M. Klimenko. "The Maritime Boundary Between the USSR and the USA." *International Affairs* [Moscow]，1990，pp.148—152.

[2] Alex G. Oude Elferink. *Does Undisputed Title to a Maritime Zone Always Exclude its Delimitation；The Grey Area Issue*, p.138.

"灰区"应完全归属于在"灰区"内拥有外大陆架权利的一方①。就"孟缅海洋划界案"而言，"灰区"应当属于孟加拉国。该模式有较充分的法律基础。根据《公约》的规定，专属经济区内海床和底土的权利的行使以大陆架的规定为依据，②专属经济区内上覆水域和海床及其底土的权利可被分开行使，《公约》将专属经济区的上覆水域和海床及其底土的权利分开做了规定。

海洋划界中"灰区"问题是很难回避的重要问题，也是随着海洋划界实践发展而不断演化的问题。尤其在世界各国对海洋资源"垂涎三尺"的情况下，涉及200海里外大陆架的海洋划界争端日益增多，海洋划界中形成"灰区"而引发争端的潜在风险大增。"灰区"形成的国际法基础，植根于现代国际法体系所构建的专属经济区和大陆架划界理论体系。由于现代国际法框架下的海洋划界体系处于一种原则性设计阶段，故而，其可操作规则需要在各国海洋划界实践中不断发展和编纂，属于一个逐渐变化的体系。

"不存在边界的问题，只存在国家之间的问题。"③海洋划界实践表明，政治意愿在海洋划界中占有首要地位，尤其是通过当事国之间的谈判和协商，是达成海洋划界的首要因素。因此，海洋划界中一旦形成"灰区"，当事国主张分享"灰区"权利通常形成专属经济区权利的搁置、让渡以及大陆架优先模式。一般情况下，这些模式都是建立在当事国对于海洋划界怀有政治意愿的基础上的。

---

① Alex G. Oude Elferink. *Does Undisputed Title to a Maritime Zone Always Exclude its Delimitation：The Grey Area Issue*，p.143.

② 参见《公约》第56条和第68条。

③ J.I. Charney, L.M. Alexander, eds. *International Maritime Boundaries*. The Hague：Martinus Nijhoff Publisher，1993，p.417.

代结论
历史性水域的国际法阐释与演进

　　海洋命运共同体理念融入应对海洋争端的做法，为国际社会解决海洋争端提供了新视域。一直以来，主张历史性权利构成海洋权益争端中的焦点问题，亟需国际法解读。2013 年，在菲律宾单方面启动的南海仲裁案中，仲裁庭试图澄清主张历史性权利所使用的那些模糊不清的习惯用语的含义。[①] 由于国际社会对历史性权利的理解不同，导致中国对南海的主张立场被认为是不够

---

　　① 王军敏:《评仲裁庭关于国际法中历史性权利的裁决》,《法治研究》,2019 年第 3 期。

明确的,遭到南海周边国家的质疑。① 为了回应上述问题,本文撷取历史性水域作为考察对象,梳理历史性水域制度的编纂与发展,进而深度阐释海洋命运共同体理念下历史性水域制度的当代演进。

作为一个动态和发展的概念,历史性水域的含义是变动的。为此,本文将其置于海洋命运共同体理念之下进行考察。② 第一,深度探究历史性水域国际法蕴意的发展,进而回应国际社会对中国主张"历史性权利"的质疑;第二,作为国际社会治理海洋的重要理念,海洋命运共同体理念的丰富与发展依赖于国际海洋法治文明成果的诠释与固化。为了用国际法语言讲好"中国故事"以推动构建海洋命运共同体的实践,中国应主动、全方位讲清这一理念的国际法内涵,避免这一理念被贴上意识形态标签。③

一、海洋争端中主张历史性权利的困境

海洋争端中主张历史性权利面临的首要困境,在于"历史性权利"的含义尚未明确确定。海洋争端中一国在主张历史性权利时,通常难以得到相关国家的认同,而且历史性权利在国际法含义方面也不稳定。一般地,历史性权利通常被认为是一个国家对某一

① 〔越南〕阮红操:《南海:三个阶段,四个挑战,两个区域对接方式和一个信心》,杨荣命译,《南洋资料译丛》,2019年第2期。

② 2019年4月23日,中国领导人明确提出"构建海洋命运共同体"理念。海洋命运共同体理念强调各国"不是被海洋分割成了各个孤岛,而是被海洋连结成了命运共同体,各国人民安危与共"。参见《中国海洋报》2019年9月17日,第002版。

③ 参见"人类命运共同体课题组":《人类命运共同体的国际法构建》,《武大国际法评论》,2019年第1期。

陆地或海洋区域的占有,并且历史性权利的基础通常并不来自一般国际法规则,而是该国通过"历史性巩固"的过程所取得的。① 然而,对于如何理解"历史性巩固",在学理上存在很大的争议。这是因为海洋权利的历史性问题,总是需要一国必须明确证明其对海洋权利的控制和从事界限管理的持续性是事实性的基础,而这是一个令人棘手的问题。② 更为重要的因素在于,历史性权利所囊括的时间因素难以确定,通常是取决于具体的个案情况。③

深入认知历史性权利的国际法内涵及其国际法效力等问题,还需要借助于梳理相关国际裁判机构在该问题上的认定。其中,突尼斯诉利比亚案中对历史性权利的阐释影响深远。该案倾向于历史性权利是侧重于一国在公海海域主张的非主权性质的海洋权利,往往是指一国的历史性捕鱼权。④ 在此基础上,历史性权利可以被推演出主权性的历史性权利和非主权性的历史性权利,但是这一区分多是停留在理论探究上而缺乏实践的印证。后续的判例强化了历史性权利侧重于捕鱼权的色彩,而与主权色彩的权利关联度日渐式微。长期以来,历史性权利的认可并非依赖于时效,而仅仅是"长期使用"的"受尊重"的权利。⑤ 同样,在卡塔尔诉巴林案中,国际法院认为,与巴林主张的争议海床的珍珠

---

① Yehuda Z. Blum. "Historic Rights in Rudolt Bernhardt." eds, *Encydopedia of Public International Law*, Installment 7, Amsterdam: North Holland Publishing Co., 1984, pp.120—121.

② Erasmus Khan, die deutschen Staatsgrenzen Rechtshisorische Grundlasen und of fere Rechtsfrasen. Mohr Siebeck Tuebingen 2004, s.583.

③ *Fisheries Case* (United Kingdom v. Norway), Judgment of 18 December 1951; I.C.J Reports, 1957, p.152.

④ [1973] I.C.J Reports 3; and [1982] I.C.J Reports18, at pp.32,63, and 71 (para.97).

⑤ A.Gioia, Tunisia Claim Over Adjacent Seas and the Doctrine of Historic Rights, 11 *Syracuse Journal of International Law and Commerce* (1984), p.347.

海岸的历史性权利一样，这些主张从来没有产生主权色彩的权利。[1] 南海仲裁案中对历史性权利含义的认定，是该案的核心和焦点问题之一。有学者认为历史性权利在性质上是一般性的，可以是主权，也可以是更为有限的权利，如捕鱼权或者通过权。[2] 从历史性权利的国际法实践上审视，其属于晚近才被提及的概念，导致历史性权利的国际法含义处于不断变迁中，其国际法语境下的具体蕴意尚未被固化。[3]

海洋争端下主张历史性权利面临的另一困境，是历史性权利在海洋权益争端中的国际法效力有限。一般地，海洋权益争端包括海洋中岛礁主权及其相关水域划界所引发的海洋权利争端。通常而言，海洋中岛礁的领土主权的取得和变更受制于领土法，而海洋权利的确定规则依赖于国际习惯法和 1982 年《公约》。岛礁领土主权，尤其是远离大陆的洋中无人岛屿主权，往往与海洋权利划界纠缠在一起。[4] 1982 年《公约》界定了具有不同法律地位的海域。对于领海而言，沿海国在领海海域享有的权利也不是完全的排他性主权色彩的权利，因为依据《公约》和国际习惯法，领海的"完整性"被无害通过权所突破和减损。[5] 诸多岛礁主权争端判例将历史性权原视为争端国是否实行有效控制规则的证据之一，而在海洋划界特别是领海划界中，国际法理论与实践通

---

① [2001] I.C.J. Rep.2001，40，para.225.

② F. Dupuy, P.M.Dupuy."A Legal Analysis of China's Historic Rights Claim in South China Sea." 107 *American Journal of International Law* (2013)，p.137.

③ Sophia Kopela. "Historic Titles and Historic Rights in the Law of the Sea in the Light of the South China Sea Arbitration." *Ocean Development and International Law*，March2017，No.2，p.19.

④ 李任远：《历史性权利法理基础研究——以海洋中历史性权利的产生于发展为视角》，《太平洋学报》，2015 年第 10 期。

⑤ 参见《公约》第 17 条至 26 条的规定。

常赋予历史性权原很强的国际法效力。这一点被《公约》第 15 条上升为国际法成文规则。① 国际法无法顾全不同的国际行为者的偏好、利益与政治价值。②

历史性权利的重要价值之一,在于识别海洋划界中的地位。③ 历史性捕鱼权的效力不断在海洋权利争端中得到适用,但是其根本的国际法效力通常限定于专属经济区内,而无法在岛屿主权争端中获得适用。实践表明,传统捕鱼体制不应该对岛屿主权和海域划界造成实质影响。在厄立特里亚诉也门案中就厄立特里亚方面对传统(历史性)捕鱼体制的质疑,仲裁庭给予翔实的解释:"传统捕鱼体制是存在于红海两岸渔民之间的一种长久的惯例,两国渔民可以自由地进入任何一国海岸捕鱼并交易其产品,不受两岸政治关系的左右,更不应为近代西方主权思想所影响。"④

二、历史性水域制度的编纂、逐渐发展与海洋命运共同体理念

(一)历史性水域的蕴意及其编纂

历史性水域制度很早就受到国际社会的关注。早在 20 世纪初,国际社会开始关注历史性水域问题(表 6-1)。在 1910 年的

① Clive R. Symmons, *Historic Waters in the Law of the Sea*, Martinus Nijhoff Publishers, LEIDEN/BOSTON,2008,p.6.

② Martti Koskenniemi, *What is International Law for in Maalcolm D. Evans (ed.) International Law*, 3rd edition, Oxford University Press,2010, p.32.

③ [英]尹恩·布朗利:《国际公法原理》,曾令良、余敏友译,法律出版社,2007年,第 99 页。

④ 吴士存主编:《国际海洋法最新案例精选》,中国民主法制出版社,2016 年,第 187 页。

北大西洋海岸捕鱼案中,仲裁员德拉戈在提交给仲裁庭的反对意见中认为:"有许多海湾经过远古惯例承认,可以作为沿岸国的领海,不管它们的湾口是否宽于一般的海湾。"1922年国际法协会提出草案,粗略地认为"在国家通过持续的管理而行使管辖权的海域范围内,国家可以主张其河口、海湾或邻接部分的海域权利"。[①]这是国际社会开始编纂历史性水域问题的重要文件,其开创了探讨历史性水域法律问题的先河。1956年一些国家提出讨论历史性海湾的法律地位问题,并初步形成题为《历史性海湾备忘录》的文件,系统梳理历史性海湾的国际法问题,诸如历史性海湾和历史性水域、历史性海湾理论的起源与正当性、相关国家历史性海湾的立法实践以及若干重要判例。[②] 该文件虽然是以备忘录的形式探讨历史性海湾理论问题,但影响很大。

表 6-1　表相关的若干国际法文本与重要判例[③]

编纂与发展 ＼ 历史水域	国际法文件	重要判例
	《历史性海湾备忘录》	北大西洋海岸捕鱼案 (1909—1910)
	1958年《领海与 毗邻区公约》	英挪渔业案 (1949—1951)
	《包括历史性海湾在内的 历史性水域法律制度》	突尼斯诉利比亚大陆架 划界案(1977—1982)

---

① Historical Bays Memorandum, by the Secretariat of the United Nations (Document A/CONF. 13/1), printed in the official Records of the United Nations Conference on the Law of the Sea, 1958, Preparatory Document No.1, p.2.

② Memorandum by the Secretariat of the UN. "Historic Bays" (Preparatory document No.1) A/CONF.13.1, September 30th, 1957, para.199.

③ 相关信息由笔者根据国际法院、常设仲裁法院以及国际海洋法法庭的官方网站提供文件整理而成。

编纂与发展　　历史水域	国际法文件	重要判例
	1982 年《公约》	美国诉加拿大缅因湾划界案（1981—1984）
		洪都拉斯和萨尔瓦多岛屿主权和海洋划界案（2002—2003）
		巴巴多斯诉特立尼达和多巴哥划界案（2004—2006）
		菲律宾南海仲裁案（2013—2016）

　　在突尼斯诉利比亚案中，国际法院确认有关历史性权原的规则属于一般国际法范畴。但是，有一点似乎很清楚，那就是就历史性水域或者历史性海湾问题可能存在特殊制度。[①] 这表明历史性水域规则并不仅仅限于历史性海湾。一国领土所包围的历史性海湾内的水域与领海之间的区别似乎是一个公认的事实，然而，这一区别并非总是令所有人满意的明确表述。[②] 历史性海湾是国际社会早期关注的历史性水域类型，国际社会以国际公约形式，确认了历史性权原和历史性海湾等概念及其法律地位问题。1958 年第一次联合国海洋法会议通过的《领海与毗邻区公约》和《大陆架公约》，首次将历史性海湾写入国际法文件。[③] 1962 年联合国秘书处发表《历史性水域，包括历史性海湾的法律制度》这一具有里程碑意义的文件。该文件通过引述 1951 年英挪渔业案，

---

　　① ［1982］ICJ Reports，para.100.

　　② Philip C. Jesscup. *The Law of Territorial Waters and Maritime Jurisdiction.* New York：Jennings，1927，p.438.

　　③ 《领海和毗连区公约》第 7 条规定："上述规则不适用于所谓历史性海湾，并不适用于采用第 4 条所规定的直线基线办法的任何情形。"

提出"历史性水域"的概念,尝试对历史性水域的构成要件给出明确的界定,并认为历史性水域不限于历史性海湾。① 在英挪渔业案中,英国和挪威双方都同意历史性水域不仅仅限于海湾。② 《历史性水域,包括历史性海湾的法律制度》不仅比较系统和全面地梳理了历史性水域的理论与实践,而且提出构成历史性水域的三个因素,即一国对历史性水域的主张、对特定水域实施有效管理的持续性以及外国的态度。③

被誉为"海洋宪章"的 1982 年《公约》缺失有关"历史性水域"的措辞。但是,1982 年《公约》明确了历史性海湾、历史性权原以及"特殊情况"在海洋划界实践中的重要价值,并赋予历史性权原"例外条款"的地位。国际社会所展开的关于历史性水域制度的编纂,体现了谨慎的风格和导向。历史性水域是沿海国在相关国家共同体的默许下,在相当长的期间内明确、有效、持续地行使主权权利的水域。④ 历史性水域基本上是在狭义的"历史性海湾"概念基础上不断发展和完善的,其法律地位不是源自一般国际法规则。⑤ 因此,在历史性水域制度编纂的初期,历史性水域所承载的历史性权利具有浓厚的主权性质色彩,其所意指的海域通常侧重于海湾和内水。不仅如此,"历史性水域"这一概念还被英挪渔业案等重要判例所阐释。

至于是否可以在海峡水域主张历史性水域,国际社会和一些

---

① 王建廷:《历史性权利的法理基础与实证考察》,《太平洋学报》,2011 年第 3 期。

② Fisheries United Kingdom vs. December 1951.

③ See para.185 of Juridical of Regime of Historic waters, including historic bays, A/CN.4/143.

④ L.J.Bouchez. *The Regime of bays in International Law*, Sythoff, Leyden, 1964, p.281.

⑤ J.M. Spinnato. "Historic and Vital Bays: An Analysis of Libya's Claim to the Gulf of Sidra, 1983—1984." 13 *Ocean Development and International Law*. 65, p.72.

海洋大国的态度并不一致。正如英国在英挪渔业案中所承认的那样,即使是两倍于领海的海峡,至少在原则上可以被称为历史性水域。挪威的诉状声称其拥有的历史性权原不仅延伸到斯凯尔加德群岛的其他海域,而且一直延伸到伊德尔雷亚,而历史上该海域属于内水。[①] 事实上,世界范围内诸多海峡被沿岸国主张为其历史性水域,由于国际社会一贯秉承海峡应该维持航行自由的观念,这导致一国主张海峡海域为历史性水域难以获得认可,因此,俄罗斯等国试图将海峡纳入历史性水域的主张引发了国际抗议。[②] 即便是如此,历史性水域的类型展示其具有发展性,历史性水域的权利范畴和国际法效力不断演进。因此,历史性水域并不仅仅局限于内水、领海以及特殊的海湾。

(二)历史性水域蕴意与国际法效力的发展

1951 年英挪渔业案确立了历史性水域的性质并不仅限于内水,它还可以有其他存在形式的观念。[③] 1982 年突尼斯诉利比亚大陆架划界案的裁决,在确定历史性水域的国际法效力上迈出了重要一步:国际法院认为,历史性水域应该受到尊重。该案中突尼斯的捕鱼区包括其大陆架的入口处,应该得到承认。突尼斯所主张的历史性水域与《公约》所奠定的专属经济区等制度存在密切的联系,但是突尼斯并没有选择把自己的主张建立在《公约》的基础上,这显示突尼斯对自己所依赖的历史性水域的自信。显

---

① Clive R. Symmons. *Historic Waters in the Law of the Sea.* Martinus Nijhoff Publishers,LEIDEN/BOSTON,2008,p.29.

② A.M. Gross. *The Maritime Boundaries of States.* 1966,p.650.

③ J. Ashley Roach. "Dispute Resolution Mechanisms of the Law of the Sea Regime and State Sovereignty." *Gorgetown International Environmental Law Review*, Summer,1995,p.86.

然,该历史性水域所承载的历史性权利不再属于内水或者领海的权利范畴,而是一种主权色彩逐渐消退的历史性权利。

然而,上述趋势在丰塞卡湾案中受到了挑战。1986 年洪都拉斯和萨尔瓦多签署特别协议,将包括丰塞卡湾的岛屿主权争端在内的有关陆地岛屿和海上边界争端提交国际法院。① 法院最终判决丰塞卡湾为历史性海湾,其水域为历史性水域,并且构成三个沿海国共同享有主权的水域。该案的重大意义是以历史性水域主张某一特定水域被一个以上国家所享有。② 毫无疑问,丰塞卡湾案在解决海洋权利争端上具有积极的国际法作用和价值,特别是争端国以历史性水域为依据而主张主权得到裁判者的认同。③ 之所以认定历史性水域不绝对构成沿海国的内水或领海,具体的法律地位要根据个案特殊环境来判断。④

即便如此,历史性水域制度向专属经济区和大陆架划界领域延伸成为一种趋势。在 1982 年突尼斯诉利比亚大陆架划界案中,突尼斯声明历史性权利能够延长至海床,即《公约》框架下的专属经济区和大陆架。国际法院认为,一个国家仅仅依据其所谓的历史性捕鱼权,而主张大片海域作为排他性主权性质海域,除非该历史性权利意味着是一种完全主权意义上的权利,否则该权

---

① Hector, Gros Espiell, Gulif of Fonseca, in Rudolf Bernhardt (ed), Encyclopedia of Public International Law, Instalment 12 (Amsterdam: Northholland, 1990), pp.110—112.

② Zou keyan. "historic rights in international law in China's practices." *Ocean Development and International Law*, 32: 149—168, 2001, p,153.

③ ICJ Land, Island and Maritime Frontier Dispute LEL Salvador/ Honduras, Nicaragua Interverting, Application by Nicaragua for Permission to Intervene, Judgment of 13 September, 1990.

④ 周忠海:《论海洋法中的历史性所有权》,《周忠海国际法论文集》,北京出版社,2006 年,第 409 页。

利主张不应该得到支持。国际法院认为突尼斯依据其1951年法令而单方面主张其专属渔区，并强调历史性权利的重要性，进而主张专属经济区和大陆架的边界的做法，不能剥夺相关国家依据《公约》获得的海洋权利。① 该案中争端各国都互相承认争议海域属于历史性水域，更为重要的是，裁判者也没有否认争议海域属于历史性水域。由此可以推论，该争议海域属于历史性水域，但是其所承载的历史性权利却不同于内水或领海所具有的主权色彩的权利，而只是具有其他性质的权利。由此可见，历史性水域制度的编纂和发展，表明其具体蕴意和国际法效力是不断变迁的。

基于维护本国和地区海洋权利的需要，主张历史性水域的立法逐渐进入国内立法的视野。② 就部分亚洲国家和地区而言，主张历史性水域的国内立法勃兴于20世纪70年代，这与该时期世界各国的无序"蓝色圈地"运动有关。虽然有国家和地区基于某种考虑，最终在国内立法上放弃历史性水域的规定，但是历史性水域的含义与法律效力日益发展。

（三）海洋命运共同体理念的国际法治阐释之路径

新时期习近平同志提出并倡导海洋命运共同体理念，其基本的内涵在于世界各国在追求自身海洋利益时，需要建立一个可以为各国享有正义感和安全感的价值秩序。③ 海洋命运共同体理

---

① Continental Shelf Tunisia v. Libya, supra note 46 at 73.

② 历史上，一些国家和地区诸如印度、斯里兰卡、巴基斯坦、越南以及中国台湾地区以国内立法明确历史性水域的含义和主张。参见[日]鹫一夫：《海洋新秩序与亚洲各国——最近的国内立法分析》，陆青译，《亚洲经济》，1979年第20卷第6期。

③ 杨华：《海洋法权论》，《中国社会科学》，2017年第9期。

念的海洋法治解读与诠释，不仅为传统海洋争端和棘手问题的应对提供新视野和新场域，而且也是理性回应国际社会对构建海洋命运共同体的质疑。

1. 路径之一："共同体"的理念

法国人卢梭认为"共同体"作为人类社会的整体，其建立的基础是社会公约。共同体是人类社会的某种憧憬与共同理解，是国际社会的联合体，其基础是伦理、道德、价值观的相同性。[①] 海洋命运共同体是人类在海洋治理和海洋秩序构建中形成的共识。故此，海洋命运共同体理念从来不是突然涌现出来的产物，而是国际社会海洋法治发展的产物。1969 年《维也纳条约法公约》是较早使用"国际共同体"概念的国际法文件。[②] 国际社会强行法的产生说明各国共同利益的存在，也证明国际共同体的实在性。[③] 作为国际社会海洋治理的重要法治文明成果之一的 1982 年《公约》，其立法宗旨和理念非常崇尚对海洋"共同体"理念的表达和宣誓。

1982 年《公约》意识到"各个海洋区域的种种问题都是彼此密切相关的，有必要作为一个整体来加以考虑。"[④]这彰显出《公约》通过海洋法治的路径来构建海洋秩序"共同体"的宏伟目标，同时也暗示着《公约》非常重视"共同体"理念的法治表达。此外，

---

① ［英］齐格蒙特·鲍曼：《共同体》，欧阳景根译，江苏人民出版社，2003 年，第 5 页。

② 1969 年《维也纳条约法公约》第 53 条规定："一般国际法强制规律指国家之国际社会全体接受并公认为不许损益且仅有以后具有同等性质之一般国际法规律使得更改为规律。"

③ 张辉：《人类命运共同体：国际法社会基础理论的当代发展》，《中国社会科学》，2018 年第 5 期，第 50 页。

④ 参见 1982 年《公约》序言的规定。

《公约》通过第 122 条和第 123 条设计出"闭海和半闭海"国际法制度框架。作为半闭海的地中海地缘政治复杂。地中海沿岸各国根据《公约》和各国国内法，可以主张各类海洋权利，诸如专属经济区和大陆架。不仅如此，地中海沿海国存在着海洋划界及其他的利益冲突。"地中海行动计划"通过建立特色海洋保护区，有效地回避海洋划界争端，进而促进海洋生物资源保护的合作。[①]由此观之，地中海海洋保护区在实现海洋保护区基本功能的基础上，同时承担着缓解半闭海海洋划界等争端的积极作用。[②] 可见，地中海沿岸国之间的合作模式，不仅是积极践行《公约》框架下半闭海制度，而且为当前理解和阐释历史性水域制度的价值提供了实践基础。地中海沿岸国的国际合作模式展示了积极的正能量，增强了以历史性水域承载合作理念的信心。

2. 路径之二：海洋区域主义

海洋区域主义的突出特征是以 1982 年《公约》所构建的各国开展海洋区域合作的国际法体制。[③] 福西特在回顾国家之间经济与政治区域主义的发展历程时认为，1982 年《公约》第 8 章"区域安排"较为间接地为战后区域主义发展提供了合法性基础。[④]由于利用海洋越发密集使得地理上的特定海域环境与资源的脆

---

① Angela Eel Vecchio Capotosti. "In Maiore Stat Minus: A Note on the EEZ and the Zones of Ecological Protection in the Mediterranean Sea." *Ocean Development and International Law*, Vol.39, 2008, Issue 3, pp.287—297.

② 马得懿:《公海元叙事与公海保护区的构建》,《武汉大学学报》(哲学社会科学版),2018 年第 3 期。

③ Cf. R. R. Churchill, A. V. Lowe. *The Law of the Sea*, 3*rd ed.* Manchester University Press, 1999, p.1.

④ Louis Fawcett. "Exploring Regional Domains: A Comparative History of Regionalism." *International Affairs*, Vol.8, No.3, 2004, p.436.

弱性凸显,加之晚近以来国家管辖海域的不断扩展,导致海洋开发利益格局发生重大变化,由此引发的海洋问题和挑战在半闭海领域交汇并爆发。① 正如亚历山大认为的那样,在一个区域化正成为越来越重要的政治现象的世界里,承认海洋中特殊的区域性利益是确保海洋制度达成全球性协议的唯一可行办法。②

随着区域国际组织的设计和运行,以半闭海为名的区域治理逐渐发展。1982 年《公约》对于半闭海制度的设计具有创新性。本质上,半闭海关涉海洋划界、海洋航行权利、海洋资源分配等反映国家海洋权利的综合议题。1982 年《公约》将半闭海引入国际法,但是并没有设计出具体的国际法规则,这是由议题本身的综合性所导致的。故此,将海洋命运共同体理念引入到半闭海的国际法治中,不仅可以丰富和落实海洋命运共同体的理念内涵,而且也是推动半闭海沿岸国合作的重要力量和追求。半闭海治理的区域化路径充分尊重各个沿岸国的主权,并协调各国海洋权利的短期、中期以及长期目标。③

海洋权利争端的海域通常属于《公约》第 122 条下的半闭海。从地缘政治角度来审视,半闭海海洋权利争端与该地区的史地、文化、民族以及宗教问题纠缠在一起,为此,《公约》第 123 条呼吁半闭海沿岸国的合作义务。④ 绝大数半闭海海域可能构成历史性水域。故此,海洋命运共同体理念能够为新时期诠释历史性水

---

① 郑凡:《从海洋区域合作论"一带一路"建设海上合作》,《太平洋学报》,2019 年第 8 期。

② Lewis M. Alexander. "Regionalism and the Law of the Sea: The Case of Semi-enclosed seas." *Ocean Development and International Law*, Vol.2, No.2, 1974, p.153.

③ 魏德才:《半闭海视野下的海洋治理与中国选择》,《浙江海洋大学学报》(人文科学版),2018 年第 1 期。

④ 《公约》第 123 条规定:"半闭海沿岸国在行使和履行本公约所规定的权利和义务时,应互相合作。"

域制度提供新场域和新背景。

三、海洋命运共同体理念下历史性水域的
国际社会认同

　　一国主张的历史性水域是否得到相关国家或者国际社会的认可，不仅仅是历史性水域构成要件的国际法问题，而且也属于国际社会的认同感问题。历史性水域制度的国际社会认可，或许受制于如下原因。

（一）传统海洋法理论的反思与检视

　　历史性水域的思想源远流长。400 多年前格劳秀斯与塞尔登之间的对抗，实际上隐含着海洋自由与限制海洋自由之间的冲突和对立。格劳秀斯的"海洋自由"思想一度占据上风而风靡全球，并且最终被《公约》固化为基本原则。[①] 某种意义上，海洋自由与闭海论之争从一开始便被打上了如何看待历史性水域的色彩。因为海洋自由思想一直贯穿于人类开发利用海洋的活动中。由于 1982 年《公约》框架下对历史性权利的规定存在缺失，加上国际社会对历史性权利理解的模糊性，导致国际社会对历史性水域的基本蕴意与国际法效力认知存在很大争议。作为国际社会治理海洋秩序的重要国际法——1982 年《公约》，未能全面地在历史性水域的国际社会认同基础方面奠定国际法治基础。不仅如此，与历史性水域密切相关的海洋自由也还存在需要反思的空

---

　　① 马得懿：《海洋航行自由的制度张力与北极航道秩序》，《太平洋学报》，2016 年第 12 期。

间。早期的海洋自由带来的结果是海洋大国的海洋霸权行为，现代国际社会治理理论崇尚海洋向国际社会可持续提供"公共物品"，进而实现全球海洋秩序的有效治理。因此，新时期国际社会有必要深入反思海洋自由等传统国际法问题。半个多世纪以来的国际海洋治理实践表明，"海洋自由"的理念正在被"海洋治理"的实践所替代。[①]

前述对传统海洋自由与历史性权利理论的反思与检视，构成了理解历史性水域的国际社会认同的时代背景。海洋命运共同体理念下重新理解历史性水域的国际社会认同感，在于国际社会有必要反思海洋自由的时代局限性。

（二）"共进国际法"理念的倡导

西方海权论重视国家之间利益博弈而轻视国际合作，奉行以实力决定利益的海上霸权主义逻辑。而海洋命运共同体是国际海洋政治理论的重大创新，是对西方海权论的超越。[②] 海洋命运共同体在价值取向上强调其包容性和合作性，意在倡导国际社会将个体的海洋私利置于全球海洋共同利益之中。[③]

为此，有学者积极倡导并呼吁"共进国际法"理念，在一定程度上有助于夯实历史性水域的国际社会认同的基础。"共进国际法"虽然只是属于学者的倡导，其理论价值和影响力有待国际社会进一步印证，但是基本诉求回应了历史性水域的国际社会认同

---

① 何志鹏：《海洋法自由理论的发展、困境与路径选择》，《社会科学辑刊》，2018年第5期。

② 李国选：《海洋命运共同体对西方海权论的超越》，《浙江海洋大学学报》（人文科学版），2019年第5期。

③ 何良：《以命运共同体促海洋发展繁荣》，《学习时报》，2019年5月10日，第002版。

的法治基础。"共进国际法"的精神特征有：包罗万象、因而是共同的；在促进道德或伦理进步方面比在其他方面更受关注，且以人类繁荣为其终极目标，因而是进步的。

当代最激烈的战争似乎不再是以通过武力打败一国或改变体制为目标，而是以重建秩序、赢得人心为目标的战斗。在这一战场上"共进国际法"扮演着特殊的角色。[①] "共进国际法"理念的提出或者未来可能的勃兴，为理解海洋命运共同体作为历史性水域制度的国际社会认同基础开辟了国际法治新路径。

（三）功能性国家管辖海域国际合作的鼓舞

在海洋命运共同体理念下理解历史性水域应该具有包容性，即当一国主张历史性水域的同时，应该容忍相关国家有权利主张历史性水域，充分顾及或者承认他国的既得利益。至于主张历史性水域所具有的何种性质和类型的历史性权利，则取决于一国对特定海域的国家实践。历史性水域所承载的海洋权利的性质和类型并不相同。[②]

关于海洋命运共同体理念下历史性水域的国际社会认同感，其国际经验来源于地中海沿岸国家在构建海洋生态保护区中的实践。功能性国家管辖权的国际合作，为理解历史性水域制度的发展提供了动力。作为比较典型的半闭海，地中海沿岸国基于各种战略考量，在相当长时期内没有严格遵循《公约》框架下的专属经济区制度。地中海复杂的海域地理特征和诸多沿岸国对历史

---

① 易显河：《共进国际法：实然描绘、应然定位以及一些核心原则》，《法治研究》，2015 年第 3 期。

② Case Concerning the Continental Shelf（Tunisia/Libyan Arab Jamahiriya），[1982] I.C.J. Reports，para. 98.

性水域的各类主张和诉求，要求地中海沿岸国对于历史性水域的主张必须保持一定的容忍度和克制。自20世纪90年代末以来，一些地中海沿岸国家代替性地主张有差异的功能性国家管辖海域，即基于海域功能路径而灵活务实主张本国的海洋主张，以避免与其他国家的海洋管辖权产生冲突。① 地中海功能性国家管辖海域实践的合法性得到了国际社会的承认。

故此，海洋命运共同体理念下的历史性水域制度，在获得国际社会认同感上，应该充分借鉴地中海沿岸国构建功能性国家管辖海域制度的经验。各国在主张历史性水域的同时，应该以国际社会所认同的海洋权利为基础，而不是过度和夸大主张历史性水域。

四、海洋命运共同体下历史性水域的当代演进

（一）作为历史性水域当代演进之洋中的群岛水域

构成历史性水域的要件并非僵化不变，而是随着海洋实践进行着演进。根据各国对历史性水域主张的实践，历史性水域存在于下列情境中——不限于历史性海湾的历史性权原、历史性海湾、历史性洋中群岛水域或者沿岸群岛水域、海峡中历史性水域以及历史性领海。②

---

① 郑凡：《地中海功能性国家管辖海域实践及对我国的启示》，《法学杂志》，2019年第6期。

② M. P. Strohl. *The International Law of Bays*. Hague：Nijhoff Publishers，1963，p.234.

就主张洋中群岛水域为历史性水域而言,情况比较复杂。如果按照历史性水域构成要件的传统理论来衡量,洋中群岛水域构成历史水域不具有普遍性。这是因为一国主张历史性水域必须满足该水域与请求国邻近的条件,一个国家在另一国附近海域主张历史性水域是不可能的。① 然而,这一点在被不断修正。为了群岛国的利益诉求,《公约》第4部分赋予群岛国周边海洋权利利益的最大化。这主要是基于群岛国的岛屿、水域和其他自然地貌在本质上构成一个地理、经济和政治的实体,或者在历史上已经被视为这种实体的考量。② 在 CAB 诉 Island Airlines 案的司法裁决中支持这种观点。虽然这种主张由于缺乏证据被裁判机构驳回,但是主张洋中群岛水域为历史性水域的规则,从来没有收到反对意见。③ 尽管洋中群岛水域作为历史性水域的司法实践不多,但是在洋中群岛水域主张历史性水域的理据却一直被认可。由此可见,历史性水域制度的演进具有很大的弹性空间。

(二) 海洋命运共同体理念下南海作为历史性水域的法律地位与制度价值

早在 20 世纪 90 年代,有学者曾经初步提出南海海域属于特殊历史性水域,但是其内涵有待进一步阐释。④ 关于海洋命运共

---

① See Tunisia/ Libya, Reply of Libya, Pleadings, vol. 4 at p. 114, para. 31, (areas adjacent to the coastal State). Study Prepared by the U.N. Secretariat, "Juridical Regime of Historic Waters, Including Historic Bays," Doc. A/CN. 4/143 (March 1962),p.7.

② 参见《公约》第 46 条(b)款。

③ Clive R. Symmons. *Historic Waters in the Law of the Sea*. Martinus Nijhoff Publishers,LEIDEN/BOSTON,2008,p.24.

④ 傅崐成、崔浩然:《南海 U 形线的法律性质与历史性权利的内涵》,《厦门大学学报》(哲学社会科学版),2019 年第 4 期。

同体理念下的历史性水域的解读，不仅赋予历史性水域以新的时代蕴意，而且也为阐释作为半闭海的洋中群岛水域——南海的法律地位提供了新视野。

南海断续线反映了中华民族与南海的长期依存关系。海洋命运共同体理念崇尚海洋事务的包容与合作，并尊重历史。阐释历史性水域制度应该充分意识到历史性水域"自成一体"的属性和逐渐发展的趋向。南海作为历史性水域，其形成不仅反映了南海作为群岛水域构成历史性水域的客观情境，而且也基本上符合海洋命运共同体理念。海洋命运共同体理念尊重南海周边其他国家合理的利益诉求，故此，历史性水域所承载的海洋权利并非属于南海海域某一特定国家的排他性享有，而应该是南海周边国家都可以依据历史性水域的理据和史实主张历史性权利。历史性水域不仅顾及南海周边国家的合理诉求，而且丰富和发展了海洋命运共同体理念。

在海洋命运共同体理念下，洋中群岛水域构成特殊历史性水域的实践得到加强，同时也彰显出中国在南海主张"历史性水域"比主张"历史性权利"更具有国际法上的生命力，也更容易得到国际社会的理解。海洋命运共同体理念下的历史性水域制度并非凌驾于一般国际法原则之上，作为半闭海的南海所承载的历史性水域的制度价值是多元的。南海的国际治理具有 1982 年《公约》第 123 条的国际法基础，南海各国应该展开国际合作。南海断续线在主张中国权利的同时，并不否认南海周边国家的合法权利。南海作为构建海洋命运共同体的试验田，其"历史性水域"的法律地位是对传统历史性水域制度的发展与突破，各国可以在"共建共享"理念下展开国际合作。

南海作为历史性水域的国际法价值，在于一定程度上缓和了南海海洋争端。南海作为历史性水域,应该秉承海洋命运共同体理念,承载着包括中国在内的南海各国的"重大利益"。不仅如此,中国从来都承认南海作为国际航道具有的自由航行功能,从来没有损害承载国际社会根据国际法应该享有的海洋利益。因此,作为半闭海的南海,在海洋命运共同体构建中,南海各国可以针对南海海域的特殊情况,灵活、务实地展开半闭海沿岸国之间的国际合作。南海各国应该有意淡化 1982 年《公约》为海洋法构建的海域路径,而重视《公约》下的功能路径,充分顾及"临时安排"的国际法价值,以缓和南海争端。

某种意义上,"历史性权利"并非"权利篮子",能任意承载不同类型和性质的权利群,诸如历史性海湾、历史性水域、历史性权原以及历史性捕鱼权等。这容易导致国际社会的误解。中国人民在南海诸岛以及相关海域确立了疆域信念,中国政府持续、和平、有效地对南海诸岛和南海相关海域实施管辖。这与其他国家在南海进行的零星活动完全不同。[1] 作为半闭海,南海在海洋命运共同体理念下被描述为"历史性水域"。南海断续线内水域内涵及其功能足以使此水域构成自成一体的历史性水域。[2] 作为历史性水域的南海,中国拥有南海诸岛礁的主权,优先行使南海的历史性水域所承载的海洋权利。同时,中国充分顾及和尊重南海周边其他国家依据国际法所主张的历史性水域所承载的海洋权利。

中国向国际社会阐明南海领土主权和海洋权益的官方措辞

---

[1]　马新民、刘洋:《南海仲裁案裁决之批判评述》,《亚太安全与海洋研究》,2019年第 1 期。

[2]　罗国强、刘晨虹:《历史性水域的性质与协调——以南海断续线内水域为研究对象》,《国际论坛》,2018 年第 1 期。

可以进一步细化。就南海诸岛礁主权而言,应该侧重于领土法,诸如对先占、有效控制规则以及重要国际条约的阐释;而就南海海域海洋权利而言,应该侧重于从历史性水域角度展开阐释。中国应力图从构建海洋命运共同体角度向国际社会和相关国家明确阐释南海作为群岛水域构成历史性水域的理据,并阐明南海断续线的法律地位与国际法功能,进而考虑在适当时机修改相关法律,包括《中华人民共和国领海及毗连区法》和《中华人民共和国专属经济区和大陆架法》。中国应该谨慎对待并且规范如1982年《公约》中敏感措辞的官方中文翻译,如第15条和第298条中的"historic title",避免国际社会的误读。当中国向国际社会表达所拥有的"历史性权利"时,中国应该重视中文语境下的"历史性权利"如何转变为其他语境下的妥帖国际法表达。

主要参考文献

① 刘楠来:《国际海洋法》,海洋出版社,1986 年。

② 魏敏:《海洋法》,法律出版社,1986 年。

③ 袁古洁:《国际海洋划界的理论与实践》,法律出版社,2001 年。

④ 易显河:《多样性的内在价值和工具价值及相关冲突的解决:一些哲学和法律的思考》,《法学评论》,2010 年第 6 期。

⑤ 凌岩:《国际法发展的原则》,中国对外翻译出版公司,1989 年。

⑥ 白桂梅:《国际法》,北京大学出版社,1988 年。

⑦ 饶戈平:《国际法》,北京大学出版社,1999 年。

⑧ 刘中民:《世界海洋政治与中国海洋发展战略》,时事出版社,2009 年。

⑨ 何志鹏:《国际法哲学导论》,社会科学文献出版社,2013 年。

⑩ ［韩国］朴椿浩：《国际海洋边界——太平洋中部和东亚》，王丽玉等译，法律出版社，1994 年。

⑪ ［澳大利亚］维克托·普雷斯科特、克莱夫·斯科菲尔德：《世界海洋政治边界》，吴继陆、张海文译，海洋出版社，2014 年。

⑫ 黄异：《海洋秩序与国际法》，学林文化事业公司，2004 年。

⑬ 傅崐成：《国际海洋法：衡平划界论》，三民书局，1992 年。

⑭ 贾兵兵：《国际公法：和平时期的解释与适用》，清华大学出版社，2015 年。

⑮ 张新军：《权利对抗构造中的争端》，法律出版社，2011 年。

⑯ 高健军：《国际海洋划界论——有关等距离/特殊情况规则研究》，北京大学出版社，2005 年。

⑰ 金永明：《东海问题解决路径研究》，法律出版社，2008 年。

⑱ 安东尼·达马托：《国际法中习惯的概念》，姜世波译，山东文艺出版社，2012 年。

⑲ 黄伟：《单一海洋划界的法律问题研究》，社会科学文献出版社，2011 年。

⑳ 薛桂芳：《〈联合国海洋法公约〉与国家实践》，海洋出版社，2011 年。

㉑ 高健军：《国际海洋划界论：有关等距离/特殊情况规则的研究》，北京大学出版社，2005 年。

㉒ 朱建庚：《海洋环境保护的国际法》，中国政法大学出版社，2013 年。

㉓ 高之国、张海文、贾宇主编：《国际海洋法问题研究》，海洋出版社，2011 年。

㉔ 薛桂芳、胡增祥主编：《海洋法理论与实践》，海洋出版社，2009 年。

㉕ ［英］伊恩·布朗利：《国际公法原理》，曾令良、余敏友等译，法律出版社，2007 年。

㉖ ［英］劳特派特修订：《奥本海国际法》，王铁崖、陈体强译，商务印书馆出版社，1989 年。

㉗ 李学文、张克宁:《海平面上升情形对海洋法的影响及中国南海权益维护》,《中国海商法研究》,2017 年第 28 卷第 3 期。

㉘ 邹克渊:《联合国海洋法公约实施中的若干新问题》,《中山大学法律评论》,2013 年第 2 期。

㉙ 曾令良:《国际法治与中国法治建设》,《中国社会科学》,2015 年第 10 期。

㉚ 江国青:《"有效控制"原则在领土与海事争端中的适用动向——以国际法院"领土与海事争端案"(尼加拉瓜诉哥伦比亚)为例》,《比较法研究》,2013 年第 6 期。

㉛ 吴慧:《两岸合作维护海洋权益研究》,《江淮论坛》,2012 年第 5 期。

㉜ 赵建文:《国际条约在中国法律体系中的地位》,《法学研究》,2010 年第 6 期。

㉝ 李鸣:《安全事务的合作与法律》,《北大国际法与比较法评论》,2002 年第 2 期。

㉞ 杨泽伟:《联合国海洋法公约的主要缺陷及其完善》,《法学评论》,2012 年第 5 期。

㉟ 史久镛:《国际法院判例中的海洋划界》,《法治研究》,2011 年第 12 期。

㊱ 张海文:《韩国东海部分划界案的特点和影响》,《中国海洋法评论》2014 年第 2 期。

㊲ 贾宇:《中国在南海的历史性权利》,《中国法学》,2015 年第 3 期。

㊳ 黄瑶、廖雪霞:《国际法院海洋划界的新实践》,《国际法研究》,2014 年第 1 期。

㊴ 薛茹:《国际海洋法法庭划界第一案与中国利益》,《云南大学学报法学版》,2012 年第 4 期。

㊵ 戴宗翰、范健得:《国际海洋法法庭"孟加拉湾案"之研析》,《比较法研究》,2014 年第 5 期。

㊶ 盛红生：《论国际海洋划界中的"公平原则"》，《江西社会科学》，2012 年第 3 期。

㊷ 莫世健：《国际法碎片化和国际法体系的效力》，《法学评论》，2015年第 4 期。

㊸ 郭德香、李敬昌：《论习惯法规则在国际海洋法领域的特殊重要性》，《山东警察学院学报》，2015 年第 3 期。

㊹ 张卫彬：《国际法院解释领土条约的路径、方法及其拓展》，《法学研究》，2015 年第 2 期。

㊺ 曲波：《国际法上的历史性权利》，《吉林大学社会科学报》，2015 年第 5 期。

㊻ 冯寿波：《消失的国家：海平面上升对国际法的挑战及应对》，《现代法学》，2019 年第 41 卷第 2 期。

㊼ 白续辉：《领海基点保护视角下岛礁灭失国际法问题探析》，《社会科学辑刊》，2017 年第 6 期。

㊽ 何志鹏、谢深情：《领土被海水完全淹没国家的国际法资格探究》，《东方法学》，2014 年第 4 期。

㊾ 张喃、孙振清、何延昆、侯小波：《论小岛屿国家联盟的内部机制——以国际气候谈判立场为分析起点》，《太平洋学报》，2013 年第 21 卷第 5 期。

㊿ 黄哲东：《气候变化趋势下海洋边界线位置面临的问题及应对》，《华东理工大学学报》(社会科学版)，2019 年第 4 期。

○51 马博：《海平面上升对小岛屿国家的国际法挑战与应对——"中国——小岛屿国家"合作展望》，《国际法研究》，2018 年第 6 期。

○52 李梦琦、王慧：《域外国家沿海地区适应海平面上升的法律保障机制及启示》，《浙江海洋大学学报》(人文科学版)，2018 年第 35 卷第 5 期。

○53 石海莹、吕宇波、冯朝材：《海平面上升对海南岛沿海地区的影响》，

《海洋开发与管理》,2018 年第 10 期。
(54) 薛桂芳、张蕾:《气候变化对南海岛礁的影响及我国的应对措施》,《海南大学学报》(人文社会科学版),2013 年第 31 卷第 6 期。
(55) 王军敏:《评仲裁庭关于国际法中历史性权利的裁决》,《法治研究》,2019 年第 3 期。
(56) [越南]阮红操:《南海: 三个阶段,四个挑战,两个区域对接方式和一个信心》,杨荣命译,《南洋资料译丛》,2019 年第 2 期。
(57) 人类命运共同体课题组:《人类命运共同体的国际法构建》,《武大国际法评论》,2019 年第 1 期。
(58) 李任远:《历史性权利法理基础研究——以海洋中历史性权利的产生于发展为视角》,《太平洋学报》,2015 年第 10 期。
(59) [英]尹恩・布朗利:《国际公法原理》,曾令良、余敏友译, 法律出版社,2007 年。
(60) 吴士存主编:《国际海洋法最新案例精选》, 中国民主法制出版社, 2016 年。
(61) 王建廷:《历史性权利的法理基础与实证考察》,《太平洋学报》, 2011 年第 3 期。
(62) 周忠海:《论海洋法中的历史性所有权》,《周忠海国际法论文集》, 北京: 北京出版社,2006 年。
(63) [日]鹫见一夫:《海洋新秩序与亚洲各国——最近的国内立法分析》,陆青译,《亚洲经济》,1979 年第 20 卷第 6 期。
(64) 杨华:《海洋法权论》,《中国社会科学》,2017 年第 9 期。
(65) 齐格蒙特・鲍曼:《共同体》,欧阳景根译, 江苏人民出版社, 2003 年。
(66) 张辉:《人类命运共同体: 国际法社会基础理论的当代发展》,《中国社会科学》,2018 年第 5 期。
(67) 马得懿:《公海元叙事与公海保护区的构建》,《武汉大学学报》(哲学社会科学版），2018 年第 3 期。

⑱ 郑凡：《从海洋区域合作论"一带一路"建设海上合作》，《太平洋学报》，2019 年第 8 期。

⑲ 魏德才：《半闭海视野下的海洋治理与中国选择》，《浙江海洋大学学报》（人文科学版），2018 年第 1 期。

⑳ 马得懿：《海洋航行自由的制度张力与北极航道秩序》，《太平洋学报》，2016 年第 12 期。

㉑ 何志鹏：《海洋法自由理论的发展、困境与路径选择》，《社会科学辑刊》，2018 年第 5 期。

㉒ 李国选：《海洋命运共同体对西方海权论的超越》，《浙江海洋大学学报》（人文科学版），2019 年第 5 期。

㉓ 何良：《以命运共同体促海洋发展繁荣》，《学习时报》，2019 年 5 月 10 日，第 002 版。

㉔ 易显河：《共进国际法：实然描绘、应然定位以及一些核心原则》，《法治研究》，2015 年第 3 期。

㉕ 郑凡：《地中海功能性国家管辖海域实践及对我国的启示》，《法学杂志》，2019 年第 6 期。

㉖ 傅崐成、崔浩然：《南海 U 形线的法律性质与历史性权利的内涵》，《厦门大学学报》（哲学社会科学版），2019 年第 4 期。

㉗ 马新民、刘洋：《南海仲裁案裁决之批判评述》，《亚太安全与海洋研究》，2019 年第 1 期。

㉘ 罗国强、刘晨虹：《历史性水域的性质与协调——以南海断续线内水域为研究对象》，《国际论坛》，2018 年第 1 期。

① Alexg Ouder Lferink. *The Law of Maritime Boundary Delimitation: A Case Study of the Russian Federation*. Martinus Nijihoff Publisher，1997.

② Dorinda G. Dallmeger, Louis De Vorsey, JR. (ed). *Rights to Oceanic Resources: Deciding and Drawing Maritime Boundaries*. Martinus Nijhoff Publisher, 1989.

③ Douglas M. Johnston. *The Theory and History of Ocean Boundary-Making*. McGill-Queen's University Press, 1988.

④ Faraj Abdullah Ahnish. *The International Law of Maritime Boundaries and the Practice of States in the Mediterranean Sea*. Clarendon Press, 1993.

⑤ Malcolm D. Evans. *Relevant Circumstances and Maritime Delimitation*. Clarendon Press, 1989.

⑥ P. Well. *The Law of the Maritime Delimitation-Reflections*. Grotius Publisher, 1989.

⑦ Clive R. Symmons. *The Maritime Zone of Islands in the International Law*. Martinus Nijhoff, 1979.

⑧ Sophia Kopela. *Dependent Archipelagos in the Law of the Sea*. Martinus Nijhoff Publisher, 2013.

⑨ Robert Beckman, Lan Townsend-Gault. *Beyond Territorial Disputes in the South China Sea*. Edward Elgar Publishing Limited, 2013.

⑩ Natadie Klein. *Maritime Security and the Law of the Sea*. Oxford University Press, 2011.

⑪ J. R. V. Prescott. *Political Frontiers and Boundaries*. Unwin Hyman, 2015.

⑫ Harry N. Scheiber, Jin-Hyun Paik. *Regions, Institutions, and Law of the Sea*. Martinus Nijhoff Publisher, 2013.

⑬ Jon M. Van Dyke, Sherry P. Broder, Seokwoo Lee, Jin-Hyun Paaik. *Governing Ocean Resources*. Martinus Nijhoff Publisher,

2013.

⑭ Niulfer Oral. *Regional Co-operation and Protection of the Marine Environment under International Law*. Martinus Nijhoff Publisher, 2013.

⑮ Shicun, Keyuan Zou. *Securing the Safety of Navigation in East Asia, Legal and Political Dimensions*. Chandos Publishing, 2013.

⑯ J. Ashley Roach, Robert W. Smith. *United States Responses to Excessive Maritime Claims, Second Edition*. Martinus Nijhoff Publisher, 1994.

⑰ David D. Caron, Nilufer Oral. *Navigating Straits, Challenges for International Law*. Brill Nijhoff, 2014.

⑱ Zhiguo Gao, Yujia, Haiwen Zhang, Jilu Wu. *Cooperation and Development in the South China Sea*. China Democracy and Legal System Publishing House, 2013.

⑲ Hyron H. Nordquist, John Norton Moore, Aldo Chireop, Ronan Long. *The Regulation of Continental Shelf Development Rethinking International Standards*. Martinus Nijhoff Publisher, 2013.

⑳ Amaratunga Dharshini. "Maritime Boundary Delimitation: Building and Preparing a Negotiating Team." *Commonwealth Law Bulletin*, vol. 24(1998).

㉑ Antunes Nuno Marques. "Pending Maritime Delimitation in the Cameroon v. Nigeria Case: A Piece in the Jigsaw Puzzle of the Gulf of Guinea." *International Journal of Maritime and Coastal Law*, vol. 15 (2000).

㉒ Blake Gerald H. *Maritime Boundaries and Ocean Resource*. Croom Helm, 1987.

㉓ Chiu Hungdah. "Some Problems Concerning the Application of the Maritime Boundary Delimitation Provisions of the 1982 United Nations Convention on the Law of the Sea Between Adjacent or OppositeStates." *Journal of International Law and Trade*, vol. 9 (1985).

㉔ Kaikobad Kaiyan Homi. *Interpretation and Revision of International Boundary Decisions*. Cambridge University Press, 2007.

㉕ Yoshifumi Tanaka. *Predictability and Flexibility in the Law of Maritime Delimitation*. Hart Publishing, 2006.

㉖ Zhang Xinjun. "The ITLOS Judgment in the Bay of Bengal Case between Bangladesh and Myanmar." *Chinese Journal of International Law* (SSCI), Vol.12, NO. 2.

㉗ Balch. T. W. 1912. Is Hudson Bay a Closed or an OpenSea? American Journal of International Law 6, 402—415.

㉘ Bird E.C.F, O.S.R. Ongkosorgo. Environmental Changes on the Coasts of Indonesia, Tokyo: United Nations University.

㉙ Brown E.D. The Tunisian-Libyan Continental Shelf Case. Marine Policy 7.

㉚ Fenn P. T. Origins of the Theory of Territorial Waters. American Journal of International Law 20.

㉛ Hodgson R. Islands: Normal and Special Circumstances: Washington, D.C.US Department of State.

㉜ Orlin J. Offshore Boundaries: Engineering and Economic Aspect. Ocean Development andInternational Law 3.

㉝ Prescott J.R.V. The Political Geography of the Oceans. Plymouth: David, Charles.

㉞ Walker W. L. Territorial Waters: the Cannon Shot Rule. British Yearbook of International Law 22.

㉟ Mads Andenas. "Reassertion and Transformation: From Fragmentation to Convergence in International Law." *Georgetown Journal of International Law*, Vol. 46, 2015.

㊱ Seoung-Yong, Jon M. Van Dyke. *Maritime Boundary Disputes, Settlement Process, and the Law of the Sea.* Martinus Nijhoff Publisher, 2009.

㊲ Alexander Proelss, eds. *United Nations Convention on the Law of the Sea: A Commentary.* C.H.Beck • Hart • Nomos, 2017.

㊳ Clive R. Symmons. *Historic Waters in the Law of the Sea: A Modern Re-Appraisal.* Martinus Nijhoff Publisher, 2008.

㊴ R Beckman, MR Page, L Bernard eds. *UNCLOS and the South China Sea.* Cheltenham: Edward Elgar Publisher, 2014.

㊵ R. Wolfrum, ed. *The Max Planck Encyclopedia of Public International Law.* Oxford University Press, 2008.

㊶ Seoung-Yong Hong, Jon M. Van Dyke, eds. *Maritime Boundary Disputes, Settlement Processes, and the Law of the Sea.* Boston/Leiden: Brill/Martinus Nijhoff, 2009.

㊷ Michael B. Gerrard, Gregory E. Wannier, eds. *Threatened Island Nations: Legal Implications of rising Seas and a Changing Climate.* Cambridge University Press, 2013.

㊸ Roy Connell. "The Greenhouse Effect: Where Have All the Islands Gone?" *Pacific Islands Monthly*, Apr. - May, 1989.

㊹ David Freestone. "the 1982 Law of the Sea Convention at 30: Successes, Challenges and New Agendas." *International Journal of Marine and Coastal Law*, 27, 2012.

㊺ Tony George Puthucherril. "Rising Seas, Receding Coastlines, and Vanishing Maritime Estates and Territories: Possible Solutions and Reassessing the Role of International Law." *International Community Law Review*, 16, 2014.

㊻ Kench P. S, R. W. Brander. "Response of Reef Island Shorelines to Seasonal Climate Oscillations: South Maalhosmadulu Atoll, Maldives." *J. Geophys. Res.*, 2006.

㊼ Arthur P. Webb, Paul S. Kench. "The Dynamic Response of Reef Islands to Sea-level Rise: Evidence from Multi-decadal Analysis of Island Change in the Central Pacific." *Global and Planetary Change*, Vol. 72, No. 3, 2010.

㊽ Davor Vidas, David Freestone, Jane McAdam. "International Law and Sea Level Rise: The New ILA Committee." *International Law Students' Association (ILSA) Journal of International and Comparative Law*, 21, 2015.

㊾ David D. Caron. "When Law Makes Climate Change Worse: Rethinking the Law of Baselines in Light of a Rising Sea Level." *17 Ecology Law Quarterly* 621, 1990.

㊿ David Freestone, John Pethick. "Sea Level Rise and Maritime Boundaries: International Implications of Impacts and Responses." *Maritime Boundaries/World Boundaries v.* 5, 2002.

(51) Alfred Soons. "The Effects of a Rising Sea Level on Maritime Limits and Boundaries." 37(2) *Netherlands International Law Review* 207, 1990.

(52) David Freestone, Davor Vidas. "Alejandra Torres Camprubí, Sea Level Rise and Impacts on Maritime Zones and Limits: The Work of the ILA Committee on International Law and Sea Level Rise."

Korean Journal of International and Comparative Law 5, 2017.

㊼ Clive Schofield. "Shifting Limits: Sea Level Rise and Options to Secure Maritime Jurisdiction Claims." *2009 Carbon & Climate L. Rev*, 405, 2009.

㊽ Clive Schofield. "Shifting Limits? Sea Level Rise and Options to Secure Maritime Jurisdictional Claims." *2009 Carbon & Climate L. Rev.* 405 (2009).

㊾ Davor Vidas. "Sea-Level Rise and International Law: At the Convergence of Two Epochs." *4 Climate L.* 70 (2014).

㊿ Yehuda Z. Blum, Historic Rights in Rudolt Bernhardt, eds. *Encydopedia of Public International Law*, Installment 7, Amsterdam: North Holland Publishing Co., 1984.

57 A.Gioia. "Tunisia Claim Over Adjacent Seas and the Doctrine of Historic Rights." 11*Syracuse Journal of International Law and Commerce* (1984).

58 F.Dupuy, P. M. Dupuy. "A Legal Analysis of China's Historic Rights Claim in South China Sea." 107*American Journal of International Law* (2013).

59 Sophia Kopela. "Historic Titles and Historic Rights in the Law of the Sea in the Light of the South China Sea Arbitration." *Ocean Development and International Law*, March 2017, No.2.

60 Clive R. Symmons. *Historic Waters in the Law of the Sea.* Martinus Nijhoff Publishers, LEIDEN/BOSTON, 2008.

61 Martti Koskenniemi. *What is International Law for in Maalcolm. D. Evans*(ed.) *International Law*, 3ʳᵈ edition, Oxford University Press, 2010.

62 Philip C. Jesscup. *The Law of Territorial Waters and Maritime*

Jurisdiction. New York: Jennings,1927.

㉓ L.J.Bouchez. *The Regime of bays in International Law*. Sythoff, A.W. Leyden, 1964.

㉔ J.M. Spinnato. "Historic and Vital Bays: An Analysis of Libya's Claim to the Gulf of Sidra, 1983—1984." 13 *Ocean Development and International Law*. 65.

㉕ Clive R. Symmons. *Historic Waters in the Law of the Sea*. Martinus Nijhoff Publishers, LEIDEN/BOSTON, 2008.

㉖ A.M.Gross. The Maritime Boundaries of States, 1966.

㉗ J. Ashley Roach. "Dispute Resolution Mechanisms of the Law of the Sea Regime and State Sovereignty." *Gorgetown International Environmental Law Review*, Summer, 1995.

㉘ Hector, Gros Espiell, Gulif of Fonseca, in Rudolf Bernhardt (ed). Encyclopedia of Public International Law, Instalment 12 (Amsterdam: Northholland, 1990).

㉙ Zou keyan. "historic rights in international law in China's practices." *Ocean Development and International Law*, 32, 2001.

㉚ Angela Eel Vecchio Capotosti. "In Maiore Stat Minus: A Note on the EEZ and the Zones of Ecological Protection in the Mediterranean Sea." *Ocean Development and International Law*, Vol.39, 2008, Issue 3.

㉛ Cf. R. R. Churchill, A. V. Lowe. *The Law of the Sea*, 3rd ed, Manchester University Press, 1999.

㉜ Louis Fawcett. "Exploring Regional Domains: A Comparative History of Regionalism." *International Affairs*, Vol. 8, No. 3, 2004.

㉝ Lewis M. Alexander. "Regionalism and the Law of the Sea: The

Case of Semi-enclosed seas." *Ocean Development and International Law*, Vol.2, No.2, 1974.

⑦④ M. P. Strohl. *The International Law of Bays*. Hague: Nijhoff Publishers, 1963.

⑦⑤ Clive R. Symmons. *Historic Waters in the Law of the Sea*. Martinus Nijhoff Publishers, LEIDEN/BOSTON, 2008.